Über den Autor

André Müller, geboren 1946 in Michendorf, Branden-
burg; die Mutter Österreicherin, der Vater Franzose, Soldat auf der Durchreise, der, schon bevor das Kind überhaupt da war, das Weite suchte; 1950 Übersiedlung nach
Wien, dort aufgewachsen mit der Mutter, einer Ange-
stellten der Wiener Gebietskrankenkasse; zunächst, da
unehelich, ein Fall für die öffentliche Fürsorge, dann
Volksschüler, Gymnasiast, Student der Philosophie, Ger-
manistik, Geschichte; ab 1967 Gerichtsreporter bei der
Wiener «Kronenzeitung», später Theaterkritiker; 1970
Übersiedlung nach München, Redakteur im Feuilleton
der Münchner «Abendzeitung»; seit 1975 freischaffend;
Mitarbeiter mehrerer Zeitschriften, u. a. «Stern», «Playboy», «Die Zeit», «Der Spiegel»; Buchveröffentlichun-
gen: «Entblößungen» (1979), «Interviews» (1982), «Ge-
dankenvernichtung» (1984).

André Müller

Im Gespräch

mit

Rosa von Praunheim

Sam T. Cohen

Manfred Rommel

Heinz G. Konsalik

Franz Xaver Kroetz

Margarethe von Trotta

Nina Hagen

Heiner Müller

Wim Wenders

Patrice Chéreau

Claus Peymann

Hans Jürgen Syberberg

Rowohlt

Originalausgabe
Veröffentlicht im Rowohlt Taschenbuch Verlag GmbH,
Reinbek bei Hamburg, Mai 1989
Copyright © 1989 by Rowohlt Taschenbuch Verlag GmbH,
Reinbek bei Hamburg
Umschlaggestaltung Nina Rothfos
Alle Rechte vorbehalten
Gesetzt aus der Bembo und der Futura (Linotron 202)
Gesamtherstellung Clausen & Bosse, Leck
Printed in Germany
980-ISBN 3 499 12589 7

Benjamin Henrichs
gewidmet

André Müller im Gespräch mit

Vorwort

Ich unterscheide bei Menschen, die man als prominent bezeichnet, drei Gruppen, erstens jene, die das sogenannte Volksempfinden zum Vorschein bringen wie etwa Peymann, Nina Hagen oder Rosa von Praunheim, zweitens die, die es verkörpern, zum Beispiel Konsalik, drittens die mir Nächststehenden, die immer in Gefahr sind, daran zu verzweifeln. Zu ihnen muß man wohl die Filmregisseurin Margarethe von Trotta zählen, die mir im Gespräch ihre Selbstmordgedanken enthüllte, aber auch Hans Jürgen Syberberg, dessen Leiden an der Welt sich durch plötzliche Ausbrüche von Menschenhaß äußert. Natürlich gibt es auch Mischformen, Wenders, Kroetz, Heiner Müller. Nun ist durch die Affäre um das Interview mit dem Burgtheaterdirektor Claus Peymann der besondere Fall eingetreten, daß auch ich, der Interviewer, zu einer gewissen Berühmtheit gelangt bin. Das hat zur Folge, daß ich neuerdings in der Zeitung lesen kann, was andere über mich denken. Ich will das hier nicht wiederholen. Es findet sich durchaus Schmeichelhaftes darunter. Am meisten freute mich die in der *Stuttgarter Zeitung* angedeutete, in der *Süddeutschen Zeitung* offen gehegte Vermutung, das Peymann-Interview sei gar nicht von mir, sondern von Thomas Bernhard. Ich hätte meinen Namen dafür bereitwillig hergegeben. Auch den Vorschlag, es als Bühnenstück aufzuführen, fasse ich selbstverständlich als Kompliment auf. Aber wie langweilig sind Komplimente, verglichen mit Formulierungen wie jener aus der Wiener Monatsschrift *Basta*, die mich als «journalistischen Haupterwerbskiller» charakterisierte! Noch knapper drückte es der österreichische Rundfunk aus, der eine Sendung über mich, die den schönen Untertitel «Hörbilder zur Literatur» trug, schlicht «Müller, der Killer» nannte. Dazu kann ich in Anlehnung an einen Filmtitel von Praunheim nur sagen: Meine Leichen leben noch. Schwerer wiegt, was mir die über die österreichischen Grenzen hinaus bekannte Journalistin und Schriftstellerin Hilde Spiel öffentlich vorwarf. «Wenn ein Mensch wie Claus Peymann», so Frau Spiel, «in offenbar selbstmörderischer Laune und bei zeitweilig herabgesetzter Vernunft ein Karriere beendendes Interview gibt», müsse man ihn vor sich selber schützen. Ich sei «ein verantwortungsloser Journalist», die *Zeit* jedoch eine «reputierliche Zeitung». Folglich hätte das Interview nicht erscheinen dürfen. Ich meine, Hilde Spiel hätte mich, bevor sie ein solches Urteil fällt, nach Peymanns Laune befragen sollen. Das wäre ganz leicht gewesen. Meine Telefonnummer hat sie. Ich erinnere mich an unterhaltsame Abende mit ihr in dem Wiener Restaurant *Weißer Rauchfangkehrer*, wo sie mir, meiner Bewunderung sicher, manch mütterlichen Rat gab. Fest steht, Claus Peymann hat sich nicht umgebracht. Auch seine Karriere ist nicht beendet. Im Gegenteil! Aber so sind eben die Mütter. Wenn sich die Kinder gegen ihre Ratschläge verhalten und trotzdem nicht vor die Hunde gehen, verlieren sie den Humor. Hilde Spiels Fehler ist, daß sie, erschreckt durch die Vorstellung, sie selbst gäbe ein Interview wie Claus Peymann, die Folgen falsch einschätzt, ganz abgesehen davon, daß es nicht Aufgabe der Presse sein kann, sich um die Karrieren von Direktoren oder anderen zu Ruhm und Ehren gelangten Personen zu kümmern. Wer sorgt sich denn, mit Verlaub, um meine Karriere? Wer schützt mich vor mir selbst? Hilde Spiel bestimmt nicht.

München, im November 1988

Rosa von Praunheim

Als ich mit Rosa von Praunheim sprach, war Aids noch kein Thema. Der durch seine Homosexualität bekannte Filmemacher wünschte sich Krieg, Krebs und, damit er auf das ihm Wichtigste auch im Grab nicht verzichten müsse, Sex nach dem Tode. Daß sich wenig später eine Krankheit ausbreiten würde, die den Geschlechtsverkehr, besonders den zwischen Männern, zum tödlichen Risiko machte, hätte er sich damals, im Herbst 1981, nicht träumen lassen. So ist dieses Interview das makabre Dokument einer Sehnsucht geworden, die sich erfüllt hat. Die Entrüstung, die sein Abdruck in der *Zeit*, obwohl dort um einige Passagen gekürzt, bei den Lesern hervorrief, könnte sich nun in Schadenfreude verwandeln. Nur fehlt der Schaden. Praunheim, von Leserbriefschreibern als «perverser Psychopath», «spätpubertärer Narziß», kurz als «Ferkel» beschimpft, ist nicht erkrankt, nach eigener Aussage nicht einmal infiziert. Seine Erklärung für so viel Lebenskraft, hier erstmals veröffentlicht, klingt heute wie eine Verhöhnung der Opfer: Wer sich Krankheit wünscht, bleibt gesund, wer sterben will, stirbt nicht. In der *Zeit* war gerade diese Stelle gestrichen. Anderes habe ich aus formalen Gründen selbst weggelassen, so etwa die Schilderung einer Begegnung mit dem Dirigenten Leonard Bernstein auf einer New Yorker Party. «Er schoß wie ein Vampir auf mich zu, mit einem riesigen Cape, innen rot, außen schwarz, umarmte mich, gab mir stundenlang einen Zungenkuß und sagte, er wolle sofort mit mir schlafen.» Praunheim lehnte ab. Auch Tennessee Williams habe ihn «trotz starrem Hundeblick» vergeblich begehrt. Dagegen hätte er sich Pasolini oder Gaddafi gern hingegeben. Aber der eine war tot, der andere unerreichbar. Dem Vorwurf einer *Zeit*-Abonnentin aus Norderstedt, ich hätte, «abgesehen von einigen ironischen Untertönen», auf Praunheims «in der gegenwärtigen Weltsituation unglaublich empörende Sätze keine angemessene Reaktion gezeigt», kann ich nun endlich entgegentreten. Ich habe, wie die

Tonbandaufnahme beweist, die Äußerungen des Filmemachers zweimal als «schickes Geschwafel» bezeichnet.

Seit fast zwanzig Jahren machen Sie Filme, aber als einziger Ihrer Alters-klasse * *sind Sie immer noch dort, wo Sie am Anfang schon waren, nämlich im Underground. Ist das Absicht oder sind Sie unfreiwillig ein Außensei-ter?*

Die Frage stellt sich so gar nicht, denn im Underground bin ich eigentlich nie gewesen. Ich hab ja gleich am Anfang Erfolg gehabt. Schon meinen ersten Kurzfilm hab ich an das Fernsehen verkauft, das war 1967, und der zweite, *Rosa Arbeiter auf goldener Straße*, be-kam eine Kulturfilmprämie und das Prädikat «Besonders wert-voll». Da hatte ich also gleich einen Batzen Geld zur Verfügung. Ich war bereits etabliert, kaum daß es anfing.

Gut, aber das war ein Erfolg, den Sie einer Minderheit aus Fernsehredak-teuren und Filmkritikern zu verdanken hatten. Beim breiten Publikum sind Sie bis heute nicht angekommen.

Das stimmt, aber daran bin ich auch selbst schuld. Ich hatte meinen Höhepunkt mit den Filmen *Die Bettwurst* und *Nicht der Homose-xuelle ist pervers, sondern die Gesellschaft, in der er lebt*, das ist lange her, und seither ging's bergab, um es mit der Knef zu sagen, das heißt, ich hab Filme gemacht, die wahrscheinlich auch objektiv nicht er-füllt haben, was ich mit den ersten versprochen hatte, und die zu-rückblickend auch für mich nicht so toll sind, aber halt sehr wichtig für meine Entwicklung.

Entwicklung wohin?

Ich bin dazu gekommen, diesen Höhenflug, den ich am Anfang erlebte, als etwas Schädliches zu empfinden, denn du lernst ja, wenn du berühmt bist, keine Leute mehr kennen. Die alten Freunde reagieren mit Neid, und neue findest du keine. Das Wort «under-ground» heißt ja, daß du verwurzelt bist in einer gewissen Subkul-tur, aber die trägt dich nicht mehr, wenn du abhebst. Ich beziehe sehr viel Vitalität aus anderen Menschen, und die fehlten mir plötz-

---

* Rosa von Praunheim (bürgerlich: Holger Mischwitzky) wurde am 25. No-vember 1942 in Riga geboren.

lich. Da war es wahrscheinlich mein größter Wunsch, wieder abzustürzen.

Andere hatten diesen Absturz nicht nötig, Werner Schroeter zum Beispiel,
dessen letzte Filme auch kommerziell ein Erfolg sind, von Fassbinder*
ganz zu schweigen.

Der Schroeter hat viel mehr als ich angestrebt, so eine lineare Karriere zu machen. Der ist für mich ein typisches Beispiel für jemand,
der sich in eine Narrenrolle begibt und die dann durchzieht, und
zwar immer in der High Society, wo er als Spaßmacher gut ankommt, aber halt in seiner Funktion ungeheuer begrenzt ist. Diese
dekadente Kunsthaltung geht mir wahnsinnig auf die Nerven, dieses Posieren zu pompöser Musik mit diesen pathetischen Gesten,
dieses ständige Sich-Aufhalten in höheren Kreisen, um dort den
Clown zu spielen. Das finde ich schrecklich. Damit will ich nichts
mehr zu tun haben. Solche Leute wie Fassbinder oder Peter Stein
oder eben auch Schroeter, die mit einem ungeheuren Zynismus und
einer unheimlichen Distanz andere faszinieren, weil diese anderen
von der Erziehung her so masochistisch trainiert sind, daß sie jemanden, der kälter ist, um so mehr lieben, solche herzlosen, nur auf
sich selbst bezogenen Leute sind mir ein Greuel. Die werden doch
nur deshalb geliebt, weil sie sich für niemanden interessieren außer
für sich, und weil sie es verstehen, andere zynisch und witzig zu
unterhalten. Die finden sich unheimlich toll, und diese Selbstliebe,
die natürlich auch eine Kraft ist, wird von Schwächeren als faszinierend empfunden. Bei dem Schroeter ist das ganz deutlich. Der um-
gibt sich doch nur mit Leuten, die ganz blaß und dumm sind, völlige Idioten. Dem genügt es vollkommen, wenn sieben nackte,
dumme Knaben blöde um ihn herum sitzen, da blüht er auf und
erzählt tolle Geschichten und wirft sich in Pose. Der ist mehr eine
Unterhaltungsfigur, so eine Art Entertainer. Der kann unentwegt
produzieren. Ich empfinde mich als viel langweiliger. Ich möchte
immer Leute um mich haben, die selber stark sind, zumindest in
meiner Arbeit. Ich suche Partner, die mich, aus welchen Gründen
auch immer, in Erregung versetzen.

Meist sind das ältere Damen. In Ihrem Film «Unsere Leichen leben noch»

---

* Rainer Werner Fassbinder ist am 10. Juni 1982 in München verstorben.

gibt es keine Darstellerin unter fünfzig. Wie erklären Sie sich Ihre Vorliebe für Frauen, die ihre Blüte längst hinter sich haben?

Das liegt wahrscheinlich daran, daß mich ältere Frauen erotisch unheimlich anziehen.

Haben Sie schon einmal mit einer geschlafen?

Nein, das ist ja das Dumme. Das war auch die Frage, als ich mit der Berliner Kabarettistin Helga Goetze ein Interview machen wollte. Die war sechzig, und die sagte, sie würde es machen, aber ich müßte zuerst mit ihr ficken. Sicher wäre das toll gewesen, aber irgendwie hatte ich dann doch zu große Hemmungen, weil ich eben wahnsinnig verklemmt bin und diese Verklemmung auch als lustvoll empfinde, diese dauernde Unterdrückung durch die Verklemmung, aus der ich, so unangenehm sie ist, auf der anderen Seite auch sehr viel Kraft beziehe. Es ist doch meistens so, daß man Sachen, die man machen will, nicht schafft, weil man zu viele Ängste hat, und daß es bei diesen Ängsten dann bleibt, bei dieser Lust an den Ängsten. Ich hab mich zum Beispiel oft gefragt, warum ich nicht fähig bin, mir einen Arm abzuschneiden. Das hätte ich gut gefunden, weil ich das Gefühl hab, daß ich, würde ich mir den Arm abschneiden oder die Augen ausstechen, viel intensiver wäre und die Welt viel produktiver erleben könnte. Ich habe eine Freundin, die blind ist, die wäre sicher eine viel tollere Filmregisseurin als ich, weil sie eine viel präzisere Vorstellung hat von dem, was um sie herum vorgeht. Es ist ja weit schwieriger, mit vielen Mitteln was Gutes zu machen als mit wenigen Mitteln. Deshalb glaube ich auch, daß man mit ein paar hundert Mark unter Umständen einen besseren Film machen kann, als wenn man eine Million hat, weil die wenigen Mittel dich zwingen, sie bewußter und phantasievoller einzusetzen.

Von der Selbstverstümmelung ist es nur ein kleiner Schritt bis zur Selbstvernichtung. Wäre das nicht die einfachere Lösung?

Doch, sicher. Ich hab sehr oft Selbstmordgedanken. Ich würde mich gerne umbringen, aus Langeweile.

Warum tun Sie es nicht?

Weil man doch eine unheimliche Energie braucht, um es zu tun, und man diese Energie gerade in den Momenten am wenigsten hat, in denen sie nötig wäre. Ich hab Phasen unglaublicher Todes-

sehnsucht, aber ich bin dann jedesmal viel zu schlaff, um mich umzubringen.

Was tun Sie statt dessen?

Ich onaniere oder seh fern oder eß Schokolade, oder ich leg mich ins
Bett. Aber nach einer gewissen Zeit geht mir das so auf die Nerven,
daß ich wieder hinausgeh, oder es ruft jemand an. Irgendwie ist das
einfach so schizophren, ich sitze in meiner Sechseinhalb-Zimmer-
Wohnung in Charlottenburg und langweile mich zu Tode und finde
alles wahnsinnig uninteressant, hab aber Angst, nach Kreuzberg zu
ziehen, wo ich bestimmt sehr aufregende Sachen erleben würde. Mir
ist alles recht, was mich intensiv macht, aber ich hab eben panische
Angst vor Aggressionen, vor Hausbesetzern und Steinewerfern. Ich
träume ständig von allen möglichen Katastrophen und stelle mir vor,
wie toll es wäre, im Atombunker zu sitzen, aber ich weiß natürlich,
daß das ganz blöd ist, weil ich mir diese Träume ja leicht erfüllen
könnte. Es gibt doch heute genug Kriegsschauplätze. Aber ich fahre
nicht hin. Ich mache es nicht. Ich könnte zum Beispiel auch nach
New York ziehen, aber jedesmal, wenn ich hinfliege, hab ich wahnsinnige Angst, überfallen zu werden, und halte es vor Nervosität fast
nicht aus, und dann sitze ich eben wieder in diesem langweiligen
Deutschland, nur weil es hier Subventionen gibt, und weil ich halt
Deutsch spreche und in Amerika ohne jeden Erfolg bin.

Sehen Sie einen Ausweg aus diesem Dilemma?

Nein, den sehe ich nicht.

Fühlen Sie sich wohl in Ihrem Unglück?

Das ist gut möglich. Ich weiß aus Erfahrung, daß ich sehr oberflächlich werde in Glücksmomenten und daß mir dann alles egal ist,
während ich in so Gefahrensituationen sehr kreativ bin. Im Grunde
wünsche ich mir nichts sehnlicher als Unglück und Kriege. Ich finde
es auch immer unheimlich toll, wenn jemand Krebs hat, weil da was
passiert. Mich begeistert ungeheuer, wenn junge Leute sterben.
Aber das Blöde ist, daß die, die sich solche Krankheiten wünschen,
sie am allerwenigsten kriegen. Meine Großmutter wünscht sich seit
zwanzig Jahren, zu sterben, aber sie stirbt nicht. Je dringender sie
sterben will, desto länger lebt sie. Genauso wird das bei mir sein,
denn ich habe niedrigen Blutdruck. Ich werde sicher sehr lange
leben.

Sie könnten doch in diesem Interview darum ersuchen, ermordet zu werden. Vielleicht kommt jemand und knallt Sie ab.

Das muß ich mir überlegen. Das hat ja der David Bowie gemacht. Der hat gesagt, er will auf der Bühne erschossen werden. Aber ich glaub, ich will gar nicht umgebracht werden, sondern selber umbringen. Ich hab schon immer davon geträumt, ein Massenmörder zu sein, der heimlich durch Vorgärten streift und den Leuten auflauert. Ich fände es unheimlich interessant, zu untersuchen, was da psychisch in einem abläuft. Wenn du jemanden aufschlitzt oder ihm die Kehle zudrückst, das ist für mich wie ein Kunstwerk, eine ungeheuer aktive Geschichte, vor allem, weil du danach von der Gesellschaft total diskriminiert wirst. Das fände ich wahnsinnig spannend.

Aber das ist doch ein alter Hut, sich zum Verbrecher zu stempeln, um sich der Gesellschaft, die man ablehnt, besser entziehen zu können. Das hat Jean Genet längst gemacht und noch dazu hervorragend beschrieben.

Der Genet ist mir viel zu intellektuell. Den verstehe ich gar nicht. Wenn ich von dem drei Sätze lese, ist das für mich eine solche Anstrengung, als ob ich was Philosophisches lesen würde. Ich hab gar nicht dieses Kulturbewußtsein. Ich lese heute viel lieber so kitschige und triviale Sachen.

War das früher anders?

Ja, früher, in meiner Schulzeit, hab ich auch anspruchsvolle Literatur gelesen, vor allem moderne Lyrik. Ich hab mir immer die Kunstzeitschriften gekauft, in denen das abgedruckt wurde. Ich bin sehr stark geprägt durch den Expressionismus der fünfziger Jahre. Ich hab damals so expressionistische Dramen und Gedichte geschrieben, weil mich die Rolle des Künstlers sehr fasziniert hat, diese Aura des Einzigartigen, mit der sich Künstler umgeben. Das habe ich als mein Schicksal empfunden, als so eine Art Fluch. Ich hatte schon in der Pubertät das Bewußtsein, daß ich etwas Besonderes bin, weil meine Interessen woanders lagen als die der anderen Kinder. Meine Mitschüler waren mehr für Fußball und Sport und solche Sachen, während ich im Turnen ganz schlecht war, aber auch in den geistigen Fächern das meiste verschlafen habe. Ich war unheimlich verträumt und völlig unlogisch in meinen Gedankengängen. Deshalb bin ich auch so oft sitzengeblieben. Ich dachte, ich sei verrückt, was mir ungeheuer gefallen hätte, weil ich die Hoffnung hatte, man würde mich in eine Anstalt einweisen. Wahnsinn und Irresein war doch der Kult der Expressionisten. Als ich später erfuhr, daß nicht die interessanten Leute in die Irrenanstalten kommen, sondern die Spießer, die völlig verklemmt als Hausmütterchen in der Küche sitzen, bin ich furchtbar enttäuscht gewesen. Ich hab dann statt dessen versucht, in ein Kloster zu kommen und an die Mönche vom Berg Athos geschrieben. Ich wollte dort als Ikonenmaler mein Leben fristen.

Soll das ein Witz sein?

Nein, gar nicht. Ich hab das wirklich gemacht und einige Zeit später tatsächlich Bescheid erhalten, daß man mich leider nicht nehmen könne.

Schreckte Sie nicht die Vorstellung, Ihr Leben lang ohne Sexualität auskommen zu müssen?

Nein, denn ich hatte damals noch nicht den Drang, mich sexuell auszuleben. Sex war mir eklig, oder besser, ich hatte panische Angst vor der Intensität, die ich dabei erlebte. Jedesmal, wenn ich mit jemand geschlafen habe, war das so intensiv und hat für mich so viel bedeutet, daß ich vollkommen abgelenkt wurde von dem, was ich eigentlich wollte, also Kunst machen und kreativ sein. Deshalb habe ich das als eine Gefahr betrachtet.

Unabhängig davon, was für Partner Sie hatten?

Ja, das war völlig egal. Ich hab damals auch mit Frauen geschlafen. Ich wußte noch nicht, daß ich schwul bin, oder vielmehr, ich hab es verdrängt. Ich hatte die Illusion, daß ich eventuell doch der Norm angehöre, denn die Homosexualität war ja etwas, das absolut negativ besetzt war. Deshalb wollte ich sie lange Zeit nicht akzeptieren. Erst mit zwanzig, als ich anfing, in Schwulenkneipen zu gehen, merkte ich, daß mir nichts anderes übrigblieb, als mich damit auseinanderzusetzen. Auf der einen Seite empfand ich das als wahnsinnig exotisch, auf der anderen Seite war es eine sehr qualvolle Erfahrung. Ich fühlte mich ungeheuer verworfen und hatte ganz starke Schuldkomplexe, denn ich bin katholisch erzogen worden. Meine Mutter ist Protestantin, aber mein Vater war gläubiger Katholik und ist mit mir jeden Sonntag in die Kirche gegangen. Einige Zeitlang, so mit elf oder zwölf, bin ich Meßdiener gewesen, und zwar mit Begeisterung. Diese kirchlichen Rituale, also was da alles abläuft an Gebetsübungen und Gesten und stummen Gebärden, das hab ich unheimlich toll gefunden.

Sind Sie immer noch Kirchenmitglied?

Nein, ich bin ausgetreten.

In Ihrem autobiographischen Buch «Sex und Karriere», das 1976 herauskam, beschreiben Sie die Rituale, die sich abspielen, wenn Homosexuelle einander zum Geschlechtsverkehr kennenlernen. Das geht meist völlig sprachlos vor sich, in Parks und Toiletten mit den in einschlägigen Kreisen bekannten Erkennungszeichen. Der Austausch von Gefühlen ist überflüssig. Gibt es einen Zusammenhang zwischen Ihrem Interesse an solchen Ritualen und Ihrer katholischen Herkunft?

Darauf bin ich noch nicht gekommen, aber sicher kann man da Verbindungen herstellen. Darüber hat ja Genet geschrieben.

In Ihrer bisher letzten Veröffentlichung, «Gibt es Sex nach dem Tode?», gehen Sie noch einen Schritt weiter. Da wird eine Art Jenseits entworfen, in dem die Verstorbenen sich ihre sexuellen Wünsche erfüllen dürfen. Man könnte meinen, die Sexualität sei für Sie fast schon zur Religion geworden.

Das wäre falsch, denn das Jenseits interessiert mich überhaupt nicht. Mich interessiert nur das Diesseits, und zwar bis zur letzten Sekunde. Was ich mit so Formulierungen, wie sie in dem Buch stehen, erreichen möchte, ist, dem Tod eine sinnliche Komponente zu geben, so daß man ihn erlebt wie einen Orgasmus, nicht als so was Vergeistigtes, sondern als genauso lebendig und kämpferisch wie einen Geschlechtsakt.

Aber das ist doch nicht zu vergleichen. Das Sterben erlebt man nur einmal, ein Geschlechtsakt läßt sich je nach Potenz beliebig oft wiederholen.

Das ist richtig, aber das Komische ist, daß sich trotz der Wiederholung und der Tatsache, daß es im Grunde immer das gleiche ist, die Intensität jedesmal von neuem einstellt. Es gibt ja auch Variationen. Man paart sich doch nicht immer mit denselben Leuten. Ich wäre sehr gern eine Nutte geworden, um in einem Hurenhaus arbeiten zu können. Puffmutter, das wäre mein Traum gewesen. Aber ich bin für so was nicht kühl genug, auch viel zu passiv, weil ich eben doch mehr ein Voyeur bin. Ich schaue gern zu, wenn es andere machen.

Männer mit Männern, oder dürfen auch Frauen dabei sein?
Ich finde auch heterosexuellen Geschlechtsverkehr zum Zuschauen
sehr spannend. Ich möchte fast sagen, die Sexualität zwischen
Mann und Frau ist für mich noch aufregender als zwischen gleich-
geschlechtlichen Partnern, aber eben nur, wenn ich es selbst nicht
mache. Ich bin es nicht mehr gewohnt. Das letzte Mal, als ich mit
einer Frau gebumst hab, war vor sechs Jahren mit der Schauspielerin Millie Büttner, die in meinem Film *Monolog eines Stars* die
Hauptrolle spielte. Wir lagen zufällig im Bett nebeneinander, plötzlich wurde sie scharf und fing auch sofort an, irrsinnig zu stöhnen,
aber dann fand ich das Loch nicht. Darüber mußte ich so wahnsinnig lachen, daß wir es lieber gelassen haben. Für mich war es körperlich immer ganz reizvoll, mit Frauen zu schlafen. Aber psychisch hat es mir nichts gegeben. Wenn ich über die Straße gehe,
fällt mir sofort auf, wenn ein junger, knackiger Mann vorbeikommt. Da fange ich an zu zittern. Das hat auf mich eine unheimliche Wirkung. Der Sex mit Männern ist für mich eine Droge oder
eine Fluchtmöglichkeit, um die Langeweile zu überwinden. Denn
er ist ja eine Art Kampf. Die Brust des Mannes ist wie ein Panzer,
etwas Ebenbürtiges, dem ich mich dann entgegensetze. Das Zu-
sammensein von zwei Schwänzen, die miteinander stark werden,
dieses gemeinsame Bezwingen der Schwachheit ist das einzige, was
mich vollkommen ausfüllt.
Muß nicht auch eine gewisse Zuneigung im Spiel sein?
Sie meinen, ob ich verliebt bin, wenn ich es mache?
*Ja, ich meine, es ist doch ein Unterschied, ob Sie jemand nur wegen seines
Geschlechts oder auch aus anderen Gründen als anziehend empfinden.*
Wenn es darum geht, ein Abenteuer zu haben, ist es eine rein sexuelle Geschichte. Liebe und Sex sind für mich völlig verschiedene
Dinge. Ich hab seit drei Jahren eine feste Beziehung. Insofern kann
ich es mir jetzt leisten, alle Verliebtheiten abzublocken, und ich bin
wahnsinnig froh darüber, weil ich in meinem Leben so oft unglücklich verliebt war. Es gibt nichts Entsetzlicheres als die Zustände,
wenn du in dir diese Intensivität spürst, dieses Hoffen und Bangen,
daß einer käme, der dich wie King Kong auf den Arm nimmt und
ins Bett trägt und hegt und pflegt, damit du nichts mehr zu tun
brauchst. Diese Erwartungen waren für mich immer so quälend.

Ich bin jahrelang stumm und steif wie eine Statue rumgestanden und hab mich bewundern lassen und bin auf niemanden zugegangen, weil ich dachte, es reicht schon, wenn ich nur schön bin. Ich hatte doch dieses angepaßt gute Aussehen. Da wartet man Stunden, und es kommen doch dann immer die Falschen. Ich hab ungeheuren Spaß dran gehabt, wenn mir jemand um sieben Ecken nachlief, auch wenn ich mit ihm gar nichts anfangen konnte. Das ist natürlich idiotisch. Da haben es Leute wie Fassbinder, die häßlich sind, leichter. Die können sich das gar nicht erlauben. Die machen es auf andere Art, indem sie jemandem eine Rolle in einem Film anbieten oder mit einem Fünfzig-Mark-Schein wedeln.

Wissen Sie das aus Erfahrung?

Der Rainer hat auch versucht, es mit mir zu machen. Wir waren in einem Lokal in Berlin. Er war unheimlich scharf auf mich, ging raus, ohne sich zu verabschieden, und wartete, ob ich ihm folge. Das ist so ein Psychospiel, um die Leute von sich abhängig zu machen. Ich bin natürlich nicht mitgegangen. Er hat sich dann öfter gerühmt, mit mir was gehabt zu haben. Aber ich kann mich daran nicht erinnern. Vielleicht hat er mich im Dunkeln irgendwo angefaßt, und ich wußte gar nicht, daß er es war.

Wie sieht der Mann aus, den Sie als Ihren Idealtyp bezeichnen würden?

Ich mag den großen, kräftigen Mann um die Dreißig. Für Jüngere hab ich mich nie richtig begeistern können.

Ist es schon vorgekommen, daß Sie sich für jemanden interessierten, ohne dafür eine Erklärung zu haben?

Eigentlich nicht, denn man weiß doch, je älter man ist, daß Gefühle nicht abstrakt sind, sondern sehr stark mit psychischen Faktoren zusammenhängen. Man kriegt ein Bewußtsein für die Ursachen, weshalb man jemanden toll findet und weshalb nicht.

Welche Erklärung haben Sie für die Tatsache, daß Sie mit Frauen so wenig anfangen können?

Ich kann doch sehr viel mit Frauen anfangen. Nur interessiert mich an einer Frau eben mehr die Persönlichkeit. Da schaue ich nicht auf den Busen oder ob sie eine tolle Figur hat, sondern da fällt mir ein kesser Hut auf oder wenn sie sonst irgendwie komisch aussieht. Meine Seele ist weiblich. Als Schwuler identifiziere ich mich mit Frauen. Deshalb habe ich fast nur Frauenfreundschaften.

Ja gut, aber Sex nur mit Männern. Haben Sie versucht, dafür Gründe zu finden?

Die Margarete Mitscherlich, die mich einmal analysiert hat, ist zu dem Schluß gekommen, mein Vater sei schwul gewesen. Ich weiß, daß er mich sexuell begehrt hat. Aber er hätte das natürlich nie zugegeben. Ich erinnere mich, daß ich als Kind sehr gerne mit seinem Schwanz gespielt hab. Einmal, da war ich schon sechzehn, bin ich mit erigiertem Penis zu ihm ins Bett gestiegen. Er hat es nicht abgewehrt, aber er hat auch nicht gezeigt, daß es ihm Spaß macht. Zwischen uns stand so viel Unausgelebtes. Deshalb ist sein Tod für mich sicher traumatisch gewesen. Er ist 1973 gestorben. Ich plane gerade einen autobiographischen Film, in dem ich das alles einmal durchleuchten möchte, obwohl ich es letztlich gar nicht so wichtig finde, die Gründe meiner Veranlagung aufzudecken. Mir ist irgendwie sympathischer, sie für angeboren zu halten. Das Spezifische an der Homosexualität ist das Moment der Unterdrückung. Das beginnt in der Kindheit, wenn man merkt, daß man einen unheimlichen Kampf abzumachen hat gegen die Moral der Gesellschaft, weil man nicht erfüllt, was von dieser Gesellschaft verlangt wird. Das ist genauso wie mit den Juden oder den Schwarzen, zumindest dort, wo sie als Minderheiten erscheinen. Die kann man auch definieren aus ihrer Erfahrung der Unterdrückung.

Das mag sein, nur ist der Schwarze zunächst mal dadurch definiert, daß er schwarz ist. Woran aber erkennt man ein schwules Baby?

Das erkennt man erst später. Das begann in meinem Fall mit der Schule, wo ich das Verweichlichte an mir sehr stark erlebte. Die anderen haben viel mehr ihren Körper entwickelt. Ich hab erst nach der Schulzeit versucht, in dieser Richtung etwas zu machen, als ich eine Weile die Vorstellung hatte, Tänzer zu werden. Aber das waren immer nur Ansätze, die zu nichts führten.

Sind Sie, was Ihre Gefühle betrifft, wirklich noch nie vor einem Rätsel gestanden?

Das will ich nicht sagen. Mein jetziger Freund ist für mich so ein Rätsel, denn er hat ganz schwarze Augen, in die ich nicht hineinsehen kann. Das ist jemand, der sich entzieht, und dieses Entziehen, das reizt mich, weil er sich nicht von mir auffressen läßt. Da muß also schon eine große Kraft sein, denn es ist meine besondere Eigen-

schaft, andere bis ins Innerste auszuforschen. Da bleibt in den meisten Fällen wenig Geheimnis.
Ist Ihnen diese Kraft bei Frauen noch nie begegnet?
Doch, schon. Meine Mutter hat das auch in gewissem Maße, weil sie sehr kühl ist und eine große Distanz schafft. Das finde ich toll, obwohl ich es als Kind dadurch viel schwerer hatte. Ich wurde mit den Dingen, die mich damals beschäftigten, ziemlich alleingelassen. Ich hab zwar versucht, mit meinen Eltern darüber zu sprechen, aber das waren sehr amusische, kulturell wenig interessierte Leute. Mein Vater war Ingenieur. Da herrschten so kleinbürgerliche Verhältnisse. Man ist halt ein guter Nazi gewsen, hat aus dem Eintopf gelebt, also Sparsamkeit immer hochgehalten. Meine Mutter hat es sich auch nie anmerken lassen, wenn es ihr schlechtging. Sie hat das Leiden nicht akzeptiert, weder ihr eigenes nach dem Tod meines Vaters noch das anderer Leute. Eines der erschütterndsten Erlebnisse, das ich je mit ihr hatte, war, als sie mir einmal erzählte, was sie während des Krieges gemacht hat. Da hat sie im Garten Mohrrüben gezogen, und als die Russen kamen, hat sie noch schnell ihre Strümpfe gewaschen. Darüber bin ich unheimlich schockiert gewesen, weil sie diese Intensität und die Spannung, die ein Krieg doch mit sich bringt, gar nicht erlebt hat, sondern sich abgelenkt hat mit so völlig trivialen Sachen.
Vielleicht hatte sie nicht diese bei Ihnen so stark ausgeprägte Begabung, Zerstörung als etwas Aufregendes zu empfinden.
Bestimmt nicht, und ich respektiere das auch. Als ich in meiner schlimmsten Zeit, nach dem Mißerfolg meiner Filme und dem Scheitern meiner ersten dauerhaften Beziehung, über ein Jahr lang mit ihr zusammen wohnte, wurden auch meine Schwierigkeiten vollkommen ausgeklammert. Ich hatte damals eine sehr enge Freundin, die Gräfin Stolberg. Die war praktisch mein Mutterersatz. Bei der hab ich mich aussprechen können. Es gab in meinem Bekanntenkreis immer einige ältere Frauen, mit denen ich meine Probleme bereden konnte.
Trifft das auch auf Evelyn Künnecke zu, mit der Sie ein von der Öffentlichkeit sehr stark bemerktes Verhältnis hatten?
Nein, das war etwas ganz anderes. An der Evelyn hat mich fasziniert, daß sie nach außen hin nicht so ein stilisiertes, angepaßtes Bild

von sich präsentierte. Dieses Verlebte und Exaltierte, das sie damals noch an sich hatte, das hat mich unheimlich begeistert, diese Schamlosigkeit. Eigentlich dürfte sich so eine Frau im Showgeschäft gar nicht mehr blicken lassen. Sie hat doch wahnsinnig gesoffen, als ich sie kennenlernte. Ich kam zu ihr in die Wohnung. Sie stürzte sich sofort auf mich, weil sie die Möglichkeit witterte, daß da jemand war, der sie wieder zum Erfolg bringt. Das hat ja dann auch funktioniert. In meinem Film *Axel von Auersperg* spielte sie einen Bischof. Damals hätte sie noch alles gemacht, was ich von ihr wollte, bloß später, als ich ihr ein Comeback verschafft und sie wieder berühmt gemacht hatte, wurde sie immer bewußter und dadurch ganz unfrei, bekam immer mehr Angst, sich so schamlos zu zeigen, weil sie dachte, das würde ihrer Karriere schaden. Sie hat sich doch inzwischen auch liften lassen. Das war unvergeßlich. Sie lud mich zum Abendessen und dann kam sie mir mit einem dicken Verband und lauter blauen Flecken entgegen und erzählte, was da alles gerafft war und straffgezogen. Sie hatte Pfifferlinge gekocht. Mir ist fast schlecht geworden. Das war wirklich ein Erlebnis für Götter. Aber in der Öffentlichkeit ist sie jetzt viel dezenter. Sie hat doch auch angefangen, wieder ganz dumme, konventionelle Liedchen zu trällern. Ich hab mich wahnsinnig bemüht, sie in ihrer Unbekümmertheit zu bestärken. Aber es half nichts.

Gehört zu diesen Bemühungen, daß Sie ihr die Ehe versprachen?

Nein, denn das war doch ihre Idee. Das ging nicht von mir aus. Sie hat einfach in die Zeitung gesetzt, daß wir verheiratet seien und wie glücklich wir wären. Ich fand das natürlich toll, diese Unverfrorenheit, daß jemand so stark etwas will und das auch durchsetzt. Sie ist eine deutsche Jane Mansfield. Für Publicity macht sie alles, ob sie sich nun lächelnd neben ein totes Kind setzt oder einen Schwulen zum Mann nimmt. Da geht sie wie ich über Leichen. Ich hab dann gedacht, okay, auf diese Weise kann ich vielleicht demonstrieren, wie blöd ich die Ehe finde, also indem ich sie ad absurdum führe, und hab in Interviews gesagt, Schwule und ältere Frauen seien gleichermaßen diskriminiert, die müßten sich nun zusammenschließen.

Das ist Ihnen bei dieser Gelegenheit erst überhaupt eingefallen?

Ja, und ich war unheimlich erstaunt, daß alle darauf hereinfielen. Ich hab überhaupt keine Hemmungen in solchen Sachen. Mir wird doch auch andauernd vorgeworfen, daß ich die Leute ausnütze, die in meinen Filmen auftreten, also daß ich sie lächerlich mache. Man nennt mich doch schon Reporter des Satans. Ich sehe das nicht so. Ich finde solche Darstellungen, in denen sich Menschen psychisch entblößen, ganz legitim, solange sie den Zweck erfüllen, eine bestimmte Realität einzufangen oder eine knallharte Analyse zu liefern. Da nehme ich auf Sympathien keine Rücksicht. Man muß mit den Leuten, mit denen ich arbeite, auch gar kein Mitleid haben, denn es weiß inzwischen doch jeder, was für Sachen ich mache, so daß alle, die mitspielen, schon oft gewarnt und auch beschimpft worden sind, weil sie ausgerechnet mit einem so grauenvollen und auch persönlich ekelhaften Schwein zusammenarbeiten. Wenn jemand sich das dennoch zutraut, muß er mich irgendwie auch sehr gerne haben.

So grauenvoll sind Sie doch gar nicht, nur ein bißchen verzweifelt.

Das sagen Sie. Aber in der Berliner Subkultur bin ich einer der Meistgehaßten. Eine Freundin von mir hat mich einmal als Mephistopheles der Bourgeoisie bezeichnet. Das ist jemand, der äußerlich ganz harmlos und lieb ist, aber der, wenn es darauf ankommt, wahnsinnig gefährlich sein kann. Die Beziehung ist sicher richtig, denn das Harmlose und Liebe hat mich nie interessiert. Ich hab Spaß an der Aggression und am Kämpfen. Für mich ist auch die Punk-Bewegung sehr faszinierend, weil sie wahnsinnig aggressiv ist. Problematisch wird es erst, wo es zum richtigen Krieg wird, also wo es körperlich ist, nicht mehr nur theatralisch. Das fände ich nicht so erfreulich.

Diese Einschränkung haben Sie aber zu Beginn unseres Interviews nicht gemacht.

Natürlich nicht. Das ist eben so eine provokative Haltung, die man einnimmt gegenüber dieser bürgerlichen, lahmen Umgebung, in der wir leben. Mir ist es aber schon lieber, wenn fünf nackte, ältere Damen um mein Bett herumtanzen, als wenn das fünf Flugzeuge sind, die Bomben herunterschmeißen. Nur sehe ich halt, wie ich selbst immer impotenter und vollgefressener und etablierter werde. Da sagt man dann manchmal so überspitzte Sätze.

Haben Sie denn mit Ihrer Figur Probleme?
Ich hab eine starke Anlage, fett zu werden. Ich muß unbedingt sechs
Kilo abnehmen in den nächsten vier Wochen.

1981

Sam T. Cohen

Kein anderes Interview hat mich so viel Überwindung gekostet wie das mit dem amerikanischen Atomforscher Sam T. Cohen, der die Neutronenbombe erfunden hat. Schon sein vor unserem Treffen in mehreren Zeitschriften publiziertes Bekenntnis, nichts fasziniere ihn mehr als die Konstruktion von Vernichtungswaffen, wirkte so niederschmetternd, daß ich mich außerstande fühlte, mit ihm ein Gespräch zu führen, das dem Unterhaltungsbedürfnis des *Playboy*-Lesers, für den es bestimmt war, genügen würde. Ich mußte vergessen, was von mir erwartet wurde. Der Versuch, mir von der Psyche des Mannes im voraus ein Bild zu machen, scheiterte daran, daß es über ihn kaum Informationen gab. Sein Ruhm, ausgelöst durch den Beschluß der US-Regierung, die bereits 1958 erfundene Bombe, die Menschen tötet, aber Häuser und Pflanzen verschont, nun auch bauen zu lassen, kam für die Medien wie für ihn selbst überraschend. Auf dem einzigen Foto, das zu beschaffen war, glich er einem zur Fahndung ausgeschriebenen Massenmörder. Wie er mir später erzählte, drückte sich darin die Lieblosigkeit seiner Frau aus, sie habe das Foto aufgenommen. Ich sehe das nicht so. In der, wie ich heute weiß, nicht einmal beim Lachen aufbrechenden Starre dieses seltsam verstörten Gesichts offenbart sich die Tragik eines von schweren Depressionen begleiteten Lebens. Cohen hat darüber nur zögernd gesprochen. Er trinke gern, gab er zu. Trotz psychiatrischer Behandlung könne er nachts nicht schlafen. Das Verhältnis zu seiner Frau und den beiden erwachsenen Kindern beschrieb er mit einem amerikanischen Sprichwort: *familiarity breeds contempt*, Vertrautheit gebiert Verachtung. Am besten fühle er sich von seinem Hund verstanden. Noch heute, sieben Jahre danach, steht mir der klobige, unbeholfene Körper des damals Sechzigjährigen deutlich vor Augen. Wir saßen im Garten seines auf einer Anhöhe gelegenen Hauses mit Blick über Los Angeles. Er brachte Bier. Von mir befragt zu werden, genoß er sichtlich. Endlich wurde ihm jene Zuwendung zuteil, die er privat nie erfahren hatte. «Ich habe immer nur eines gewollt», sagte er, als wir fertig waren, «daß die Menschen mich lieben.» An der Stimme erkannte ich, daß er einen Moment mit den Tränen kämpfte. Was ich nie für möglich gehalten hätte, geschah. Ich empfand Mitleid.

Stimmt es, daß Ihnen das Liebste auf der Welt Ihr Hund ist?
Ja, stimmt. Ich habe ihn sogar nach Paris mitgenommen, wo ich zwei Jahre lebte, um ein Buch zu schreiben über nukleare Probleme. Ich habe es in Englisch geschrieben. Es ist aber nur in französischer Übersetzung erschienen. Können Sie Französisch?
Nicht besonders.
Ich auch nicht. Deshalb kann ich leider mein Buch nicht lesen.
Was steht denn drin?
Ich habe es zusammen mit einem französischen Atomforscher geschrieben. Wir behandeln alle möglichen Aspekte atomarer Bewaffnung, unter anderem die Frage, wie man die Neutronenbombe in Europa am besten einsetzen könnte.
In einem Interview für das deutsche Fernsehen sagten Sie, Ihre Bombe sei gar nicht für Europa, sondern für Asien, und zwar als Angriffswaffe erfunden worden.
Ist das Interview schon gesendet worden?
Ja, zumindest ein Ausschnitt. Sie saßen an demselben Tisch, an dem wir jetzt sitzen.
Sie erinnern sich an die Szenerie? Fabelhaft. Es war vor einigen Wochen, und es hatte eine Länge von vierzig Minuten.
Für uns Europäer war es ziemlich erschreckend, zu hören, daß die Bombe für den Angriff gedacht ist, nachdem man mit allen möglichen Argumenten versucht hat, uns klarzumachen, sie sei als Offensivwaffe ganz ungeeignet und einzig und allein zur Friedenssicherung brauchbar.
Ich will es Ihnen erklären. Meine Bombe ist sowohl zur Verteidigung als auch für offensive Zwecke verwendbar. Als ich in den fünfziger Jahren den Auftrag bekam, eine Kernwaffe für den Einsatz bei begrenzten militärischen Auseinandersetzungen zu entwickeln, standen die Vereinigten Staaten in Südkorea. Das war damals der Bezugspunkt.

War geplant, Atomwaffen dort einzusetzen?

Nicht wirklich. Es gab wohl die Überlegung, es zu tun, falls die amerikanischen Streitkräfte in große Schwierigkeiten geraten sollten. Eisenhower drohte damit der Volksrepublik China. Aber eine ernsthafte Absicht, Kernwaffen anzuwenden, war in den Vereinigten Staaten seit dem Ende des Zweiten Weltkriegs nicht mehr vorhanden, außer für den Fall, daß wir mit der Sowjet-Union Krieg gehabt hätten, dann schon, aber nicht an anderen Plätzen.

Bekommen Sie nicht Schwierigkeiteen mit Ihrem Verteidigungsministerium, wenn Sie solche Informationen öffentlich weitergeben?

Nein, wieso? Ich lebe in einer Demokratie. Solange ich keine Geheimnisse weitergebe, habe ich das Recht, alles zu sagen.

Für die deutsche Öffentlichkeit war es bis jetzt ein Geheimnis, daß die Neutronenbombe auch als Angriffswaffe gedacht ist.

Wie kann das ein Geheimnis sein? Das ist Geschichte seit vielen Jahren.

Ist es irgendwo veröffentlicht worden?

Das nicht. Aber es ist die Wahrheit und es enthält keine militärischen Geheimnisse.

Hat die amerikanische Regierung seit dieser Äußerung in irgendeiner Form mit Ihnen Kontakt aufgenommen?

Nein, warum sollte sie?

Weil sie bisher alles getan hat, die Europäer, unter denen eine große Gegenbewegung gegen die Neutronenbombe um sich greift, durch die Versicherung zu beruhigen, sie sei eine reine Verteidigungswaffe. Man hat bei uns große Angst vor einem Atomkrieg.

Diese Angst sollen Sie auch ruhig haben. Die ist durchaus berechtigt.

Ist ein Krieg in Europa nicht zu verhindern?

Nach meiner persönlichen Auffassung nicht, und zwar deshalb, weil die Verteidigungsstrategie der NATO auf eine völlig unrealistische Grundlage gestellt ist. Viele Jahre lang war sie geradezu eine Einladung an den Gegner. Das begann, als Kennedy Präsident war. Damals hatten die Vereinigten Staaten eine sehr große Überlegenheit auf dem nuklearen Sektor, während die Sowjet-Union im Bereich der konventionellen Waffen voraus war. Insofern war es auch verständlich, daß die amerikanische Regierung versuchte, die

Lücke durch Stärkung des konventionellen Potentials wieder zu füllen. Nur hätte man die Entwicklung der nuklearen Waffen nicht völlig vergessen dürfen, denn der nächste europäische Krieg wird auf jeden Fall ein Krieg sein, in dem Atomwaffen verwendet werden.

Was soll ein Europäer tun in dieser so ausweglos geschilderten Lage?

Wenn ich Deutscher wäre, würde ich mich bei meiner Regierung dafür einsetzen, die Tatsache des Atomzeitalters mit mehr Realismus zur Kenntnis zu nehmen.

Ist es nicht realistisch, einen Krieg überhaupt zu vermeiden, beispielsweise durch den Versuch, die Verhandlungen mit der Sowjet-Union nicht abreißen zu lassen?

Das halte ich für nicht sehr ergiebig.*

Sind Sie in Ihrem Leben jemals auf einem Schlachtfeld gewesen?

Die Gelegenheit, am nächsten an ein Schlachtfeld heranzukommen, ergab sich für mich in Korea, wo ich mich 1951 als Berichterstatter aufhielt. Ich war zwar nicht unmittelbar an der Front, aber ich sah die ganze Verwüstung, besonders in der Hauptstadt Seoul. Die war nahezu vollständig vernichtet, aber, wohlgemerkt, nicht durch nukleare, sondern durch konventionelle Waffen. Das machte auf mich einen sehr starken Eindruck. Zu dieser Zeit begann mein Interesse an der Entwicklung taktischer Kernwaffen für den Einsatz auf dem Gefechtsfeld. Ich sagte mir, warum suchst du nicht Mittel und Wege, Nuklearwaffen so weit zu verfeinern, daß man das physische Desaster, das ich in Korea erlebte, vermeiden konnte.

Sie meinen Waffen, die den Feind töten, aber die Gebäude verschonen?

Genau das meine ich.

Haben Sie in Korea gesehen, wie Menschen getötet wurden?

Nein, denn ich war nicht dabei, als die Kämpfe tobten. Ich kam nach Seoul einige Monate, nachdem es vorbei war.

Haben Sie überhaupt schon einmal einen toten Menschen gesehen?

Die erste Leiche, die ich in meinem Leben gesehen habe, war die meines Vaters. Er starb 1963.

---

* Cohen hielt zwar einen Verhandlungserfolg, wie er zwischen Reagan und Gorbatschow mittlerweile erreicht ist, durchaus für möglich, glaubte aber nicht, daß die Kriegsgefahr dadurch vermindert würde.

Wie alt waren Sie da?
Ich bin 1921 geboren, also war ich schon über vierzig.
Liebten Sie Ihren Vater?
Das kann man nicht sagen. Ich hatte Probleme mit ihm wie die meisten Söhne mit ihren Vätern.
Weinten Sie, als Sie die Leiche sahen?
Ich weine sehr selten. Ich weine nicht über Tote. Leichen haben auf mich keine besondere Wirkung. Ich weine, wenn in meinen persönlichen Beziehungen zu anderen Menschen etwas schiefläuft. Ich weine auch oft über Filme.
Welche zum Beispiel?
Kennen Sie *Wege zum Ruhm* von Stanley Kubrick? Dieser Film rührte mich fast zu Tränen, denn er handelt vom Tod junger Männer im Ersten Weltkrieg. Das Opfer dieser Männer war völlig sinnlos.
Trifft das nicht auf jeden Krieg zu?
Nein. Manche Kriege sind mehr gerechtfertigt als andere Kriege. Der Erste Weltkrieg war nicht zu rechtfertigen, und zwar auf beiden Seiten. Ein paar europäische Nationen hatten einfach beschlossen, Krieg zu führen. Sie wollten Krieg. Das war alles.
Aber das macht doch keinen Unterschied für die Opfer.
Da stimme ich zu. Für den, der erschossen wird, ist es egal, aus welchen Gründen. Aber lassen Sie mich von einem Film erzählen, bei dem ich wirklich sehr weinen mußte. Er hieß *Für König und Vaterland*, ein britischer Film, ebenfalls über den Ersten Weltkrieg. Ein junger Soldat verläßt einfach die Schlacht, wird aufgegriffen und wegen Desertion zum Tode verurteilt. Die Männer, die ihn erschießen sollen, treffen aber nicht richtig, so daß der Kommandant, gespielt von Dirk Bogarde, gezwungen ist, die Exekution selbst auszuführen. Er geht zu dem Verurteilten, um ihn mit seiner Pistole zu töten, da sagt der junge Soldat: Tut mir leid, Sir, daß ich auch das noch verpfuschen mußte. Also er nimmt sogar noch die Schuld auf sich, daß seine Hinrichtung Schwierigkeiten bereitet. Der Kommandant erwidert: Öffnen Sie den Mund. Dann steckt er die Pistole hinein und bläst dem Soldaten das Hirn aus. Ich saß im Wohnzimmer vor dem Fernsehapparat. Meine Frau machte gerade Näharbeiten. Plötzlich mußte ich so laut schluchzen, daß sie herbei-

lief und mich fragte, was denn los sei. Ich sah aber keine Möglichkeit, ihr meine Gefühle verständlich zu machen. Sie sehen, ich kann auch weinen. Es hängt von den Umständen ab.

Wird es im nächsten Weltkrieg Situationen geben, die man mit der eben geschilderten Filmepisode vergleichen könnte?

Nein, denn im dritten Weltkrieg wird es keinen Raum für Helden und auch keinen Raum für Feiglinge geben. Die Schlachten werden nicht vom persönlichen Einsatz einzelner Menschen, sondern von rein technischen Überlegungen bestimmt sein.

Kein Raum für Tränen also, aber Raum für unzählige qualvolle Tode, denn die Wirkung Ihrer Bombe ist, soweit bekannt, eine Langzeitwirkung, das heißt, man stirbt nicht sofort. Man kann nach einem Treffer noch tagelang leben.

Vielleicht sogar Wochen.

Ja, und man weiß während dieser ganzen Zeit, daß es keine Rettung gibt, weil man durch Neutronen verseucht ist. Man ist bei vollem Bewußtsein, aber ohne jegliche Hoffnung.

Das ist nicht ganz richtig, denn die getroffene Person weiß nichts über die Größe der Strahlenmenge, von der sie verseucht ist. Alles, was sie weiß, ist, daß sie sehr krank wird. Wenn medizinische Hilfe da ist und die Dosis nicht zu groß war, kann man auch überleben. Es gab 1974 einen Fall in New Jersey, wo ein Mann bei einem Reaktorunglück eine sehr große Menge an Radioaktivität in sich aufnahm. Die Maßeinheit für die Strahlendosis heißt «rad». Der Mann hatte sechshundert von diesen Einheiten aufgenommen. Bei einer solchen Menge sind die Chancen, zu überleben, nur eins zu zehn, außer es werden sehr heldenhafte medizinische Anstrengungen unternommen, was hier der Fall war, denn der Mann überlebte. Es gibt einen genauen Bericht über den Vorfall. In den ersten drei Stunden nach der Explosion reagierte der arme Kerl mit Übelkeit und starkem Erbrechen. Aber das Merkwürdige war, daß er sich über seinen Zustand keinerlei Sorgen machte, obwohl er sehr genau wußte, was ihm passiert war. Er wurde weder hysterisch noch konnten depressive Erscheinungen festgestellt werden. Er war auf der Station der ruhigste Patient von allen. Am ersten Tag nach seiner Einlieferung wurde sein Blut von der Strahlenwirkung ergriffen. Er bekam starke Blutungen. Zwischen dem

22. und 35. Tag nach dem Unglück war sein Blutpegel so niedrig, daß man ihn nur durch eine ungeheure Zahl von Transfusionen am Leben erhalten konnte. Nach dem 35. Tag erholte er sich plötzlich sehr rasch. Am 45. Tag wurde er aus der Klinik entlassen und kehrte zurück zu seiner Arbeit. Soviel ich weiß ist er heute wieder bei voller Gesundheit.

Halten Sie ein solches Ausmaß an medizinischer Versorgung im Kriegsfall für möglich?

Nein.

Was geschieht dann mit den Strahlenopfern?

Sie werden sterben. C'est la guerre. Es ist kein Unterschied, ob ein Soldat durch Strahlen oder durch einen Granatsplitter umkommt. Das ist beides gleich schrecklich.

Ist Ihre Waffe experimentell ausprobiert worden?

Es gab einige unterirdische Tests, also wir kennen im wesentlichen die Wirkung. Zu genauen Erkenntnissen über die zu verwendende Neutronenmenge kommen wir aber erst an Hand von Unfällen wie jenem, den ich gerade beschrieben habe.

Welchem Umstand ist es zu verdanken, daß gerade Sie für die Konstruktion der Neutronenbombe ausgewählt wurden?

Ich wurde nicht ausgewählt, es geschah durch Zufall. Die amerikanische Luftwaffe beauftragte eine Gruppe von Wissenschaftlern, der ich angehörte, die Tauglichkeit taktischer Waffen für den Einsatz in lokal begrenzten Kriegen zu prüfen. Meine spezielle Aufgabe war es, die Anwendungsmöglichkeiten nuklarer Waffen herauszufinden. Ich war seit acht Jahren mit diesem Thema beschäftigt.

Sind Sie stolz, dieses Angebot bekommen zu haben?

Es war kein Angebot. Ich wurde einfach bestimmt, es zu machen.

Hatten Sie nicht die Möglichkeit, abzulehnen?

Es gab außer mir ein Dutzend von Leuten, die meine Aufgabe hätten erfüllen können.

Heißt das, die Bombe wäre, hätten Sie abgelehnt, von einem anderen erfunden worden?

Das weiß ich nicht. Das läßt sich heute nicht mehr rekonstruieren.

Sie wissen, daß Ihre Erfindung eine große moralische Diskussion ausgelöst

hat, ähnlich wie der Bau der ersten Atombombe im Zweiten Weltkrieg.
Kamen Ihnen je moralische Bedenken bei Ihrer Arbeit?
Nein. Es war ein persönliches Abenteuer. Ich war wirklich sehr
interessiert an der Entwicklung nuklearer Waffen für taktische
Zwecke.
War es eine Faszination?
Es war die Überzeugung von der Notwendigkeit, Atomwaffen zu
haben, die nicht wie die Bomben auf Hiroshima und Nagasaki alles
zerstören, denn im Falle, daß der Feind schon im eigenen Land
steht, würden solche herkömmlichen Bomben genau das vernich-
ten, was man verteidigen wollte. Das wäre völliger Unsinn.
Waren Sie bereits damals der Meinung, daß ein Atomkrieg unvermeidlich
sein würde?
Nein, darüber hatte ich noch keine Vorstellungen, als ich die
Bombe machte. Das kam erst später. Ich bin erst in meinen alten
Tagen zum Philosophen geworden. Heute denke ich eine ganze
Menge über diese Probleme nach.
Würden Sie sich als einen Pessimisten bezeichnen?
Ich gehöre philosophisch zu keiner bestimmten Richtung.
Sind Sie ein religiöser Mensch?
Nein.
Aber geboren als Jude?
Ja, das erkennen Sie schon an meinem Namen. Samuel war ein jüdi-
scher Prophet. Mein Vater war Jude, von Beruf Tischler. Aber ich
bin nicht im jüdischen Glauben erzogen worden.
Glauben Sie an ein Weiterleben im Jenseits?
Nein, daran glaube ich nicht. Deshalb sage ich immer, der Tod ist
das Nichts. Man weiß nichts, aber es ist nicht schlimm für mich,
nichts zu wissen. Es gab Zeiten, in denen ich mehr darunter gelitten
habe. Heute bedeutet Sterben für mich einfach Schlafen, ohne zu
träumen.
Würden Sie um Ihr Leben kämpfen im Falle einer Bedrohung?
Ja, sicher. Ich würde töten, um nicht getötet zu werden. Nehmen
wir an, ich wäre Soldat gewesen, dann hätte ich natürlich mein
Land verteidigt. Ich bin dazu erzogen, ein Patriot zu sein, aufgewachsen im Glauben an die Vereinigten Staaten. Es gab in meiner
Jugend nicht diesen Zweifel am Patriotismus, wie wir ihn heute

haben. Es gab vielleicht ein bißchen schlechtes Gewissen wegen des Ersten Weltkriegs, aber nicht viel, denn Amerika hat in diesem Krieg nur leichte Verluste erlitten.

Gab es ein schlechtes Gewissen wegen der fast vollständigen Ausrottung der Indianer?

Nein, das gibt es nicht einmal heute. Nur ein mikroskopisch kleiner Teil der amerikanischen Bevölkerung fühlt sich schuldig wegen der Indianer.

Finden Sie das richtig?

Lassen Sie mich dazu etwas erklären. Kollektives Schuldgefühl ist an sich etwas sehr Gutes, denn es ist das, was Zivilisation überhaupt erst ermöglicht. Hätten wir keine Schuldgefühle, würden wir einander täglich ermorden. Es gibt bestimmte Dinge, deretwegen wir Schuld fühlen müssen, sonst verwandeln wir uns in Barbaren. Jemand, der überhaupt keine Schuld fühlt, läuft Amok.

Haben Sie Schuldgefühle?

Natürlich, wie jeder. Das kommt durch die Erziehung. Wenn man als Kind nicht gehorcht oder keinen Respekt hat, fühlt man sich schuldig. Dazu wird man erzogen. Der Mensch ist das Produkt seiner Eltern und später dann seiner Lehrer. Unsere ganze Kindheit ist ein moralisches Training, damit wir in der Zivilisation funktionieren können.

Und zum Funktionieren gehörte es, daß man Patriot war?

Selbstverständlich. Wir lernten in der Schule auch für den Krieg. Ich muß aber sagen, daß mit mir in den fünfziger Jahren eine Metamorphose vor sich ging, das heißt, ich bin mir der zerstörerischen Wirkung der damals üblichen Waffen bewußt geworden. Ich spürte, daß Krieg begonnen hatte, unmenschlich zu werden.

Das bedeutet, Sie halten menschliche Kriege für möglich?

Das ist genau der Punkt, über den wir hier reden. Wenn im Töten kein Unterschied gemacht wird zwischen Soldaten und Zivilisten, dann ist es kein menschlicher Krieg mehr. Meine Bemühungen waren darauf gerichtet, eine Waffe zu finden, mit der Zivilisten verschont werden können. Viele, die sich mit der Neutronenbombe befassen, verwechseln Soldaten mit Zivilisten. Sie sagen, die Bombe vernichtet Menschen. Das ist falsch, sie vernichtet Soldaten.

Was ist der Unterschied zwischen einem Menschen und einem Soldaten?

Eine sehr gute Frage. Nun kommen wir endlich zum Kern der Sache. Ein Soldat ist dazu bestimmt, getötet zu werden. In der christlichen Ethik ist der Soldat jemand, der getötet werden darf, aber der Zivilist nicht. In einem Krieg mit Neutronenbomben kann sich die Zivilbevölkerung rechtzeitig in Sicherheit bringen. Das Bedenkliche an der Sache ist nur, daß heute die meisten Soldaten, wenn der Krieg vorbei ist, wieder zu Zivilisten werden.

Sofern sie überleben.

Richtig.

Die Chancen, einen Atomkrieg zu überleben, werden in Europa für äußerst gering gehalten, weil man fürchtet, wenn erst einmal Nuklearwaffen verwendet werden, werden früher oder später auch die Superbomben zum Einsatz kommen. Bei uns herrscht die Meinung, ein Atomkrieg sei mit dem Weltuntergang gleichzusetzen.

Damit haben Sie gar nicht so unrecht. Als Philosoph, also unabhängig von meinen vaterländischen Interessen, sage ich, wir werden in die Katastrophe hineingetrieben.

Von wem?

Von uns selbst. Es liegt in der Natur des Menschen, Kriege zu führen. Er braucht sie als Befreiung von Spannungen, wenn diese einen gewissen Höhepunkt überschreiten.

Halten Sie die menschliche Gattung nicht für intelligent genug, ihren eigenen Untergang zu verhindern?

Nein, der Mensch glaubt nur, was er erlebt hat. Denken Sie nur daran, wie viele die Folgen der Bombardierung von Hiroshima und Nagasaki in Filmen gesehen haben, aber das hatte keine einschneidende Wirkung. Man hat es gesehen, aber das bedeutet nicht, daß man es wirklich durchlebt hat. Das Dumme ist, daß man in einem Atomkrieg, der die Welt vernichtet, nicht Beobachter sein kann, nur Opfer.

Haben Sie keine Angst?

Doch, natürlich habe ich Angst, genauso wie Sie.

Fühlen Sie sich in Amerika durch die relativ große Entfernung vom Gegner nicht ziemlich sicher?

Nein, denn die sowjetischen Raketen können heute in zwanzig Minuten die Vereinigten Staaten erreichen. Was die Rüstung betrifft, gibt es keinen Unterschied mehr zwischen Amerikanern und Russen. Ich bin sicher, sie haben auch die Neutronenbombe, und zwar seit Jahren.

Haben Sie etwas unternommen, um sich zu schützen?

Nein.

Besitzen Sie eine Waffe?

Das habe ich nie in Erwägung gezogen, weil ich fürchte, jemanden versehentlich umzubringen. Wenn ich nachts schliefe, und Diebe brächen in mein Haus ein, dann würde ich vielleicht sofort schießen, ohne mich zu vergewissern, ob die Einbrecher überhaupt Waffen haben.

Hatten Sie als Kind Angst im Dunkeln?

Natürlich, wie alle Kinder. Ich erzähle Ihnen ein Beispiel. Als ich klein war, ging ich samstagnachmittags immer ins Kino. Für Kinder gab es damals oft Horrorfilme, und ich hatte natürlich furchtbare Angst. Wenn der Film aus war, war es draußen schon dunkel im Winter. Ich hatte nur ein paar hundert Meter zu unserem Haus, und ich war fest entschlossen, mich heldenhaft zu benehmen. Aber plötzlich fing ich jedesmal an zu rennen und kam dann völlig erhitzt daheim an. Als meine Mutter fragte, was los sei, konnte ich natürlich nicht zugeben, daß ich voller Angst war. Deshalb sagte ich immer, ich hätte bloß Lust gehabt, etwas zu laufen.

Hatten Sie damals bereits bestimmte Vorstellungen, welchen Beruf Sie einmal ergreifen würden?

Ich wollte Lokomotivführer werden oder Cowboy oder Soldat.

Nicht Wissenschaftler?

Nein, für Wissenschaft begann ich mich erst zu interessieren, als ich fünfzehn war oder sechzehn. Ich bin nie ein guter Schüler gewesen. Ich haßte zu lernen.

Wollten Sie reich sein?

Nicht unbedingt. Geld hat mir nie viel bedeutet. Ich wollte berühmt sein, so daß die Leute zu mir aufschauen. Ich wollte bewundert werden.

Wann hatten Sie das Gefühl, es geschafft zu haben?

Das hatte ich nie, bis heute nicht, weil ich nicht glaube, mein Ziel erreicht zu haben.

Wollen Sie damit sagen, daß Sie kein zufriedener Mensch sind?

Genau das will ich sagen. Noch vor einigen Jahren dachte ich, wenn

die amerikanische Regierung beschließen sollte, die Neutronenbombe zu produzieren, dann würde ich beruflich und auch persönlich ein sehr glücklicher Mann sein. Ich dachte, ich würde dann
zufriedener sterben. Aber nun, da die Entscheidung gefällt ist, fühle
ich genau dasselbe wie vorher. Meine Gefühle haben sich nicht verändert, und wissen Sie, warum? Weil sich meine Erwartungen,
durch die Bombe einen positiven Einfluß auf die Zukunft der Menschen ausüben zu können, in keiner Weise verwirklicht haben.

*Wurden Sie konsultiert, als man die Produktion der Bombe beschlossen
hatte?*

Nein, man hat mich nicht einmal unterrichtet.

Empfanden Sie das als Verletzung?

Doch, schon ein bißchen. Aber ich war darüber nicht sehr verwun-
dert. Ich werde nicht geschätzt von der Regierung, weil ich ihre
Politik seit zwanzig Jahren in aller Öffentlichkeit attackiere. Das hat
mich nicht gerade beliebt gemacht bei meinen Arbeitgebern. Ich
habe Standpunkte vertreten, die der von der Regierung eingenom-
menen Haltung zuwiderlaufen.

Welche?

Ich sage, die amerikanische Verteidigungspolitik ist auf nuklearem
Gebiet vollkommen unrealistisch, weil sie die Existenz von Atomwaffen im Grunde nie akzeptiert hat. Wir stellen sie her, aber wir
wissen nicht, sie zu benutzen. In den meisten westlichen Ländern ist
ein ungeheurer Abscheu gegen nukleare Waffen entstanden. Die
Folge ist ein Einfrieren aller Bemühungen, eine Doktrin zu ihrer
sinnvollen Verwendung hervorzubringen.

Was schlagen Sie vor?

Ich würde es machen wie die Franzosen, die, nachdem sie im Ersten
Weltkrieg enorme Verluste erlitten hatten, den Beschluß faßten,
einen Befestigungswall zu errichten, um weitere Kriege von vorn-
herein zu verhindern. Ich meine die Maginot-Linie. Im Grunde war
das ein uralter Gedanke. Die Europäer haben seit Hunderten von
Jahren um ihre Städte Mauern gebaut, um sich zu schützen. Daß die
Idee scheiterte, lag daran, daß man an der belgischen Grenze eine
Lücke frei ließ. Das war die Stelle, an der Hitler durchbrechen
konnte. Mein Vorschlag wäre, zwischen den Staaten des Warschauer Paktes und Westeuropa einen Wall zu errichten, ähnlich

einem elektrischen Zaun, nur mit dem Unterschied, daß an Stelle von Elektrizität radioaktive Strahlung benutzt wird. Dadurch würde eine der tückischsten Auswirkungen atomarer Bewaffnung so eingesetzt, daß es für einen Angreifer nahezu unmöglich wäre, in ein anderes Land einzudringen. Es wäre nicht einmal nötig, ihn zu vernichten, weil er, sobald er die durch meinen Wall gesicherte Grenze verletzt, sich selbst vernichtet. Wenn er sich selbst nicht vernichten will, wird es keine Kriege mehr geben. Was halten Sie von diesem Gedanken?

Gut ausgedacht, nur wird ein Zusammenkommen der Menschen aus einander feindlichen Staaten dann endgültig ausgeschlossen. Man erreicht genau das Gegenteil von dem, was zum Beispiel in Deutschland heute versucht wird: Grenzen mehr durchlässig zu machen.

Sie sind ein merkwürdiger Mensch. Ich erzähle Ihnen hier meine Ideen, wie man Kriege erfolgreich verhindern könnte, und Sie sagen mir, die beiden Seiten sollten zusammenkommen. Das halte ich für völlig unmöglich.

Muß man deshalb aufhören zu hoffen?

Man muß nicht. Aber wie wollen Sie der Verwirklichung solcher Hoffnungen näherkommen?

Durch Niederlegen der Waffen anstatt deren Perfektionierung.

Gut, Sie schlagen vor, die Waffen zu strecken. Wahrscheinlich ist das wirklich der einzige Ausweg. Aber man muß dann die Frage stellen: Was geschieht, wenn man dies tut? Die Antwort ist: Wir wissen nicht, was dann geschieht.

Eines ist sicher: Ihre Bombe wäre dann überflüssig.

Das wäre wirklich meine geringste Sorge.

Was empfanden Sie in dem Augenblick, als Sie die Lösung für die Neutronenbombe gefunden hatten?

Ich war sehr glücklich. Ich zeigte meine Berechnungen den Kollegen, und die meisten sagten, fein, das sei eine tolle Idee. Ich war äußerst zufrieden, endlich gefunden zu haben, was ich seit langem suchte.

Mußten Sie nicht zwangsläufig wünschen, daß Ihre Erfindung irgendwann auch benutzt wird?

Nein, daran dachte ich überhaupt nicht. Da bin ich mir vollkommen sicher. Natürlich wünschte ich, daß die Bombe produziert und in unser Waffensystem integriert wird, aus sehr guten Gründen, wie ich Ihnen die ganze Zeit zu erklären versuche. Denn sie ist weitaus humaner als alle Kernwaffen, die bisher verwendet wurden.

Dachten Sie auch an die Menschen, die mit Ihrer Bombe, falls man sie doch einsetzen sollte, getötet werden?

Töten ist der Zweck des Krieges. Ich wiederhole: Nicht das Töten von Menschen, sondern das Töten gegnerischer Soldaten.

Das würde bedeuten, daß Ihr Kinderwunsch, einmal Soldat zu werden, nichts anderes war als der Wunsch, getötet zu werden.

Das ist eine falsche Schlußfolgerung. Denn als ich klein war, kannte ich Soldaten nur aus dem Kino. Ein Soldat war jemand, der böse Menschen umbringt. Natürlich identifizierte ich mich mit den Guten, und das waren in den Filmen immer die Sieger.

Meinen Sie, in der Wirklichkeit ist das anders?

Das muß ich wohl meinen, denn wie es aussieht, sind die Kommunisten drauf und dran, zu gewinnen, und das sind doch sehr böse Leute. Die liquidieren Millionen ihrer eigenen Landsleute, schicken sie nach Sibirien und halten sie dort gefangen für den Rest ihres Lebens. Nach den heutigen Moralvorstellungen sind das sehr böse Menschen. Aber man muß hier eine Einschränkung machen. Wenn es zu einem Atomkrieg kommt, wird sich die sowjetische Doktrin als weitaus weniger unmoralisch erweisen als der westliche Standpunkt. Die heutige Kriegspolitik des Westens basiert auf dem Töten von Zivilisten und dem Zerstören der gesellschaftlichen Strukturen des Feindes. Die Russen wollen etwas ganz anderes. Sie werden die Zivilisten verschonen, um ihnen die ganze Pracht und Herrlichkeit des Kommunismus bringen zu können. In gewissem Sinne sind sie also viel christlicher als die westlichen Staaten, weil sie die Massen umarmen, um sie für ihre Ideologie zu gewinnen. Sie haben zwar keine Hemmungen, Millionen von Menschen zu eliminieren, die ihrer Lehre im Weg stehen. Stalin hat das mit den Ukrainern gemacht, Mao Tse-tung mit den Chinesen. Aber wenn der Kommunismus in andere Länder einfällt, kommt er mit einer geradezu christlichen Liebe. Es ist vollkommen falsch, anzunehmen, daß die Sowjets die Bevölkerung der westlichen Länder ausrotten würden. Nichts ist weiter entfernt von der Wahrheit. In einem Atomkrieg sind, wie sich herausstellen wird, die Russen die Guten.

Dann hätten wir ja nichts zu befürchten.

Würden Sie Kommunist werden, wenn die Sowjets Deutschland besetzen?

Nein, ich würde Sie telefonisch warnen.

Das könnten Sie, wenn Neutronenwaffen verwendet würden, tatsächlich tun, weil Ihr Telefon dann nicht im geringsten beschädigt wäre.

Nicht mein Telefon, aber ich möglicherweise. Was würden Sie mir raten, wenn ich, von Ihrer Bombe getroffen, nur noch wenige Wochen zu leben hätte?

Ich würde Ihnen raten, mit Anmut zu sterben.

Das erinnert mich an einen kürzlich abgehaltenen Ärztekongreß in Hamburg, der das Motto hatte: «Die Überlebenden werden die Toten beneiden». Dort wurde der Vorschlag gemacht, riesige Morphium-Depots anzulegen, um den Opfern eines Atomkriegs wenigstens das Sterben erleichtern zu können.

Das wäre im Falle eines sowjetischen Angriffs nicht nötig, denn die Strategie der Sowjet-Union ist einzig und allein auf die Eroberung gegnerischer Militärstützpunkte gerichtet, und zwar unter Verwendung taktischer Waffen, ähnlich meiner Neutronenbombe. Das heißt, die Russen würden nicht ganz Europa auslöschen, im Gegenteil. Ein guter Bekannter von mir, der lange Jahre Mitarbeiter General de Gaulles war, hat herausgefunden, daß die Sowjets das westliche Europa mit einem einzigen Schlag vollständig entwaffnen könnten, ohne der Bevölkerung mehr als 5 Prozent Verluste zufügen zu müssen. Das sind weit weniger als die Verluste im Ersten und Zweiten Weltkrieg.

Würden Sie in so einem Fall nicht fürchten, einem kommunistisch vereinten Europa gegenüberzustehen, gegen das die Vereinigten Staaten militärisch im Nachteil wären?

Nicht unbedingt, denn ich habe sehr starke Zweifel, ob sich die Europäer unter sowjetischem Joch dem System gegenüber solidarisch verhalten würden. Ich glaube, daß das Bestreben der Vereinigten Staaten, Europa zu verteidigen, falsch ist. Es hat sich herausgestellt, daß die USA dadurch schwächer und schwächer werden, und das liegt in niemandes Interesse. Man sollte es den Europäern ruhig überlassen, ihre Probleme allein zu lösen.

Das wäre gut möglich, wenn Amerika nicht den Ehrgeiz hätte, die ganze sogenannte freie Welt zu beschützen.
Dieser Ehrgeiz ist ein gefährlicher Unsinn.
Wem gaben Sie bei der letzten Präsidentenwahl* Ihre Stimme?
Ich gab sie Reagan.
Aus welchen Gründen?
Ich glaubte, er würde die Sicherheit meines Landes besser gewährleisten als Jimmy Carter.
Fühlen Sie sich unsicher?
Schrecklich unsicher. Ich fühle mich bedroht von den Sowjets, denn sie wollen mir meine Freiheit nehmen.
Was verstehen Sie unter Freiheit?
Tun zu können, was ich tun will. In einem kommunistischen Land könnte ich unmöglich ein zufriedener Mensch sein.
Aber zufrieden sind Sie, wie Sie vorhin erklärten, auch hier nicht.
Sicher nicht, aber das sind persönliche Schwierigkeiten. Man muß unterscheiden zwischen politischer Freiheit und persönlicher Freiheit. Ich kann doch politisch frei sein und trotzdem unzufrieden. Ich bin ein Gefangener meiner selbst. Aber es ist etwas anderes, sein eigener Gefangener zu sein als der Gefangene einer bestimmten politischen Richtung. Jeder Mensch ist mehr oder weniger ein Gefangener seiner selbst, Sie eingeschlossen. Trotzdem kann man den Wunsch haben, die politische Freiheit des Landes, in dem man lebt, zu bewahren. Dieser Wunsch geht bei mir so weit, daß ich für diese Freiheit auch kämpfen würde. Ich würde in den Krieg gehen.
Dort würden Sie Ihre persönliche Unzufriedenheit sicher vergessen, weil Sie von morgens bis abends mit Kämpfen beschäftigt wären.
Das sehe ich anders. Darf ich fragen, warum Sie dieses Interview überhaupt machen wollten?
Ich wollte den Mann, der sagt, die Entwicklung von Waffen sei eine faszinierende Beschäftigung, kennenlernen. Sie haben das mehrmals behauptet.
Jedem seine eigene Faszination. Ich arbeite seit 1944 an der Entwicklung von Waffen. Ich war dabei, als in Los Alamos die erste Atombombe entwickelt wurde, und ich hatte keinerlei moralische

---

* Gemeint ist die Wahl im Jahre 1980.

Bedenken, obwohl ich wußte, daß sie dazu bestimmt war, abge-
worfen zu werden.

Sind Sie in Hiroshima gewesen nach dem Abwurf der Bombe?

Nein, aber ich war in Deutschland, und ich sah die Verwüstungen,
die allerdings nicht durch eine Atombombe, sondern durch Tau-
sende konventioneller Bomben verursacht waren. Das deutsche
Volk hat durch konventionelle Waffen weitaus mehr leiden müssen
als Japan durch den Abwurf der Atombomben auf Hiroshima und
Nagasaki. In Japan sind zwei Bomben gefallen, und damit war der
Krieg auch schon beendet.

*Aber das war doch nur deshalb der Fall, weil die Japaner keine Atombombe
hatten. Eine so rasche Erledigung ist heute, da die Amerikaner das Mono-
pol auf Atomwaffen verloren haben, nicht zu erwarten.*

Dazu kann ich nur sagen, es war für mich eine Herausforderung,
die Entwicklung nuklearer Waffen in eine Richtung zu führen, wo
ihre verheerenden Auswirkungen soweit wie möglich verringert
werden. Aus diesen Bemühungen heraus entstand die Neutronenbombe. In Ihren Augen ist das offensichtlich eine verrückte Waffe,
und in einem sehr abstrakten Sinne ist sie das wirklich, aber in
einem konkreten Sinn, in der Welt, wie sie heute ist, ist es eine
Waffe, der sehr vernünftige Absichten zugrunde liegen.

Vielleicht ist die Welt verrückt.

Die menschliche Rasse ist sicher verrückt. Da stimme ich Ihnen voll
zu.

*Was sagen Sie zu der These, Ihre Bombe, die tote Materie schont, aber
Leben vernichtet, sei ein Symbol des Kapitalismus, der Glück auf materiellen Wohlstand zurückführt?*

Diese These ist eine Erfindung der Sowjets. Ich bin nicht daran
interessiert, materielle Werte zu schützen.

Welche Gegenstände, die Sie besitzen, sind Ihnen besonders wichtig?

Ich kann ehrlich sagen, es gibt nichts, was ich nicht missen könnte.
Ich war nie Kunstsammler. Meine Bücher füllen kaum mehr als
zwei Fächer, und davon habe ich 95 Prozent nicht gelesen. Falls Sie
gekommen sind, um meine Persönlichkeit auszuforschen, wird es
Sie interessieren, daß es mir sehr schwerfällt zu lesen. Ich kann mich
nicht konzentrieren. Das ist einer der vielen seltsamen Züge meines
Charakters. Von Karl Marx habe ich keine Zeile gelesen, von

Nietzsche kenne ich nur den Namen. Wenn ich etwas lese, dann Zeitungen und besonders gern Comics. Natürlich lese ich wie jeder Amerikaner die *Peanuts*.

Sind Sie Millionär?

Nein, leider nicht. Könnte ich meine Bombe in eigener Regie produzieren und auf dem Markt verkaufen, wäre ich sicher ein reicher Mann. Aber sie gehört der Regierung. Alles, was ich besitze, sind zwei Autos, ein Teil meines Hauses, das noch nicht abbezahlt ist, die Möbel und etwas Geld auf der Bank. Ich verdiene im Jahr etwa 40 000 Dollar als wissenschaftlicher Angestellter. Das ist zu wenig, um mich zur Ruhe zu setzen und meine Memoiren zu schreiben.

Würden Sie das tun, wenn Sie könnten?

Sehr gerne. Aber ich müßte vorher meinen Beruf aufgeben, weil in meinem Lebensbericht Dinge enthalten wären, die mir Schwierigkeiten bereiten könnten, private Dinge. Ich möchte, solange ich den Wunsch habe, für meine politische Überzeugung zu kämpfen, mein Privatleben für mich behalten, um nicht verwundbar zu werden. Denn angenommen, in diesen Memoiren würde stehen, ich sei homosexuell, was ich tatsächlich nicht bin, dann würde eine große Anzahl von Menschen meine Ansichten zu militärischen Fragen nicht akzeptieren, weil man gerade in Amerika vor Homosexuellen sehr große Angst hat.

Haben Sie dafür eine Erklärung?

Nein. Da müssen Sie einen Psychologen fragen.

Wie weit würden Sie gehen im Aufdecken Ihres Privatesten?

Ich würde mich von allem befreien, was mich belastet.

Kennen Sie sich gut genug, um damit ein ganzes Buch füllen zu können?

Ich denke schon. Ich war viele Jahre bei einem Psychoanalytiker in Behandlung. Das ist eine sehr gute Gelegenheit, um sich kennenzulernen.

Was geschah dort?

Ich lag auf der Couch.

Gab es bestimmte Beweggründe, die Sie veranlaßten, sich einer solchen Behandlung zu unterziehen?

Ich war unglücklich, das ist Anlaß genug. Es ging nicht so weit, daß ich zu Hause lag und mir die Decke über den Kopf zog, aber ich hatte Schwierigkeiten im Umgang mit Menschen. Ich war Mitte Dreißig. Meine erste Ehe war gerade geschieden. Sie kennen doch sicher die Gründe, warum man einen Psychiater aufsucht.

Waren es auch Schwierigkeiten mit Ihren Eltern?

Der Kontakt mit meinen Eltern war nie sehr erfreulich, denn sie haben, was meine Erziehung betrifft, eine ganz jämmerliche Figur abgegeben. Wissen Sie, was meine Mutter sagte, wenn ich nicht gleich gehorchte? Sie sagte: Wenn du nicht tust, was ich befehle, dann wirst du sterben. Als Kind träumte ich oft, daß ich tot sei, und wenn ich erwachte, fühlte ich mich immer sehr schuldig.

Haben Sie darüber in der Analyse gesprochen?

Ja, über all diese Dinge.

Was war das Resultat der Behandlung?

Ich konnte mit meinen Schwierigkeiten besser umgehen. Man kann nicht sagen, daß ich geheilt war. Ich brach die Behandlung ab, weil es nicht möglich ist, sein ganzes Leben auf einer Couch zu verbringen.

Wie ist Ihr Verhältnis zu Ihren Kindern?

Meine Kinder sind in erster Linie daran interessiert, daß ich im Fernsehen auftrete, weil ihre Mitschüler dann sagen, sie hätten mich im Fernsehen gesehen. Sie sind stolz, wenn ich viel Publicity habe. Aber ich habe zu wenig. Ich war noch nie in einer Talk Show mit Jonny Carson oder Dick Cavett. Ich hoffe, das kommt noch, meinen Kindern zuliebe.

Haben Sie Freunde?

Nicht viele. Ich war immer ein Einzelgänger, sicher weil ich es selbst so wollte. Das hängt mit meinem Wesen zusammen. Ich gehe sehr ungern an Orte, wo sich Menschen versammeln. Das ist auch der Grund, warum ich nie ein Theater oder einen Konzertsaal besuche. Mich stört der Geruch der Menschen. Ich ziehe es vor, abends fernzusehen und Musik von Schallplatten zu hören.

Leiden Sie an Verfolgungswahn?

Darauf muß ich nicht antworten. Das können Sie als Frage so stehenlassen. Ich wehre mich dagegen, alles psychologisch erklären zu müssen. Die Menschen sind getrieben von bestimmten Impulsen, die nach Befriedigung drängen, aber wir kennen nicht die Ursachen dieser Impulse. Warum wollen die Menschen den Krieg? Ich be-

schäftige mich mit dieser Frage seit vierzig Jahren. Ich habe auch
eine Menge darüber gelesen, aber ich habe nirgends eine Antwort
gefunden, ausgenommen ein einziges Buch, das mir zufällig in die
Hände fiel, ein verrücktes Buch. Es heißt *The Sexual Cycle of Hu-
man Warfare.* * Darin wird Krieg zurückgeführt auf sexuelle Verhaltensweisen. Ich habe dem Autor geschrieben. Ich fragte ihn: Sind
Sie Anthropologe oder Psychologe oder Sozialwissenschaftler? Er
antwortete, er sei das alles nicht, er sei sein ganzes Leben lang nur
Soldat gewesen. Er habe im Sudan gekämpft, in Afghanistan, überall dort, wo die britische Armee Kriege führte. Schließlich habe er
sich zur Ruhe gesetzt, um dieses Buch zu schreiben. Aber er fand
keinen Verleger, so daß er sein ganzes Geld opfern mußte, um es auf
eigene Kosten herauszubringen. Jetzt ist er ein armer Mann, denn
das Buch war ein vollständiger Reinfall.

Wie heißt er?

Sein Name ist Norman Walter. Niemand kennt ihn. Seine These
ist denkbar einfach. Sie sagt, Krieg beginnt schon in der Familie.
Die Tochter vergöttert den Vater, der Vater will mit der Tochter
schlafen. Die Mutter träumt davon, den Sohn zu verführen, und
umgekehrt. Jeder ist seinem speziellen Ödipuskomplex unterwor-
fen. Zunächst ist das nicht weiter gefährlich. Aber sobald der
Knabe in die Pubertät kommt, wird er für das Familienoberhaupt
ein ernsthafter Rivale. Dem eigenen Vater macht er die Mutter
streitig, dem Vater einer fremden Familie nimmt er die Tochter. Er
tut das ganz unschuldig und arglos, aber die alten Männer, die
auch die Lehrer und Bürgermeister und die Köpfe des Staates sind,
empfinden es als eine Bedrohung. Ihr einziges Bestreben ist es, die
Jungen aus dem Feld zu schlagen. Da sie nicht mehr potent genug
sind, es auf direktem Weg zu schaffen, greifen sie zu einem anderen Mittel. Sie erziehen die Söhne zum Nationalismus, um sie unter dem Vorwand, für die Heimat kämpfen zu müssen, in den
Krieg schicken zu können. Kriege haben immer den Zweck, eine
mehr oder weniger große Anzahl junger Männer zu eliminieren.
Ahnungslos gehen sie in ihr Verderben und sind auch noch froh
darüber, getötet zu werden.

---

* Zu deutsch: *Der sexuelle Zyklus im Kriegführen der Menschen*

Sind das Erkenntnisse, zu denen Sie auch auf Grund eigener Erlebnisse kamen?

Es gibt bestimmte Erfahrungen, die ich mit meinem Vater hatte. Ich bin nie Soldat gewesen, aber mein Vater tat alles, damit ich es werde. Wenn er eine Wut auf mich hatte, sagte er immer: Ich wünschte, du wärst in der Armee. Er sagte nie, er wünschte, ich würde das Haus verlassen, denn er wollte nicht als jemand dastehen, der seinen eigenen Sohn aus dem Haus wirft. Er sagte, ich solle in den Krieg gehen. Wäre ich beim Kämpfen getötet worden, wäre er mich los gewesen, ohne sich irgendwelche Vorwürfe machen zu müssen, denn der Tod für das Vaterland war eine durchaus übliche Sache.

Haben Sie mit ihm über diese Dinge gesprochen?

Nein, ich war ein gehorsamer Junge. Ich meldete mich zum Kriegsdienst. Aber dann geschah etwas, was wieder beweist, daß der Mensch nicht durch seinen Willen, sondern durch Schicksal bestimmt ist. Im Frühjahr 1943 begann meine militärische Grundausbildung. Danach schickte man mich, damit ich dort Kurse besuche, an das Institut für Technologie in Cambridge, Massachusetts. Bis dahin hatte ich seit meinem zweiten Lebensjahr immer nur in Kalifornien gelebt. Dort ist ein sehr mildes Klima. Im September 1943 kam ich nach Cambridge, und es wurde kälter und kälter. Ich dachte, mir fallen die Ohren ab. Ich hatte große Angst, krank zu werden. An einem besonders eisigen Wintermorgen ging ich vom Frühstück anstatt in die Klasse zurück in den Schlafraum, wo es schön warm war. Plötzlich trat der Sergeant in mein Zimmer und sagte, ich solle mich anziehen. Ich dachte, er wollte mich bestrafen, aber er führte mich in ein Gebäude, wo mir ein Offizier einige Fragen stellte. Kurz darauf wurde ich als Mitarbeiter des Atombombenprojekts nach Los Alamos abberufen. Wie ich erfuhr, hatte der Offizier die Anweisung gegeben, den Unterricht nicht zu stören und nur jene Schüler zur Befragung zu holen, die sich gerade nicht in der Klasse befanden. Wäre ich nicht in den Schlafsaal gegangen, gäbe es vielleicht heute keine Neutronenbombe.

Sind Sie im nachhinein froh über Ihr Schicksal oder wären Sie lieber Soldat gewesen?

Schwer zu sagen. Manchmal habe ich das Gefühl, als ob ich etwas vermisse. Denn es reden doch alle, die im Krieg waren, über nichts anderes als ihre Heldentaten, wie sie töteten, wie sie mit den Kameraden betrunken waren, wie sie ins Bett gingen mit den Frauen aus den besiegten Ländern. Manchmal fühle ich mich sehr einsam bei diesen Geschichten. Denn meine Abenteuer haben sich alle an einem einzigen Ort abgespielt, an meinem Schreibtisch. Ich bin mein ganzes Leben lang ein einsamer Krieger gewesen, und jetzt kommen Sie und sagen, meine Erfindung sei nicht im Interesse der Menschheit. Ich hatte, als ich die Bombe machte, doch keine Ahnung, daß sie so vielen Menschen so unwillkommen sein würde. Ich wollte, genauso wie Sie, die Katastrophe eines Weltkriegs verhindern. Ich dachte, man würde das respektieren. Deshalb war es für mich eine der schönsten Erfahrungen meines beruflichen Lebens, von Papst Johannes Paul II. empfangen zu werden. Die Begegnung geschah auf Vermittlung Kardinal Casarolis, des vatikanischen Außenministers. Ich wurde vorgestellt als Vater der Neutronenbombe. Der Papst änderte, als er das hörte, nicht im mindesten seine Haltung. Das Gespräch dauerte etwa zwei, drei Minuten. Ich sagte, es sei eine Ehre für mich, seine Heiligkeit treffen zu dürfen. Der Papst fragte, ob ich mich für den Frieden einsetze. Ich antwortete, daß ich es versuche, so gut ich könne, und fügte hinzu, ich sei inspiriert durch sein Vorbild. Er blieb die ganze Zeit sehr sanft und sehr freundlich. Da hatte ich also von überall hören müssen, meine Bombe sei ein Produkt des Teufels, und nun stand ich plötzlich im Hause Gottes und wurde mit so viel Respekt behandelt.

Respekt zollt man auch einem Teufel.

Das ist nicht richtig. Ein Teufel wird gefürchtet. Ich will nicht gefürchtet werden.

1982

Manfred Rommel

Mein Problem beim Interview mit Manfred Rommel war, daß ich zuvor nichts gegessen hatte. Mitten im Gespräch wurde ich hungrig. Da ich den Redefluß des Politikers nicht unterbrechen wollte, behielt ich für mich, womit meine Gedanken nun einzig beschäftigt waren. Ja, es gelang mir sogar, Fragen zu stellen. Während ich überlegte, woher ich etwas zum Essen bekommen könnte, fragte ich den Christdemokraten, wie oft er zur Kirche gehe, ob er Kinder habe, was für ihn Glück bedeute. Doch lange, so fühlte ich, war das nicht durchzuhalten. Meine Konzentrationsfähigkeit wurde von Satz zu Satz schwächer. Ich verlor den Zusammenhang. Da sagte Rommel: «Wenn der Mensch nichts zu essen hat, dann interessiert ihn alles andere überhaupt nicht.» Es war wie ein Wunder. Konnte der Mann Gedanken lesen? Ich gestand, daß ich Hunger hatte. Er bestellte mir am Telefon eine Brotzeit. Wir saßen in seinem Amtszimmer im Stuttgarter Rathaus. Die Wiederwahl zum Oberbürgermeister stand noch bevor. Er wünschte sich, im ersten Wahlgang gewählt zu werden, damit sich die Stadt die Kosten für einen zweiten erspare. Es dämmerte schon. Die Sekretärin brachte auf einem Teller vier mit Butter bestrichene Brezeln. Als ich die erste gegessen hatte, erklärte Rommel, mein Glück durch den Genuß würde sich beim Verspeisen der zweiten nicht wiederholen. Die dritte Brezel würde mir schon Unbehagen bereiten, vor der vierten würde mich ekeln. Dies beweise, daß in Notzeiten die Chance, Glück zu empfinden, eher gegeben sei als in Zeiten des Wohlstands. Unser Gespräch dauerte fast sechs Stunden. Zum Schluß war es so finster, daß ich das Gesicht meines Gegenübers nicht mehr erkennen konnte. Seine Äußerungen über die Folgen des Kriegs, der seinen Vater zum Helden machte, waren ins völlige Dunkel gesprochen. Erst als die Ehefrau anrief und fragte, wann er zum Essen komme, schaltete Rommel das Licht an.

Sie wirken mit manchen Anschauungen, die Sie vertreten, in der CDU eher exotisch. Weshalb sind Sie Mitglied gerade dieser Partei geworden?

Ich halte die CDU nach wie vor für eine Partei, die meine Grundhaltung am ehesten ausdrückt.

Welche Grundhaltung ist das?

Die besteht erstens in der Meinung, daß eine Politik auf Werten beruhen sollte, zweitens, daß sie in praktischen Fragen möglichst pragmatisch sein sollte, drittens, daß es im Moment nichts Besseres gibt als die Marktwirtschaft, und viertens, daß das Bündnis mit den Vereinigten Staaten die Grundlage unserer Politik bleiben sollte. Ich bin allerdings auch der Meinung, daß man die Beziehungen zur Sowjet-Union normalisieren, also mindestens solche Beziehungen haben sollte, daß das heutige Deutschland nicht mehr gleichgesetzt werden kann mit dem Deutschland des Adolf Hitler.

Das sind alles Punkte, die auch ein Mitglied der SPD nennen würde.

Sie haben mich nach den allgemeinen Grundsätzen gefragt. Es ist heute so, daß die grundsätzlichen Unterschiede zwischen den Parteien nicht so fürchterlich groß sind. Aber die praktischen Unterschiede sind ganz erheblich. Es gibt sehr gescheite und ökonomisch höchst versierte Sozialdemokraten, aber es gibt auch welche, die, sobald sie Ökonomie hören, ein moralisches Unbehagen empfinden.

Sind das jene, die sagen, die Jugend sei durch Lösungen im materiellen Bereich nicht mehr zufriedenzustellen, so daß die Politiker vor Aufgaben stehen, die über das bloß Pragmatische weit hinausgehen?

Man kann auch kulturpolitische Fragen pragmatisch lösen, wobei ich unter Kultur nicht nur verstehe, ins Theater zu gehen oder Musik zu hören. Ins Theater gehen oder Beethoven hören, können Sie auch als Hornochse, da besteht gar kein Zweifel. Kultiviert ist ein Mensch, der die Bildung seiner Persönlichkeit zum Ziel hat. Was notwendig ist, ist ein profundes Nachdenken über die Bestimmung des Menschen und über die Rolle, die er auf dieser Welt spielt.

Aber das sind doch nicht Ziele mit praktischem, sondern mit metaphysischem Inhalt.

Das ist richtig. Die Ziele und Werte sind metaphysisch. Aber um sie einzuordnen, brauchen Sie sehr viel Vernunft. Es gibt, wenn ich recht sehe, sechzehn Möglichkeiten. Sie können moralische, aber unvernünftige Ziele anstreben oder vernünftige, aber unmoralische oder sowohl unmoralische als auch unvernünftige oder moralische und vernünftige. Das gleiche gilt für die Mittel, mit denen Sie zu diesen Zielen gelangen.

Ist nicht Moral immer vernünftig?

Aber nein, das zu glauben wäre ein gewaltiger Irrtum. Die Vernunft ist die Anwendung der Denkgesetze, also die hat eine mehr instrumentale Bedeutung. Sie können sehr vernünftig einen Bankeinbruch machen oder sogar einen Mord begehen. Nur sind das eben unmoralische Ziele.

Nicht immer. Hitlers Ermordung, gegen die Ihr Vater* sich sträubte, wäre eine im besten Sinne moralische Tat gewesen.

Mag sein. Nur hat mein Vater eine Ermordung Hitlers nicht so sehr aus moralischen, sondern vor allem aus vernünftigen Gründen für falsch gehalten. Sein Hauptbedenken war, daß er den toten Hitler für gefährlicher hielt als den lebendigen. Er hat gemeint, es würde ein Mythos entstehen, wenn man Hitler beseitigt, und viele der Soldaten und Bürger würden, sobald sie von der Ermordung hören, nicht bereit sein, den für das Attentat Verantwortlichen Folge zu leisten. Mein Vater fürchtete, es würde zu einem Bürgerkrieg kommen.

Wäre das schlimmer gewesen als das, was geschah, weil Hitler lebte?

Das wäre schon schlimm gewesen, wenn die Deutschen sich auch noch gegenseitig umgebracht hätten, denn das hätte noch lange gedauert. Das Ziel meines Vaters im Jahre 1944 war, den Krieg möglichst rasch zu beenden, und zwar so, daß nicht auch noch der eine Deutsche den anderen totschlägt, sondern die Westmächte so weit wie möglich nach Osten vordringen können, um uns vor den Russen zu schützen. Denn die hatten doch den größten Anlaß, an uns Rache zu üben.

Hatte Ihr Vater zu diesem Zeitpunkt auch gegenüber Hitler als Person seine Loyalität bereits aufgegeben?

---

*   Generalfeldmarschall Erwin Rommel

An Hitler als militärischen Führer hatte er schon im Oktober 1942 erhebliche Zweifel bekommen, aber er war ja Berufssoldat, und die Reichswehr, die spätere Wehrmacht, hatte ein Dogma, das lautete: Wir sind keine Politiker. Den Offizieren der Weimarer Republik war eingebleut worden, sie hätten mit Politik nichts zu schaffen, um der Versuchung, daß sich da irgend jemand zum Diktator aufwirft, entgegenzuwirken. Dann kam der Krieg. Da wäre mein Vater überhaupt nicht auf die Idee gekommen, daß man Revolution machen könnte, denn für seine Generation gab es nichts Schlimmeres als einen Krieg zu verlieren. Der Gedanke an Widerstand kam erst, als er merkte, es gibt gar keine Chance mehr zu gewinnen. Es war doch so, daß Hunderttausende Deutsche sinnlos geopfert wurden für ein Ziel, das gar nicht mehr realistisch war. Da begann bei meinem Vater zunächst das Bemühen um ein begrenztes Kriegsziel, und erst, als Hitler darauf nicht ansprang, kam das Nachdenken, wann und wie man notfalls auch gegen ihn Schluß machen könnte.

In einer 1978 gehaltenen Rede zum Gedenken an die Reichskristallnacht sagten Sie: «Zu viele Menschen meinten, es genüge, wenn sie das sind, was wir vernünftig nennen, wenn sie in Beruf und Amt etwas leisten und die ihnen vom Staat zugewiesenen Pflichten erfüllen.» Ist darin nicht auch Kritik an Ihrem Vater enthalten?

Nein, das war eine allgemeine Bemerkung. Ich würde meinem Vater niemals irgendwelche Vorwürfe machen, das wäre meinem Wesen ganz fremd. Ich bin nicht der Meinung, daß es die Aufgabe der Söhne ist, die vorausgegangene Generation anzuklagen, und ich glaube auch nicht, daß sich darin eine besonders fortschrittliche Gesinnung ausdrückt. Es ist furchtbar leicht, hinterher ein Urteil zu sprechen, aber es ist sehr schwer, es in gleicher Lage besser zu machen.

Müssen wir nicht verzweifeln, wenn wir uns das nicht zutrauen?

Wieso denn? Sicherlich trauen wir uns zu, aus einem geschichtlichen Vorgang eine Lehre zu ziehen. Die wichtigste Lehre ist, daß es nötig ist, die parlamentarische Demokratie zu erhalten, denn solange diese Demokratie funktionsfähig ist, kann es kein Chaos geben und keine Diktatur kann entstehen. Aber diese Lehre wird heute nur von wenigen richtig gezogen. Viele machen das äußerst oberflächlich, indem sie sagen, der Fehler im Dritten Reich war der Gehorsam. Der Fehler war aber nicht der Gehorsam an sich, sondern daß man blindlings jedem System gehorcht hat, ohne sich anzusehen, wem man denn da gehorchte.

Ist an die Stelle von Gehorsam nicht besser Einsicht zu setzen, der allerdings eine Skepsis gegen alles, was sich als Obrigkeit ausgibt, vorausgeht?

Ich halte Gehorsam, Disziplin und Ordnung für nach wie vor gute Eigenschaften. Wenn man, wie jetzt häufig, hergeht und sagt, ich zeige meine politische Reife dadurch, daß ich überhaupt nichts mehr akzeptiere, was mir von seiten des Staates geboten wird, dann ist das gefährlich.

Wer sagt denn so etwas Lächerliches?

Ist das lächerlich?

Zu sagen, man ist gegen etwas nicht aus einem inneren Bedürfnis heraus, sondern um Reife zu zeigen, ist lächerlich.

Unreife kann auch ein Bedürfnis sein.

Ja, aber ein lächerliches.

Das stimmt. Trotzdem steht für mich außer Frage, daß einer der wesentlichsten Gründe, weshalb es zum Dritten Reich kam, der Zerfall der Demokratie war.

Aber das kann doch wieder passieren.

Ja, das darf eben nicht passieren. Dies zu verhindern ist die Aufgabe, die uns aus der Geschichte zukommt.

Was geschieht, wenn wir diese Aufgabe nicht meistern und wieder chaotischere Verhältnisse kommen? Sind wir dann dem Wahnsinn auf Gedeih und Verderb ausgeliefert?

Wenn das Chaos kommt, dann kommt der Wahnsinn in irgendeiner Form wieder.

Das bedeuet, daß Sie in die Menschen wenig Vertrauen haben.

Das Vertrauen in die Menschen habe ich nur, solange es eine funktionsfähige parlamentarische Demokratie gibt. Im Falle eines Chaos habe ich dieses Vertrauen nicht.

Ein zutiefst pessimistischer Standpunkt.

Ja, aber der ist doch durch die Geschichte erhärtet. Ich glaube, daß, wenn der Mensch in einer geordneten Freiheit lebt, man ihm vertrauen kann.

Und wenn die Ordnung zerfällt, wird er zum Unmensch?

Er wird nicht zum Unmensch, aber er ist verwirrt und daher leicht zu mißbrauchen. Die Unmenschen haben dann eine Chance.

Welchen Unmenschen meinen Sie? Ist das eine eigene, vom Menschen zu unterscheidende Gattung?

Es gibt verschiedene Arten. Es muß ja nicht gleich ein Hitler sein. Jedenfalls hat sich gezeigt, daß Chaos immer zur Diktatur führt. Denken Sie zum Beispiel an die Französische Revolution. Zuerst hat alles geschrien: Freiheit! Am Anfang waren das durchaus beachtliche Ziele, eine Sternstunde der Menschheit, aber dann ist das mehr und mehr ausgeartet, da bestand die Freiheit nur noch darin, jeden einen Kopf kürzer zu machen, und dann kam plötzlich eine solche Sehnsucht nach Ordnung, daß Napoleon sich ohne große Schwierigkeiten zum Konsul und dann zum Kaiser aufspielen konnte. In gewisser Weise ist auch die Entstehung des Dritten Reiches so zu erklären. Aus dem Chaos nach dem Zusammenbruch der Weimarer Republik ist der Herr Hitler hervorgegangen.

Das wäre nicht möglich gewesen, wenn die Menschen das Chaos nicht so gefürchtet und gleich nach dem starken Mann verlangt hätten.

Sicher, aber so sind eben die Menschen, weil sie, man mag das bedauern oder nicht, nur kurze Zeit fähig sind, bestimmte Gefühle zu haben, dann übertreiben sie meistens, und dann sehnen sie sich nach dem Gegenteil, dann kommt der Sturz von einem Extrem in das andere, und mit einem Schlag ist das alte Anliegen verloren. Man ist enttäuscht, daß die Freiheit die Glückseligkeit nicht gleich zur Folge hatte, und dann sagt man, es muß wieder jemand kommen, der die Ordnung herstellt.

Warum sollte, wenn das immer so war, von nun an plötzlich alles ganz anders werden?

Weil, wie ich sehr hoffe, die parlamentarische Demokratie bleibt.

In alle Ewigkeit?

Jawohl.

Aber Ewigkeit ist doch ein religiöser Begriff, den können Sie nicht auf die Politik anwenden.

Na gut, dann in die voraussehbare Ewigkeit.

Das genügt nicht.

Mir genügt das und denen, die nach mir kommen, genügt es auch. Was die übernächste Generation machen soll, darüber müssen sich die dann den Kopf zerbrechen. Ich jedenfalls glaube, daß es nichts mit Vertrauen in den Menschen zu tun hat, wenn jemand sagt, wir sollen die Demokratie auflösen, um zu sehen, ob die Menschen dann auch auf die Füße fallen. Denn dann würden sie eindeutig nicht auf die Füße fallen.

Von einem mutwilligen Auflösen der Demokratie ist nicht die Rede. Nur soll man sich wappnen für den Fall, daß die sich bereis andeutenden Krisen zu etwas weniger ordentlichen Zuständen führen.

Warum sollen wir uns denn das Chaos vorstellen? Gut, ich kann mir natürlich vorstellen, daß ich mit meinem Auto auf jemand drauffahre und tot bin. Aber was nützt es, mir so etwas vorzustellen?

Ihr Tod wäre ja für Sie nicht das Chaos, sondern sozusagen die sicherste Lösung.

Ich kann mir auch vorstellen, daß jemand meine Akten in Unordnung bringt und ich in meinem Büro das vollständige Chaos habe. Aber warum soll ich mich in diese Vorstellung hineinversetzen und mir auf dem Wege der Hypnose selbst suggerieren, daß diese Lage von mir gemeistert würde?

Würde sie nicht?

Doch schon, ich würde Ordnung schaffen, aber ich würde dabei radikalere Methoden anwenden, als ich sie jetzt anwende.

Wie weit würde das gehen? Würden Sie Ihre Sekretärin erschlagen?

Nein, denn das würde das Chaos nur noch vergrößern. Wenn ich jemanden brauche in so einer Situation, dann ist es die Sekretärin. Außerdem würde ich das ohnehin aus den schon erwähnten moralischen Gründen nicht machen.

Na sehen Sie, da brauchen Sie also gar keine Angst zu haben.

Dennoch, die Forderung, man solle den Menschen die Angst vor dem Chaos nehmen, kann ich nicht akzeptieren. Warum soll ich mich wappnen gegen etwas, das ich für schädlich halte? Da ist es doch besser, es zu verhindern.

Das geht eine gewisse Zeit, aber wie lange? Es können Probleme auftreten, vor denen auch Sie kapitulieren müssen. Zum Beispiel die Frage der Energiebeschaffung: Da gibt es welche, die befürchten das Chaos, wenn auf

Kernkraft verzichtet würde, und andere, die haben furchtbare Angst vor den Folgen einer atomaren Verseuchung.

Diese Angst ist ganz unvernünftig.

Das ist Anschauungssache.

Der Mensch hat Angst vor dem, was er nicht kennt. Mein Anliegen ist, daß niemand sagt, er sei aus moralischen Gründen für oder gegen die Kernenergie, sondern daß man hier ganz klar überlegt, welchen Lebensstandard und welches soziale System wollen wir haben, und was erfordert das volkswirtschaftlich, wieviel Energie brauchen wir. Wenn das beantwortet ist, soll man ganz nüchtern prüfen, wie diese Energie zu beschaffen ist mit möglichst geringem Risiko und möglichst geringer Umweltzerstörung. Was ich mir wünsche ist, daß an die Stelle der Agitation Argumente treten.

Welchen Lebensstandard halten Sie für in jedem Fall unverzichtbar?

Unsere Arbeitsplätze müssen erhalten bleiben und die deutsche Industrie muß auch weiterhin exportieren können, denn wenn wir nicht exportieren, dann können wir unsere Rohstoffe nicht mehr bezahlen, und dann haben wir hier nicht zwei Millionen Arbeitslose, sondern vielleicht zehn Millionen. Dann kauft auch niemand den *Playboy.**

Davor habe ich keine Angst.

Was machen Sie dann?

Ich traue mir zu, daß mir dann etwas Geeignetes einfällt.

Gut, darum geht es auch nicht, es geht darum, daß das ganze Ordnungsgefüge einer Gesellschaft, die einen einigermaßen hohen Lebensstandard erreicht hat, zusammenbräche und daß die soziale Sicherung nicht funktionieren würde, daß Sie kein Arbeitslosengeld mehr bekämen und keine Rente.

Die bekomme ich als Freiberuflicher ohne Versicherung sowieso nicht.

Das ist natürlich ein Abenteuer. Dann haben Sie etwas Heroisches. Dann sind Sie ein Unzeitgemäßer im Sinne von Nietzsche. Aber Sie werden doch zugeben, daß es menschliche Probleme aufwirft, wenn die Sozialhilfe, die Arbeitslosenhilfe und so weiter, wenn das alles nicht mehr funktioniert und wenn ein Haufen Leute arbeitslos sind und eine so komplizierte Volkswirtschaft aufhört ineinander-

---

* Das Gespräch erschien 1982 stark verkürzt in der Juli-Ausgabe des *Playboy*.

zugreifen. Man kann doch nicht sagen, man hat jetzt nur noch Angst vor der Kernkraft. Manche haben vor Mäusen Angst und manche vor Katzen. Ich bin natürlich nicht in der Lage, jemandem, der vor Mäusen Angst hat, einzureden, daß er künftig vor Katzen Angst haben sollte. Aber selbst, wenn Sie unterstellen, daß die Energie, die bei größtmöglicher Einschränkung gebraucht wird, auch in Zukunft aus Öl und anderen fossilen Brennstoffen erzeugt werden könnte, ist trotzdem eines ganz klar, nämlich daß der Schadstoffgehalt der Luft immer größer wird, so daß die Atmosphäre irgendwann umkippt. Das ist naturwissenschaftlich bewiesen.

Was würden Sie als die größtmögliche Einschränkung ansehen?

Die größtmögliche Einschränkung geht nur so weit, daß ein vernünftiger Lebensstandard bei im Winter einigermaßen erträglichen Temperaturen gewahrt bleibt. Die größtmögliche Einschränkung ist nicht, daß ich im Pelzmantel mit Filzstiefeln den ganzen Tag in einer ungeheizten Bude verbringe. Natürlich könnte ich viel Energie einsparen, wenn ich meinen Lebensstandard als Luftwaffenhelfer im Winter 1945 als Maßstab nehme. Aber das ist nicht erträglich.

Wieso? Sie haben es doch offensichtlich ertragen.

Ja, aber ungern. Ich muß sagen, mein Verhältnis zur Natur ist seit diesem Aufenthalt in der Natur auf das tiefste gestört. Für einen Schwärmer wäre das ein einmaliges Erlebnis gewesen, wie da die Eiskristalle über dem Deckungsloch hingen und der Körper auf natürliche Weise Wärme erzeugte. Denn da hatte ich 39 Grad Fieber. Da hat mich eine tiefe Resignation ergriffen.

Hatten Sie nicht starke Motive, das auszuhalten? Sie waren doch ein begeisterter Hitlerjunge.

Ja, freilich, als junger Kerl, da hat mich das fasziniert. Sehen Sie, und deshalb habe ich solche Angst vor Gefühlen. Denn diese Begeisterung war sehr gefühlvoll.

Und die wurde mißbraucht?

Ja, der Hitler hat unsere Gefühle manipuliert, das war großartig, gerade dieses Gefühl von Heranwachsenden, die doch unbedingt erwachsen sein und sich für was einsetzen möchten, das ist damals raffiniert ausgenutzt worden, indem man uns in eine Uniform steckte und uns ständig durch Auszeichnungen und Belohnungen aufwertete, durch Schulterklappen und allem möglichen Klimbim,

den man da gekriegt hat, kleine Beförderungen zum Luftwaffen-
oberhelfer und solche Sachen. Da bin ich mir gleich um drei Jahre
erwachsener vorgekommen. Diese Erfahrung ist mir geblieben
und ein höchst berechtigtes Mißtrauen gegenüber Gefühlen, weil
dieses unbefangene, blindgläubige Hinterherrennen sich doch so
unmenschlich ausgewirkt hat auf andere, über uns wollen wir gar
nicht reden.

Sind das die Wurzeln dessen, was man Ihre Liberalität nennt?

Das kann man sagen. Sicher fällt es mir leichter als einem gefühlsbe-
tonten, spontanen Menschen, jemandem, der eine völlig andere
Meinung vertritt als ich, die menschlichen Qualitäten nicht abzu-
sprechen. Unser Erlebnishintergrund ist ein ganz anderer als der
jener, die nach uns kamen. Darauf beruht auch das Mißverständnis
zwischen den Generationen, da versteht man sich oft nicht. Wenn
ich einen jungen Menschen, den der Schiller wahrscheinlich verstanden hätte, so idealistisch daherreden höre, dann erinnert mich
das immer an meine Jugend, in der ich auch sehr begeistert war,
ohne zu wissen, für was. Wenn man mich damals gefragt hätte, was
ist Nationalsozialismus, hätte ich gesagt, das ist für Deutschland
was Großes und hätte über Rassenlehre und Germanen geredet, daß
die germanische Rasse natürlich die beste sei, was man halt in der HJ
so gehört hat. Davon waren wir überzeugt. Der Hitler hatte ein
Haßgefühl gegen die Juden und hat es verstanden, das auszubrei-
ten.

*Was wird nach Ihrer Meinung geschehen, wenn nach dem Aussterben Ihrer
Generation jene in die politische Führung kommen, die diese Erfahrungen
nicht mehr haben?*

Vielleicht werden das intaktere Menschen, aber das würde eine Zivilisation voraussetzen, die wenigstens im Grundsätzlichen einheit-
liche Werte entwickelt. Diese Werte können aber nur aus einem
Kulturprozeß langsam entstehen. Im Moment ist doch im kulturel-
len Bereich alles ziemlich chaotisch.

Sind Sie gläubig?

Ich war es lange Zeit nicht. Ich bin es jetzt wieder.

Wie oft gehen Sie in die Kirche?

Ich bin ein schwacher Kirchgänger. Wenn ich gehe, dann ist es meistens aus Konvention. Aber das ändert nichts daran, daß ich die

Vorstellung von der Existenz göttlicher Gesetze für die plausibelste halte und daß ich glaube, daß diese Gesetze in der christlichen Lehre zum Ausdruck kommen. Es ist ja bekannt, daß man die metaphysischen Fragen nie mit der Vernunft wird erklären können, aber man muß doch sein Weltbild abrunden. Man kann nicht nur mit den durch Erfahrung und Vernunft zugänglichen Bruchstücken leben, das heißt, man kann schon, aber man kann dann eben nicht in sich ruhend leben.

Gefällt es Ihnen, wenn ich Sie als einen Philosophen bezeichne?

Nein, ich bin schon Politiker. Als Philosoph werde ich nicht bezahlt. Man ist das, wofür man bezahlt wird. Ich lese gern Philosophen, Hegel natürlich, der Stuttgarter war, aber ich habe die Hälfte schon wieder vergessen und vom übrigen höchstens ein Drittel verstanden.

Trotzdem zitieren Sie ihn dauernd in Ihren Reden.

Man kann sich immer darauf verlassen, daß die anderen ihn überhaupt nicht gelesen haben. Außerdem hat den Hegel niemand wirklich verstanden. Sein intensivster Schüler, der Marx, hat gesagt, er habe den Eindruck, der Hegel hätte gar nicht gewünscht, verstanden zu werden. Worauf es mir ankommt ist, die Indifferenz der heutigen Politiker gegenüber der Philosophie aufzubrechen.

Philosophie ist auch Logik. In Ihrem Buch «Abschied vom Schlaraffenland» schreiben Sie, es sei falsch, zu behaupten, den Menschen gehe es heute schlechter als früher, denn die Lebenserwartung sei heute viel höher. Ist es nicht eine nach logischen Gesetzen unzulässige Schlußfolgerung, die höhere Lebenserwartung als Beweis für das Glück zu nehmen?

Wenn man von Schopenhauer ausgeht, für den das Leben eine einzige Qual und das Vermeiden des Übels das Ziel war, dann muß man die höhere Lebenserwartung in der Tat als einen Rückschritt betrachten. Aber davon gehe ich nicht aus. Die äußeren Umstände für das biologische und physische Leben der Menschen sind heute günstiger als sie je waren. In der Ökologiediskussion wird dauernd gesagt, es gebe keine reine Luft mehr, das Wasser sei verseucht, Krankheiten überall. Aber wie war es denn früher? Das Wasser war gewiß nicht reiner und die Medizin war im Zustand des Aberglaubens. Die Vorstellung, früher sei alles gesünder gewesen, ist einfach Unsinn. Ich bin kein Feind der Natur, aber es besteht doch kein

Zweifel, daß 240 oder, wie in den Großstädten, 2000 Menschen auf einem Quadratkilometer ohne massive Veränderung der Umwelt nicht leben können. Ich muß hier ganz klar einmal sagen, der Mensch gehört auch zur Natur und damit die von ihm bewirkten Veränderungen. Aber ich gebe zu, es ist heute eine gewisse Tendenz, uns durch uns selbst umzubringen, entweder indem wir die Natur so ruinieren, daß wir in ihr nicht mehr leben können, oder indem wir einander bekämpfen, damit die Natur überlebt.

Was schlagen Sie vor, um diesen Trend aufzuhalten?

Es muß weniger Menschen geben. Die humanste Art, das zu erreichen, wäre, daß nicht mehr so viele Kinder geboren werden und gegen alte Gewohnheiten die Vernunft sich durchsetzt. Sonst wird die Natur zu ihrem üblichen Mittel greifen. Die Leute werden verhungern. Die Stärkeren bleiben übrig, die Schwächeren werden niedergetrampelt.

Haben Sie Kinder?

Nein, aber ich bin nicht stolz drauf. Ich hätte gern Kinder, meine Frau auch. Man kann nichts erzwingen.

Ist Ihre Frau noch beruflich tätig?

Nein, den Beruf hat sie aufgegeben nach unserer Heirat. Sie ist Romanistin. Wir sind dreißig Jahre verheiratet. Ich glaube nicht, daß sie sich langweilt. Sie ist Vorsitzende des Schwäbischen Frauenvereins. Dann macht sie den Haushalt, füttert die Katzen. Außerdem lernt sie jetzt Russisch. Ich möchte aber zu der Frage, ob es den Menschen heute besser geht, noch etwas sagen. Ich bin der Meinung, daß wir kompliziertere Leiden haben als früher, aber daß wir vom Materiellen her durchaus die Chance hätten, glücklich zu leben, vorausgesetzt, wir machen den richtigen Gebrauch von unserem höheren Lebensstandard.

Wie soll jemand, der materielle Not nie erlebt hat, diese Chance begreifen können?

Eine sehr berechtigte Frage. In gewissem Sinne war die Möglichkeit, Glück zu empfinden, nach dem Krieg häufiger und leichter gegeben, denn da hat einen schon eine Zigarette, ein Stück Wurst oder Butter beglücken können. Man kann die Jungen nicht so behandeln, als hätten sie unsere Erfahrungen sozusagen mit der Muttermilch eingesogen. Denen ist das vollkommen wurscht. Es gibt ja verschiedene Formen des Unbehagens. Ich kann fürchterlich an mir selber leiden, obwohl es mir materiell gutgeht. Darum muß man heute über die Frage der Lebensziele mehr reden.

Ist denn diese Frage pragmatisch zu lösen?

So pragmatisch bin ich gar nicht in dieser Hinsicht, nur will ich Ihnen auch dazu etwas ganz Pragmatisches sagen: Wenn der Mensch nichts zu essen hat, dann interessiert ihn alles andere überhaupt nicht, und zweitens, wenn die Grundbedürfnisse befriedigt sind, dann ist es das wichtigste Ziel des Menschen, sich selber achten zu können, und das fällt ihm natürlich leichter, wenn ihn andere achten. Der Mangel des bisherigen Bewußtseins, das ich für zu materialistisch halte, ist, daß man dem Menschen eingeredet hat, diese Achtung gewinnt er durch treue Pflichterfüllung im Beruf, durch Karriere und durch Konsum, durch Statussymbole. In den ersten Jahren nach dem Krieg hat das auch vollkommen gereicht. Aber nun ist es komplizierter geworden, so daß man die Ziele nicht reduzieren kann auf berufliche und finanzielle Erfolge.

Für diesen Gesinnungswandel wirbt aber die CDU nicht.

Ich werbe dafür, und zwar mit Nachdruck, und viele in der Wirtschaft haben auch schon erkannt, daß es nichts Gefährlicheres gibt als die Unterstellung, der einzige Zweck des Menschen sei die Wirtschaft. Zu dieser Unterstellung kommen Sie, wenn Sie sagen, das Lebensziel ist es, beruflich zu funktionieren und alles zu haben, was im neuesten Katalog steht.

Kann die Wirtschaft, will sie nicht ihren Bankrott riskieren, Stimmung gegen das Konsumieren machen?

Das muß sie, weil sie andernfalls riskiert, daß man sie als Bedrohung empfindet und so lange bekämpft, bis wieder ein Zustand erreicht ist, wo man sich nach wirtschaftlicher Produktion so sehr sehnt, daß man für die höheren Möglichkeiten keinen Sinn hat.

Das heißt, die Werbung muß eingestellt werden.

Nein, warum? Man kann doch werben. Inzwischen ist es doch so, daß einem vom Hundefutter bis zur Schneekette überall gesagt wird, das müsse man haben. Da überlegt man sich, ob man es wirklich benötigt. Also mir redet niemand durch Werbung was auf, das heißt, vor einiger Zeit habe ich mir eine Liege gekauft zur

Sonnenbestrahlung, aber da bin ich nur dreimal draufgelegen, dann hab ich gemerkt, daß mir die Zeit fehlt.

Wollten Sie braun sein?

Vor allem hab ich gedacht, daß es mir gesundheitlich guttut. Aber ich wollte auch braun sein, obwohl es für einen Politiker besser ist, wenn er bleich ist. Ich führe meine Beamtenkarriere auf meine bleiche Gesichtsfarbe zurück.

Richten Sie sich bei der Befriedigung Ihrer Bedürfnisse nach dem, was die Allgemeinheit von Ihnen erwartet?

Zum Glück sind meine Bedürfnisse als mit den moralischen Maximen der Allgemeinheit übereinstimmend zu betrachten. Aber es ist mir auch wurscht, ob die Zeitungen schreiben, daß ich braun oder bleich, dünn oder fett bin, oder wenn sie mich fotografieren, während ich gerade meinen Bauch herausstrecke, was ich allerdings möglichst vermeide. Sicher gibt es da Grenzen. Mir hat der Bundeskanzler * herzlich leid getan, als er, kaum hatte er seinen Herzschrittmacher, schon den Aktivisten spielen, eine Kabinettssitzung abhalten und laut hat verkünden müssen, er sei fröhlich bei Tag und Nacht. Da stimmt etwas nicht in unserer Gesellschaft, wenn wir von einem, der eine Operation hinter sich hat, schon nach zwei Tagen einen gesundheitlichen Potenzbeweis fordern. Da müßte man eigentlich «Scheiße» sagen. Aber wenn da einmal einem der Kragen platzt, und der Bundeskanzler, was ich lebhaft verstehe, mal jemand beschimpft, dann steht das sofort im *Spiegel*, aber so, als wäre er aus sämtlichen Pantinen gekippt. Wir haben vorher über Emotionen geredet. Die Politiker dürfen doch gar keine haben. Ich darf auch keine haben. Wenn ich auf einer Bürgerversammlung zornig zu werden beginne, versuche ich immer, den Zorn hinunterzuschlucken oder das Maul zuzumachen. Sonst sagen die Leute sofort, guck einmal den an, so ist der.

Empfinden Sie Befriedigung dabei, sich zu beherrschen?

Nicht gleich, aber nach einiger Zeit, und ich kann Ihnen auch sagen, warum: Weil ich den Eindruck habe, daß manche Menschen, wenn sie merken, daß sie jemanden treffen, nur noch fester zuschlagen. Manche nehmen das als Ermutigung.

* Helmut Schmidt

Können Sie dafür Beispiele nennen?

Mich hat einmal eine Frau in einer Versammlung wegen einer sozialen Einrichtung massiv angegriffen, hat mir Kinderfeindlichkeit vorgeworfen und mit lauter Stimme gerufen, ich hätte keinerlei Verantwortungsgefühl. Die hatte ihr Kind in einem Kindergarten, in dem eine Kinderschwester, die wegen Schwangerschaft ausfiel, nicht gleich ersetzt werden konnte. Da hat mich die Nichtigkeit des Anlasses, verbunden mit der Lautstärke, derart geärgert, daß ich mich kaum zurückhalten konnte, zumal diese Ausführungen einen mächtigen Applaus ausgelöst haben, weil die Leute ein Gaudium dabei empfinden, andere zu beschimpfen. Aber ich hab mich dann doch zusammengenommen und einen Kollegen gebeten, darauf etwas zu sagen. Leider Gottes ist aber diese Dame nach Schluß der Veranstaltung zu mir gekommen und hat gemeint, sie müsse mich auch noch privat anfauchen. Ihr Kind hätte Verhaltensschäden. Da hab ich gesagt, wenn sie die Ursache für die Verhaltensschäden herausfinden wolle, brauche sie bloß in den Spiegel zu gucken. Daraufhin war sie tödlich beleidigt und ist gegangen.

Aber sie hat nicht zurückgeschlagen. Sie war beeindruckt.

Schon möglich. Aber mich hat es doch nachträglich geärgert, mich nicht beherrscht zu haben. Ich bin der Meinung, daß viel Unheil passiert, weil die Menschen, anstatt ihre Moral zu befragen, spontan und intuitiv aus dem Gefühl heraus reagieren.

Jetzt nennen Sie es Moral. Vorher sagten Sie, es verschaffe Ihnen Befriedigung, sich zu beherrschen.

Die Einhaltung der moralischen Normen führt doch gerade zur Befriedigung, von der ich spreche. An diesem Punkt ist auch Nietzsche gescheitert. Der hat die Wahrheit als die Pflicht des Unzeitgemäßen bezeichnet, aber dann ist ihm eingefallen, daß die Wahrheit eigentlich auch eine moralische Pflicht sei, und dann hat er ungeheuer rabulistische Gedankengänge benötigt, um an der Wahrheit überhaupt noch festhalten zu können. Ich habe schon immer bestritten, daß es eine Wahrheitspflicht gebe, den ersten Gedanken, der einem einfällt, gleich mitzuteilen. Oder soll ich, wenn in einer Versammlung, was auch schon vorkam, zu mir einer sagt, Herr Rommel, Sie sind ein riesiges Schwein, darauf erwidern: Und Sie sind eine riesige Drecksau?

Nein, denn das wäre ja nicht die Wahrheit. Sie sollen sagen, daß der Mann Sie beleidigt.

Das kann ich ein paarmal tun, aber nach einiger Zeit wirkt das nicht mehr.

Was haben Sie eigentlich gegen die Selbstbeherrschung?

Sie ermöglicht einem, auf andere Macht auszuüben.

Ja, ich bin doch sehr für die Macht, wenn sie was Gutem dient.

Was gut ist, bestimmt aber doch der, der die Macht hat. Das hat man ja bei Hitler erleben können.

Ja, sicher, aber man kann auch fragen, wann wird aus der Macht Ohnmacht und wann wird die Ohnmacht zur Katastrophe.

Das Gegenteil von Macht ist die Machtlosigkeit, nicht die Ohnmacht.

Was vertehen Sie unter Machtlosigkeit?

Wenn mir zur Machtausübung die Insignien fehlen.

Ich habe auch bloß meine Tabakspfeife.

Was war Ihnen, als Sie klein waren, das liebste Spielzeug?

Zinnsoldaten und Bleisoldaten. Ich hab auch mehrere Panzer gehabt und Kanonen. Mein Vater hat mir einmal einen Baukasten gekauft, weil er meinen technischen Verstand schärfen wollte, aber daran war ich überhaupt nicht interessiert. Kriegsspielzeug war mir das liebste, und ich halte das auch für vollkommen unbedenklich.

Stimmt es, daß Sie sich gegen Mutproben wehrten, denen Ihr Vater Sie unterziehen wollte?

Nicht gegen alle. Ich habe mich dagegen gewehrt, vom Drei-Meter-Brett ins Wasser zu springen.

Was war der Sinn dieser Proben?

Mein Vater wollte mir Schmerzen ersparen. Er hat mir einmal erzählt, er sei in seiner Jugend sehr weich gewesen und habe fürchterlich unter dem Militär gelitten. Im Ersten Weltkrieg war er Infanterieoffizier, hat zwar nie gewaltige Sprüche gemacht, aber sehr viel erlebt. Die sind da monatelang in ganz engen Stellungen festgesessen, das Artilleriefeuer hat die Leichen in die Baumwipfel geschleudert. Unter solchen Verhältnissen sind sie zum Sturm angetreten mit Handgranaten, durch Drahtverhaue hindurch, schauerlich. Mein Vater hat gar keine Freude am Krieg gehabt und hat das keineswegs als Erlebnis betrachtet, das den Menschen erst richtig adelt, im Gegenteil, er hat vor lauter Angst Durchfall bekommen und dann schrecklich gefürchtet, sich zu blamieren. Aber er hat

diesen Zustand schließlich doch überwunden und es mit Willens-
kraft dazu gebracht, keine Angst zu empfinden. Das imponiert mir.
Ich habe diesen Mut und die Bereitschaft, sich selbst zu opfern,
immer bewundert, und ich bewundere das noch heute.

*Stimmt es Sie nicht bedenklich, was für entsetzliche Folgen diese Selbstauf-
opferung hatte?*

Nicht, was die Motive betrifft, die dahinterstanden. Aber ich halte
es für eine Tragödie, daß so viel blinder Mut und blinde Opferbe-
reitschaft auf so niederträchtige Art und Weise mißbraucht werden
konnte. Das Bemerkenswerte an Hitler ist doch, daß er ein Mann
war, der andauernd Regie geführt hat, ein schrecklicher Künstler,
der als letzten Akt den Untergang eines ganzen Volkes inszeniert
hat, und zwar ohne jedes schlechte Gewissen, in dem ununterbro-
chenen Glauben, etwas Heroisches, noch nie Dagewesenes zu voll-
bringen. Man hat ihn zu simpel gesehen. Mein Vater hat die ganze
Zeit gemeint, der hätte zwar seine Temperamentsausbrüche und
Vorurteile, sei aber im Ganzen ein Patriot, der sich niemals gegen
den Vorteil des deutschen Volkes verhalten würde. Erst ganz zum
Schluß hat er begriffen, daß sich der Hitler als Operndirektor be-
trachtete und das Volk als seine Komparsen, denn er schickte die
besten Truppen nach Westen, die Deutschen im Osten sollten sich
selbst verteidigen oder, wenn das nicht geht, in einem rauchenden
Trümmerhaufen Abschied nehmen von der Geschichte, aber so,
daß man es in tausend Jahren nicht würde vergessen können. Das
Phänomen Hitler hat doch die ganzen Gewalttätigkeiten ins Zwie-
licht gebracht, die bis dahin ganz üblich waren, weil er sie übersteig-
erte ins Hunderttausendfache. Daß man irgendwo eine rassische
oder religiöse Minderheit massakriert hat, das war schon immer
mal vorgekommen, aber daß man sechs Millionen Menschen gene-
ralstabmäßig in Marsch gesetzt, in Fabriken umgebracht und verbrannt hat, das blieb ihm überlassen. Da kommt einem bloß noch
das kalte Grausen.

*Wie haben Sie es verkraftet, als Ihnen nach Ende des Krieges das Ausmaß
der Unmenschlichkeiten berichtet wurde?*

Zuerst einmal hat man das abgeleugnet. Man wollte, daß das nicht
wahr ist. Man hat gesagt, diese Leichenberge sind Bombenopfer.
Dann hat man es zur Kenntnis genommen und hat gesagt, die Rus-

sen haben es auch gemacht, aber die haben es eben nicht gemacht in diesem Umfang. Das war eine furchtbare Erfahrung. Von den meisten Menschen wird eine Sache, für die man Opfer gebracht hat, als ein Wert angesehen. Aber nach dem Zweiten Weltkrieg waren die Dinge doch so, daß man wirklich hat sagen müssen, nein, also hier hat gar nichts mehr einen Wert, und es kann einem bloß jeder leid tun, der im blinden Glauben hat sterben müssen.

Gab es jemanden, der Ihnen half, da hindurchzukommen?

Ich habe nach dem Krieg eine große Lähmung empfunden und eine Unfähigkeit, etwas mit Blick auf ein Ziel anzustreben. Ich hab ewig so vor mich hin geträumt, kein Heft geführt in der Schule, und dann hab ich auch als Student lange Zeit die Kraft nicht gefunden, mir die Jurisprudenz anzueignen. Erst unter dem Einfluß meiner Frau hat sich das dann geändert, denn die war unglaublich fleißig, hat dauernd gearbeitet. Da ist mir so langweilig geworden, daß auch ich wieder gearbeitet habe.

Empfinden Sie heute noch Trauer, wenn Sie daran denken, was damals passiert ist?

Es tun mir viele Leute leid, an die ich denken muß, und ich denke an manche. Aber das behalt ich für mich. Meine Trauer ist unsichtbar. Man darf nicht zu sensibel sein für manche Dinge. Man kann auch nicht Chirurg sein, wenn man kein Blut sehen kann.

1982

Heinz G. Konsalik

Nach den Reaktionen zu urteilen, die das Interview mit Konsalik hervorrief, müßte ich es für gescheitert halten. Ein Verwandter meiner Frau, von der ich inzwischen geschieden bin, schrieb mir, er werde von nun an nur noch Konsalik lesen. Ein Abonnent des *Playboy*, wo Teile des Gesprächs im September 1982 erschienen, äußerte sich begeistert über den «politischen Scharfblick» des Interviewten, und auch dieser selbst war zufrieden. Ich mußte erkennen, daß ich auf die Wirkung meiner Interviews keinen Einfluß habe. Mich erschreckt, was Konsalik schreibt, und noch mehr, was er sagt, zumal die darin zum Ausdruck gebrachte Haltung, wie sein Erfolg beweist, von so vielen geteilt wird. Es ist die Haltung eines Menschen, den Ratlosigkeit nicht zum Nachdenken bringt, geschweige denn zum Verstummen. Konsalik hat zu allem, was geschieht, eine Meinung. Zugleich ist ihm und, wie man fürchten muß, auch seinen Lesern jeder Erkenntnisdrang fremd. Als ich ihn fragte, wie er mit dem Widerspruch fertig werde, einerseits Krieg und Diktatur abzulehnen, andererseits deren Vorteile zu preisen, von der Kameradschaft unter Soldaten bis zur Verbrechensbekämpfung, sah er mich an, als hätte ich in einer fremden Sprache gesprochen.

Sie haben in den dreißig Jahren Ihrer Schriftsteller-Karriere fast hundert Romane geschrieben.
Vierundneunzig.*
Können Sie verstehen, daß bei manchen Leuten die Meinung entstand, hinter dem Namen Konsalik verbergen sich mehrere Schreiber?
Auf der einen Seite kann ich es verstehen, auf der anderen wiederum überhaupt nicht. Es ist, wenn man meine Produktion rein rechnerisch ansieht, gar kein Geheimnis dahinter. Ich tue nichts an-

---

* Stand vom Sommer 1982

deres als schreiben. Ich habe, abgesehen von meinen Reisen und Opernbesuchen, keinerlei Hobbies. Ich spiele nicht Golf, ich spiele nicht Tennis, ich bin in keinem Kegelklub, keinem Gesangsverein. Ich habe keinen Stammtisch. Ich lebe entweder hier in Aegidienberg* oder in meinem Haus auf Teneriffa und schreibe, schreibe, schreibe. Das Jahr hat 365 Tage. Wenn ich 65 Tage nichts tue, was noch nie vorkam, bleiben 300 Tage. Schreibe ich pro Tag nur fünf Seiten, was bestimmt nicht viel ist, dann sind es 1500 Seiten im Jahr, das sind drei Romane. Es können auch einmal nur zwei sein und dafür im nächsten Jahr vier. Aber nimmt man den Durchschnitt, dann kann man sich durchaus vorstellen, daß der, der das macht, wirklich nur ich bin.

Rein rechnerisch leuchtet das ein, aber normalerweise ist es doch so, daß ein Schriftsteller nicht jeden Gedanken, den er hat, sofort aufs Papier wirft. Da gibt es doch Krisen.

Krisen, wie sie andere haben, kenne ich nicht während des Schreibens. Wenn ich einmal merke, daß die Intuition nicht gleich da ist, also wenn es nicht läuft, lasse ich sofort die Finger davon, mache Korrespondenzen, lese, oder ich sage zu meiner Frau, komm, hol den Wagen raus, fahr mich rum. Dann fährt sie mich durch die Gegend, ich weiß manchmal gar nicht wohin, plötzlich sage ich, jetzt nach Hause, und schreibe weiter.

Das bedeutet, daß Ihre Frau immer bereitstehen muß, um Ihnen notfalls als Chauffeur dienen zu können.

Wir sind 33 Jahre verheiratet, und wir machen alles zusammen. Sie ist immer da bis auf die Zeit, wo sie mal einkauft oder beim Friseur ist. Sie erledigt auch meine Leserpost, nur die Autogramme schreibe ich selbst. Wir sind praktisch ein gemeinsames Unternehmen. Als ich aus dem Krieg zurückkam, hatte ich nichts und war nichts, da haben wir davon gelebt, was meine Frau als Lehrerin verdient hat. Die Bedingungen waren schwierig, Hunger und Elend und keine Bleibe. Sie war ausgebombt und ich war ausgebombt. Ich wohnte in einer Holzbaracke und hatte nichts auf dem Leib als einen gewendeten Offiziersmantel aus Holland. Als ich dann zum erstenmal für einen Roman Geld bekam, habe ich meine

---

* bei Bad Honnef

Frau aus der Klasse geholt und gesagt, bitte hier, mein erstes Hono-
rar, 3000 Mark. Da sind wir uns in die Arme gefallen und haben
geheult.

1956 erschien Ihr erster Bestseller, «Der Arzt von Stalingrad». Hatten Sie
den Erfolg erwartet?

Nein. Der Roman wurde zwar zum Vorabdruck in der Illustrierten
Revue sofort angenommen, aber die Buchausgabe, die in einer Auflage von 8000 Stück auf den Markt kam, ist nur gerade so mit Ach
und Krach weggegangen. Mehr war nicht drin. Aber dann kam die
Verfilmung mit O. E. Hasse, und da liefen innerhalb von drei oder
vier Monaten 80000 Bestellungen ein, und der Verlag lag vollkommen flach, weil er nicht liefern konnte. Heute ist *Der Arzt von Sta-*
lingrad mit einer Auflage von drei Millionen das meistveröffentlichte
Buch Deutschlands. Ich werde von Journalisten häufig gefragt:
Können Sie sich Ihren Erfolg erklären? Darauf sage ich immer:
Nein, kann ich nicht. Das Phänomen sind meine Leser, die auf Konsalik fixiert sind. Hätte man mir in dem fünfziger Jahren gesagt, ich
würde ein erfolgreicher Schriftsteller, hätte ich das durchaus für
möglich gehalten, warum auch nicht? Hätte ich aber darauf geantwortet, ich würde einmal der meistgelesene Schriftsteller deutscher
Zunge mit einer Auflage von 54 Millionen, übersetzt in 26 Sprachen mit über 700 Auslandsausgaben, hätte man mich getrost in ein
Irrenhaus sperren können, denn dann hätte ich mich selbst für verrückt gehalten.

Vielleicht sind Sie es wirklich. Könnte man die Maßlosigkeit Ihres Schrei-
bens nicht als etwas Verrücktes bezeichnen?

Ich betrachte mich als einen völlig normalen Menschen.

Stimmt es, daß Sie in Trance geraten, wenn Sie Ihr Arbeitszimmer betre-
ten?

Ja, stimmt. Wenn ich arbeite, bin ich vollkommen abgekapselt,
kein Telefon, nichts. Es ist praktisch so wie in einer Klinik, wenn
operiert wird, völlige Funkstille. Ich kenne Kollegen, die sagen,
wenn sie an die Schreibmaschine denken, dann graut es ihnen. Bei
mir ist es umgekehrt. Ich bin glücklich, wenn ich wieder an der
Maschine sitze. Zwar ist das, was ich beschreibe, vor allem in den
Kriegsromanen, oft grauenhaft. Ich war im Zweiten Weltkrieg
Kriegsberichterstatter in Rußland. Da kommen die Erinnerungen,

da erlebe ich das zum Teil wieder mit. Aber wenn der Schreibfluß einsetzt, dann hält mich nichts mehr. Das ist die Phase, wo das Schreiben wirklich eine Art Trance wird, und das Befreiende ist, daß es herauskommt. Ich habe in meinem ganzen Leben noch nie eine Zeile gestrichen, Seiten weggeworfen oder ein Buch umgeschrieben. Ich schreibe es, wie es kommt, in die Maschine, dann wird es zusammengeheftet und geht weg mit der Post. Nach der Arbeit brauche ich ungefähr eine halbe Stunde, bis ich wieder in der realen Welt bin. Meine Frau reicht mir einen Wodka-Bitter-Lemon, manchmal auch ein Glas Milch, dann sehe ich Nachrichten, dann wird gegessen. Wenn ich in dieser Zurückbesinnung mit Alltagsproblemen behelligt werde wie zum Beispiel, daß der Gärtner etwas kaputtgemacht hat oder das Hausmädchen krank ist, dann kommt eine Explosion. So etwas möchte ich dann nicht hören.

Was geschieht nach dem Essen?

Das ist verschieden. Wir unterhalten uns. Wenn ich sehr lange gearbeitet habe, gehe ich schlafen.

Und Ihre Frau, so war zu lesen, liegt neben Ihnen und ist noch ganz munter.

Ach was, das hat so ein Knallkopp vom *Stern* geschrieben, aber das stimmt nicht.

Sind Sie nach der Arbeit noch stark genug, um sexuell verkehren zu können?

Darüber will ich nicht sprechen. Aber ganz allgemein würde ich sagen, das Sexuelle wird in der heutigen Zeit viel zu sehr überbewertet.

Diesen Vorwurf müßten Sie sich aber auch selber machen, denn in Ihren Büchern, besonders den Kriegsbüchern, ist dauernd von Sex die Rede.

Da beschreibe ich ja andere Zeiten. An der Front gab es drei Themen: Fressen, Saufen und Weiber. Was anderes gab's nicht. Die Möglichkeiten, Frauen zu haben, waren natürlich begrenzt. Man mußte ins Hinterland, in die Etappe, da war die Lazarettschwester, die Sanitäterin, die Flakhelferin. Unsere Stammdivision war in Posen. Da konnte man Kontakt mit Mädchen bekommen. Es hat auch viele Liebschaften mit russischen Bauernmädchen gegeben. Ich war zu schüchtern, ich habe das nicht gehabt. Aber ich weiß, daß es vorkam. Der Millowitsch, mit dem wir befreundet sind, sagt immer: Mensch, du hast in deinen Romanen so traumhafte Weiber, woher kennst du die alle? Darauf sage ich: Ich kenne keine einzige, aber ich kann sie mir in der Phantasie sehr gut vorstellen.

Waren die Frauen, die Sie im Krieg erlebten, immer so wohlgebaut wie die Frauen in Ihren Büchern, mit «geilen Hintern» in «knappen Höschen», «strammen Titten» oder Brüsten, «die schaukelten wie weißlackierte Glocken»?

Habe ich das geschrieben?

Sie erinnern sich nicht an Ihre eigenen Bücher?

Nein. Wenn ich einmal hineingucke in ein Buch, das ich vor Jahren geschrieben habe, lese ich es wie etwas Fremdes. Ich habe schon in der Schule immer darunter gelitten, daß man fragte, warum hat Schiller in der und der Szene den und den Satz geschrieben. Heute, wo ich selbst Schriftsteller bin, weiß ich, daß der Schiller gar nicht darüber nachgedacht hat, warum er einen bestimmten Satz an eine bestimmte Stelle setzte. Der war einfach da, so wie auch bei mir die Sätze plötzlich da sind, ohne daß ich das näher erklären könnte.

Vielleicht erfüllen Sie sich mit den Frauen, die Sie beschreiben, Ihre erotischen Wünsche.

Dann könnte man aber genauso sagen, daß ich mir wünsche, grausam zu sein, weil ich grausame Sachen beschreibe, oder daß ich unheimlich romantisch bin, weil ich etwas beschreibe, wo einem die Tränen kommen. Da müßte ich in mir sämtliche Charaktere haben.

Das ist doch gut möglich. Der Kritiker Helmut Schödel schrieb in der «Zeit», in Ihnen sei ein Sadist am Werke.

Warum soll ich mich um so etwas kümmern? Ich habe Millionen Leser, die sind anderer Ansicht. Ich bin immun gegen jegliche Literaturkritik. Diese Leute ärgern sich, weil ich die hohen Auflagen habe, die sie anderen wünschen und die diese anderen niemals bekommen. Wenn Herr Schödel sagt, Herr Konsalik ist ein Arschloch, dann ist das seine persönliche Meinung. Mich zu beleidigen ist noch keinem gelungen. Was meine Leser über Herrn Schödel sagen, weiß ich im voraus. Idioten gibt's überall, würden die sagen.

Auf der Frankfurter Buchmesse* wurde Ihnen von der Fachgruppe Buchhandel der Gewerkschaft Handel, Banken und Versicherungen der «Kriegspreis» verliehen, weil Sie, so die Begründung, den Krieg in Ihren Büchern verherrlicht hätten.

Es gibt eine Idiotie, über die kann man nur lachen. Vor allem trifft das auf den Schriftsteller Chotjewitz zu, der die sogenannte Laudatio hielt, in der er von mir Sätze zitierte, ohne den Zusammenhang zu erwähnen, in dem sie standen. Das ist genau die Goebbelssche Art, einen fertigzumachen. Der Chotjewitz hat sich doch nur da hineingehängt, weil keiner mehr von ihm spricht. Der wollte sich wieder mal profilieren.

Was empfinden Sie, wenn Sie die Grausamkeiten des Krieges beschreiben?

Welche zum Beispiel?

Zum Beispiel die Szene in dem Roman «Sie waren zehn», in der russische Holzhacker einen deutschen Fallschirmspringer mit ihren Äxten zerfleischen.

Da kommt die Nüchternheit des Journalisten zum Ausdruck. Darum ist ja diese Versenkung, die ich Trance nenne, nötig. Ich sehe diese Szene während des Schreibens vor mir. Das läuft ab wie ein Film, den ich beschreibe.

Aber Sie haben diesen Film nie wirklich gesehen?

Nein, aber es ist Schlimmeres vorgekommen, worüber ich nirgends geschrieben habe. Bei einem Vorstoß deutscher Truppen in Gebiete, in denen russische Scharfschützen eingesetzt waren, hat man die Leichen von Deutschen gefunden, denen man, bevor man sie erschoß, die Genitalien abgeschnitten und in den Mund gestopft hatte.

Wie sind Sie über solche Erlebnisse weggekommen?

Da muß ich sagen, in dem Fall bin ich das, was man knallhart nennt. Ein Arzt, der einen Patienten öffnet und sieht, daß der vollkommen verkrebst ist, fällt auch nicht um vor Entsetzen, sondern muß etwas tun, oder er tut nichts, macht wieder zu und findet gute Worte, um diesen Kranken über die Zeit zu retten, bis er tot ist. Ich kann mich über bestimmte Sachen erschüttern, aber ich habe mich so im Griff,

* 1981

daß ich nicht weggleite unter diesen Erschütterungen, so wie es für mich auch keinerlei Motivation gibt, mir das Leben zu nehmen. Nichts ist so hart, daß man es nicht durchstehen könnte. Das ist etwas, das ich von meinem Vater habe.·Das Wichtigste, was mein Vater mir beigebracht hat, und eine der Grundlagen meines Erfolgs als Schriftsteller ist die Selbstdisziplin, das heißt, sich in der Gewalt zu haben, die Gefühle und Emotionen nicht ausufern zu lassen. Denn das kann, wie man ja sieht, bis zum Chaos führen.

Was hat Disziplin mit Ihrem schriftstellerischen Erfolg zu tun?

Sie ist nötig, damit ich mich an den Schreibtisch setze.

Vorher haben Sie es als Ihr größtes Glück bezeichnet, an der Schreibmaschine zu sitzen. Ihnen würde es doch viel schwerer fallen, einmal drei Wochen lang nicht zu schreiben.

Nehmen wir an, es bestünde die Möglichkeit, nach Wien zu fahren und in der Oper *Tristan und Isolde* zu sehen, dann sage ich, ich lasse den *Tristan* sausen, weil ich versprochen habe, ein Manuskript zu einem bestimmten Termin abzuliefern. Ich bin in der Branche dafür bekannt, daß ich mich, wenn ich ein Datum nenne, auch daran halte. Es gibt Schriftsteller, die werden von ihren Verlegern eingefangen und eingesperrt, damit sie schreiben. Bei mir ist das nie nötig gewesen.

Was geschähe, wenn Sie in eine Lage kämen, in der Sie nicht schreiben könnten?

Würde man mir die Hände festbinden, würde ich lesen. In den Zwischenzeiten, in denen ich weder lese noch schlafe, würde ich singen. Aber es wäre schon eine Qual. Ich hab mal gesagt, ich könnte mir vorstellen, daß ich in dem Moment, wo das Schreiben aus ist, auch körperlich tot bin oder daß zumindest mein körperlicher Verfall sehr beschleunigt würde. Wie gesagt, ich würde nicht Selbstmord begehen, ich kann aber verstehen, daß ein Mann wie Hemingway sich in dem Moment umgebracht hat, als er erkannte, er kann nicht mehr schreiben.

Ist es die Religion, die Sie vom Selbstmord abhält?

Ich glaube nicht. Ich bin zwar evangelisch erzogen worden. Meine Mutter war sehr religiös. Aber ich selbst habe von der Kirchenlehre Abstand genommen, weil sie mit der heutigen Realität nichts mehr zu tun hat. Ich glaube schon, daß irgendein Leitwesen da ist, aber ich glaube nicht an eine Wiedergeburt oder ein Weiterleben im Jenseits. Für mich ist das menschliche Dasein Blutkreislauf und Hirnfunktion. Wenn beides aufhört, ist für mich die Sache erledigt.

Haben Sie eine bestimmte Vorstellung, auf welche Weise Sie sterben wollen?

Vollkommen allein. Das ist etwas, was meine Frau nicht versteht. Darüber haben wir schon stundenlange Diskussionen geführt. Ich sage, wenn es einmal ans Sterben geht, möchte ich von der Familie niemanden sehen. Dieses Sich-Auflösen sollen sie nicht erleben. Wenn ich in eine Klinik käme, würde ich vorher den Ärzten sagen, also hört mal, Jungs, wenn ich ins Koma falle, muß die Familie raus. Nur der Arzt dürfte bleiben. Ich bin auch Mitglied der Gesellschaft für Sterbehilfe. Also wenn ich jetzt Krebs bekäme und hätte nur noch wenige Wochen zu leben, würde man mich an keine Maschine anschließen.

Wollen Sie vor Ihrer Frau was verbergen?

Ich bin sonst ganz offen. Wenn mir in der Oper die Tränen kommen, erlebt es meine Frau mit. Ich hab auch geweint, als unser Hund starb. Ich bin ja ein Tiernarr. Ich könnte niemals ein Jäger werden.

Weinten Sie beim Tod Ihrer Eltern?

Als meine Mutter starb, war ich vorbereitet. Sie war 84. Man hatte gesehen, wie sie zusammenschrumpfte, also das kam nicht überraschend. Ich weinte, aber es war ein anderes Weinen als beim Tod meines Hundes. Man hatte auch viel zu tun mit Begräbnisvorbereitungen, der Beerdigung selbst und so weiter. Als der, grob gesagt, technische Teil des Sterbens vorbei war, habe ich weitergeschrieben. Gravierender war der Tod meines Vaters. Er starb während des Krieges. Ich kam durch Zufall nach Hause, weil in Köln, wo wir wohnten, etwas zu besorgen war für die Truppe. Unser Haus war zu drei Vierteln ausgebombt. Mein Vater lag im Wohnzimmer auf der Chaiselongue, sterbend. In dem Haus war eine Wirtschaft. Man hatte die Bierfässer geöffnet und das Bier zum Löschen verwendet. Da muß mein Vater Phosphor in die Lunge bekommen haben. Ich hab ihn in die Klinik gebracht, dort ist er sofort an den Tropf gekommen. Zwei Tage später war er tot. Rauchvergiftung. Aber das Begräbnis mußte verschoben werden, denn meine Mutter war evakuiert nach Schlesien, und bis sie nach Köln kam, vergingen mehrere Tage. Da hat man meinen Vater erst mal vereist. Der lag dann einige Zeit da als Eisblock. Zur Beerdigung ist er wieder aufgetaut worden. Das sind natürlich Erlebnisse, die man nie loswird.

War Ihnen durch den Krieg der Umgang mit Sterbenden nicht zur Gewohnheit geworden?

Der Tod im Krieg ist kein Sterben. Da wurde vom Sterben gar nicht gesprochen. Daran denkt man gar nicht. Der Tod war uns wurscht. Wir haben vorne in den Unterständen gelegen und selig geschlafen, während die Artillerie über uns krachte und einschlug. Wenn ein Kamerad vor einem umfiel, hat man die Leiche einfach als Deckung genommen, oder man hat Treppen gebaut aus gefrorenen Toten, um in die Lazarettwaggons bei Stalingrad, die ziemlich hoch gebaut waren, hineinzukommen. Das kann sich überhaupt keiner vorstellen, der nicht dabei war.

Haben Sie als Kriegsberichterstatter über solche Dinge berichtet?

Ich habe nicht so sehr von den Kämpfen oder vom Vormarsch der Truppen berichtet, sondern bin mehr auf das Psychologische eingegangen. Ich erinnere mich, ein Bericht von mir hieß *Hinter den Fronten stehen die Herzen.* Da hab ich geschildert, welche Wirkung Briefe aus der Heimat auf die Soldaten hatten, die wochenlang in vorderster Linie standen. Da hat es welche gegeben, die haben die Briefe ihrer Mütter gelesen, als wär's die Bibel. Das gab ihnen Auftrieb, in diesem ganzen Mist durchzuhalten.

Das heißt, die Briefe hatten eine den damaligen Machthabern willkommene Wirkung.

Die politischen Hintergründe wurden von kaum einem verstanden. Die breite Masse der deutschen Soldaten war unpolitisch. Die hatten ihren Befehl, den führten sie aus. Wenn es hieß, wir marschieren, dann wurde marschiert, ohne zu fragen, warum.

In Ihren Büchern nennen Sie das ganz unverblümt Dummheit.

Genau das war es. Der deutsche Landser war dumm.

Haben Sie ihn deshalb verachtet?

Nein, denn ich war ja nicht besser. Ich war 23 Jahre alt, aufgewachsen im Dritten Reich, Mitglied der HJ bei den Pimpfen. Mein Vater war auch in der Partei. Er war Versicherungsdirektor. Was man sah,

war, daß Hitler Ordnung schaffte. Wenn wir vor 1933 spazieren-
gingen oder wenn ich im Sandkasten spielte, standen die Arbeitslo-
sen um einen herum und spielten Karten oder tranken ihr Bier. Die
Kommunisten marschierten mit roten Fahnen und Schalmeien
durch die Straßen, und dann kam einer, der sagte, ich verspreche
euch Arbeit und Brot und sozialen Wohlstand. Daß das auf frucht-
baren Boden fiel, war selbstverständlich, und es ging danach ja auch
wirklich aufwärts. Die Idee, die dahinterstand, war an sich nichts
Schlechtes, wurde aber verwässert und umgebogen. In dem Wort
«Nationalsozialismus» steckt zunächst einmal der Begriff «Sozialismus». Das ist das, was wir auch heute haben, sei es bei den Sozialdemokraten, sei es bei der CDU / CSU, die das Wort «sozial» auch im
Programm hat. Zum Sozialismus kam als zweites das Nationalbe-
wußtsein, was auch nicht unbedingt schlecht ist. Warum soll es
schlecht sein, sich auf das eigene Volk zu besinnen, auf seine Ge-
schichte? Warum soll ich leugnen, daß wir einen Friedrich den Großen hatten? Die Verbindung von «sozial» und «national» war in der
Grundidee eine Idealkombination. Ein Volk, das so auf der
Schnauze lag wie wir in den dreißiger Jahren, griff nach so einer
Idee wie nach dem rettenden Strohhalm.
Welche Partei wählen Sie heute?
Das sage ich nicht, weil ich mich nicht politisch festlegen möchte.
Ich genüge meiner Wahlpflicht als deutscher Bürger, aber ich würde
nie einer Partei beitreten. Ich war in der Hitlerjugend, das reicht
mir, obwohl das als Sache für sich auch nicht so schlecht war. Sonn-
tags war man draußen in der Natur. Die Ferien verbrachte man in
Zeltlagern, da wurde Kameradschaft geübt, was es ja heute gar
nicht mehr gibt. Da lebte man vierzehn Tage in einem Neuner-,
Zwölfer- oder Fünfzehner-Zelt, kochte, mußte sich selbst die
Strohsäcke füllen. Der eine holte Wasser an der Quelle, der andere
machte Kaffee. Heute sagt man, das sei alles vormilitärische Ausbil-
dung gewesen, aber das ist doch Quatsch. Man lernte Freundschaft.
Der eine war auf den anderen angewiesen, und vor allem, man hatte
nie Langeweile, sang Volkslieder und so weiter. Die Jugend hat
nicht auf der Straße herumgehangen. Fragen Sie mal, wie viele aus
Ihrer Generation ein Volkslied oder ein lyrisches Gedicht oder eine
Ballade kennen. Ich muß auch sagen, daß die schulische Ausbil-

dung unserer Kinder im Vergleich zu dem, was wir damals lernten, katastrophal ist, literarisch, geschichtlich und geographisch. Sprechen Sie mal mit einem heutigen Abiturienten über den *Taucher*. Der fragt Sie, welchen Sie meinen. Dem fällt vielleicht Hans Hass ein. Oder fragen Sie, ob er schon was von den Satrapen gehört hat. Da sagt der: Welche Attrappen?

Ob einer den «Taucher» kennt, ist auch gar nicht so wichtig, wenn er nur genügend Verstand besitzt, einem Hitler nicht hinterherzurennen.

Glauben Sie, daß die heutige Jugend einem Hitler nicht hinterherrennen würde? Ich glaube das nicht. Der Mensch ist ein Herdentier. Er braucht die Gemeinschaft, und jeder Gemeinschaft ist ein Führer vorangestellt. Der bläst auf der Posaune, und alles läuft hinterher. Das liegt in der Natur des Menschen. Der Befehl ist da und wird ausgeführt. Obwohl ich den schrecklichsten Krieg, den es je gab, hinter mir habe, stehe ich immer noch ratlos vor dem Phänomen des blinden Gehorsams. Wenn heute in Deutschland einer käme wie Goebbels, der die Begabung hat, Menschen mitzureißen, die Massen würden wieder jubeln und schreien, unter Garantie. Es ist Gott sei Dank keiner da. Aber gäbe es einen, was glauben Sie, wo unsere Parteien hinkämen? Die gingen alle die Wupper hinunter. Ein ganz einfaches Beispiel: Im Münchner Olympiastadion sitzen 90000 Menschen und brüllen. Unten auf dem Rasen laufen 22 Mann einem Ball nach. Wenn da unten einer stünde und spräche wie Goebbels, die 90000 würden genauso brüllen. Es kann natürlich auch einer kommen, der die Menschheit errettet. Aber das hat es noch nie gegeben. Den einzigen, der es versucht hat, hat man ans Kreuz geschlagen. Wenn ich heute sehe, wie evangelische Pastoren im Talar hinter der roten Fahne marschieren, dann weiß ich doch, auch das Christentum ist in die Hose gegangen.

Also gibt es für Sie keine Hoffnung?

Meine Hoffnung ist, ganz klar gesagt, völlig utopisch. Ich hoffe, daß der Mensch das wird, was er im Grunde sein soll, nämlich ein Wesen, eingebunden in eine Ethik. Wir haben nicht den Instinkt der Tiere, aber wir haben die Intelligenz, die uns noch grausamer macht als die Tiere, und hier, muß ich sagen, verrät der Mensch Gott. Denn wenn es einen Gott gibt, hat er den Menschen nicht geschaffen, damit er so ist, wie er jetzt ist.

Tun Sie etwas, um der Verwirklichung Ihrer Hoffnung ein Stück näherzukommen?
Ich schreibe Bücher.
Aber doch nicht, um die Welt zu verändern.
Nein, ich will unterhalten. Das ist das einzige große Anliegen, das ich habe. Ich will den Menschen für ein paar Stunden Freude geben, sie entführen aus ihrem grauen Alltag.
Wohin?
In eine Wunschwelt. Wenn ich wie in *Wer stirbt schon gern unter Palmen?* über die Südsee schreibe, dann sind die Menschen gefesselt und träumen sich da hinein und erleben das mit. Es kommen Briefe, da schreiben mir Männer, daß sie mittags kein Essen bekommen, weil ihre Frauen Konsalik lesen anstatt zu kochen. So etwas freut mich.
Das bedeutet, daß die Menschen, statt ihr langweiliges Leben zu ändern, in Ihre Bücher flüchten.
Sicher, aber diese Flucht ist doch ganz legitim. Das Alltagsleben ist ja größtenteils wirklich zum Kotzen. Stellen Sie sich vor, Sie sind Arbeiter in einer Fabrik, die Federn herstellt, und sitzen jeden Tag acht Stunden lang an der Maschine und machen immer den gleichen Handgriff. Wenn Sie nach diesen acht Stunden nach Hause kommen und greifen nach einem Buch, in dem steht, wie ein Arbeiter an der Maschine sitzt und Federn herstellt, dann werfen Sie dieses Buch in die Ecke. So ein Arbeiter will doch von seinem wirklichen Leben dann nichts mehr wissen.
Finden Sie das gut?
Nein, das ist nicht gut, aber wie soll es anders sein? Es kann nicht anders sein. Der Alltag der meisten Menschen ist festgefahren in geregelten Bahnen, und viele sind damit durchaus zufrieden. Sie haben ihr Geld. Sie können sich eine Wohnung leisten, ein Auto. Sie können 28 Tage in Urlaub fahren, aber das ist nicht der Harz oder der Schwarzwald. Als man noch wenig hatte, war es Mallorca. Nach Mallorca kam Teneriffa, nach Teneriffa Mombasa. Heute fliegen sie nach Colombo. Die Sehnsucht geht in die Weite, und die erfülle ich den Leuten in meinen Büchern.
In Ihren Kriegsbüchern erfüllen Sie die Sehnsucht nach Abenteuer.
Bei den Kriegsbüchern ist es noch etwas anderes. Da will ich auch

nachdenklich stimmen. Aber natürlich muß das auch spannend sein. Ich bin ja kein Historiker. Wenn ich über die Schlacht von Stalingrad schreibe wie in *Das Herz der 6. Armee*, dann schreibe ich aus der Sicht des Landsers, der vorne im Dreck lag. Die Liebesgeschichte ist natürlich erfunden. Aber die Geschichte mit dem Elefanten, der plötzlich im Trümmermeer von Stalingrad auftaucht, ist nicht erfunden. Da ist ein Elefant bei der Beschießung des Zoos von Stalingrad ausgebrochen und irrte nun durch die Gegend. Der Russe hat Heu gesammelt, und unsere Soldaten, die nichts zu fressen hatten, haben Kommißbrot bereitgestellt, um das Tier zu ernähren. Das waren menschliche Regungen in diesem grauenvollen Geschehen, die sollte man nicht vergessen. Aber ich habe ja nicht nur Kriegsromane geschrieben. Mit *Liebe ist stärker als der Tod* zum Beispiel wollte ich mal was ganz Neues testen. Da hab ich gedacht, ich schreibe jetzt einen französischen Roman mit einer ganz einfachen Handlung, ein bißchen pointiert, mit Bonmots dazwischen, so in der Art von Sacha Guitry oder Pagnol, mal gucken, wie das Publikum darauf reagiert. Und siehe da, es ist gutgegangen.

Gibt es Stoffe, die Ihnen am nächsten liegen?

Ja, das sind die Rußland-Romane. Dieser Stil liegt mir am meisten. Das muß von meiner Abstammung kommen. Die Konsaliks stammen aus dem Bulgarischen. Irgendwie ist diese ostische Seele immer noch in mir drin. Das zweite Standbein, auf dem ich stehe, sind die medizinischen Themen. Sie werden kein Buch von mir finden, in dem nicht irgendwo ein Arzt oder medizinische Probleme auftauchen. Es gab für mich drei Berufsmöglichkeiten: Arzt, Schriftsteller oder Sänger. Ich hab als Zehn- bis Zwölfjähriger im Schulchor gesungen. Ich hatte einen silberhellen Sopran. Dann kam der Stimmbruch, da entwickelte sich ein ganz schöner Tenor, aber richtig da war die Stimme erst wieder mit dreißig. Da war ich schon Schriftsteller, habe nur noch für mich gesungen, aber so, daß die Wände gewackelt haben. Die Arie des Sigmund *Ein Schwert verhieß mir der Vater* aus *Walküre* singe ich Ihnen noch heute. Früher hatte ich öfter den Traum, daß ich auf der Bühne stehe mit einer Stimme, die Gigli geschlagen hätte. Da hab ich beim Aufwachen immer gesagt: Mein Gott, war das schön.

Wer ist auf dem Gebiet der Literatur Ihr Vorbild?
Das ist Scholochow mit seinem Roman *Der stille Don*. Den werde
ich nie erreichen, das weiß ich. Ich rede schon gar nicht von Tolstoi
oder Turgenjew, das sind Welten für sich. Das kann man nicht werden. Das steckt in einem drin oder nicht. Es wird vielleicht manche
geben, die sagen, Konsalik sei spannender, vielleicht auch welche,
die in mir ein Genie sehen. Ich würde mich eher als einen literarischen Handwerker betrachten.
*Woran liegt es Ihrer Meinung nach, daß Turgenjew und Tolstoi, die auch
ein Leben lang Schriftsteller waren, im Vergleich zu Ihnen so wenig geschrieben haben?*
Das war deshalb, weil sowohl Tolstoi als auch Turgenjew mit der
Feder geschrieben haben. Die hatten noch keine Schreibmaschine.
Hätten die eine Schreibmaschine gehabt, hätten die genauso viel
geschrieben wie ich. Aber sehen Sie mal, Tolstoi hat auch ungeheure Werke geschrieben, *Krieg und Frieden*, *Die Brüder Karama-
sow*...
Das ist von Dostojewski.
Gut, aber da gibt es doch eine ganze Menge. Tolstoi hat eben weniger exzessiv geschrieben, hat die Sache manchmal zwei, drei Monate liegenlassen, ist herumgereist, das mußte man damals alles
noch mit der Kutsche machen, oder er hat mit seiner Frau Krach
gehabt und ist ausgerückt. Dann ist sie ihm nachgefahren. Wissen
Sie, woran Puschkin gestorben ist? An einem Duell wegen einer
Liebesaffäre. So etwas könnte mir nie passieren.
Ist es Ihr Wunsch, unsterblich zu werden?
Nein, ich will heute gelesen werden. Wenn meine Bücher überdau-
ern wie zum Beispiel die Bücher von Karl May, würde es mich
freuen, und ich muß sagen, es zeichnet sich da etwas ab, denn mehr
als 50 Prozent meiner Leser sind Jugendliche zwischen fünfzehn
und achtzehn Jahren. Aber worauf es mir ankommt, ist, daß ich
jetzt Wirkung habe, nicht erst, wenn ich tot bin. Ich bin seit Jahren
ständig mit mehreren Büchern auf der Bestsellerliste, obwohl ich
für die meisten Kritiker gar nicht da bin. Was von den Kritikern
heute gelobt wird, steht doch vollkommen neben dem Lesebedürf-
nis des deutschen Volkes. Zum Teil ist das nur noch wildes Gestammel.

Wollen Sie Namen nennen?

Ich werde mich hüten, obwohl ich klipp und klar sage, daß Dürrenmatt oder Frisch den Nobelpreis eher verdient hätten als Heinrich Böll.

Kennen Sie Handke?

Ich habe schon etwas von ihm gelesen. Der hat ein unheimliches Gespür für Sprache und die Kombination von Worten, aber das wird nie ein Autor sein für die breite Masse, weil in seinen Büchern die Spannung fehlt, die wir sogenannten Trivialautoren, ob Simmel oder Remarque, Fallada oder Konsalik, nun einmal haben. So gesehen sind auch Dumas, Flaubert oder Balzac Trivialautoren, auch wenn es Klassiker sind. Wenn Sie wollen, kann ich Ihnen sogar Thomas Mann so zusammenstreichen, daß Courths-Mahler herauskommt.

Sind Sie mit Simmel befreundet?

Nein. Er empfindet mich als Konkurrent. Mich hat es nie gestört, als er über mir stand. Jetzt habe ich ihn überholt, das scheint ihn zu ärgern. Ich lese seine Bücher mit Interesse. Aber er schreibt mir etwas zu langatmig. Ich könnte seitenweise Absätze streichen.

Ist es richtig, daß Sie sich abfällig über Schriftsteller geäußert haben, die es nicht schaffen, mit ihrer Arbeit genug zu verdienen, um davon leben zu können?

Ich habe einmal gesagt, wenn einer in fünf Jahren nicht mehr schreibt als zwei Romane, dann braucht er sich nicht zu wundern, wenn er kein Geld hat. So jemand ist vielleicht unter literarischen Gesichtspunkten ein wichtiger Autor. Womöglich wird er sogar unsterblich. Aber er darf nicht klagen, wenn andere mehr verdienen.

Auf wie hoch würden Sie Ihr Vermögen beziffern?

Da müssen Sie mein Finanzamt fragen. Ich bekomme ja nur 44 Prozent meines Einkommens, der Rest ist Steuer. Ich bin kein Kontenmillionär, aber in Liegenschaften käme schon eine Menge zusammen, also hier dieses Grundstück, das sind achteinhalbtausend Quadratmeter, dann das Haus auf Teneriffa, aber das bringt ja nichts ein. Ich hätte mir da auch Mietshäuser hinstellen können, um von der Rendite zu leben. Daran habe ich aber nie gedacht, sondern mir mein kleines abgeschlossenes Paradies geschaffen. Dann habe ich noch eine Lebensversicherung, die aber im Vergleich zu dem, was ich verdiene, gering ist.

Besitzen Sie eine Waffe?

Selbstverständlich habe ich eine Waffe, und wenn ich verreise wird das Haus von zwei Polizisten bewacht. Die habe ich angefordert als Objektschutz. Vor einigen Jahren ist von der Straße her auf meine Tochter geschossen worden, die sich im Garten aufhielt. Die Polizei ist gleich hochgekommen, aber es hat geregnet. Man hat keine Spuren gefunden.

Haben Sie einen Verdacht, wer es gewesen sein könnte?

Nein, denn ich habe keine Feinde außer die Literaturkritiker, aber die schießen ja nicht.

Fühlen Sie sich Ihres Lebens jetzt nicht mehr sicher?

Also wenn ich sehe, wie die Verhältnisse ausufern in gewissen Bereichen, empfinde ich das schon als bedrohlich. Früher war es möglich, daß eine Frau nachts durch den Park ging. Das ist heute nicht möglich. Aber das schlimmste ist, daß der Mörder gar kein Risiko eingehen würde. Vorgestern stand in der Zeitung, daß jeder Lebenslängliche nach fünfzehn Jahren den Antrag stellen kann, freigelassen zu werden, ja mein Gott, der riskiert doch gar nichts. Stellen Sie sich vor, ich zöge jetzt die Pistole und schösse Sie nieder, bumm bumm. Sie wären tot. Aber was würde mir schon passieren? Ich würde mir einen Staranwalt nehmen, was ich mir leisten kann. Der würde irgendein frühkindliches Trauma entdecken. Also ich bekäme, sagen wir mal, zwanzig Jahre, ginge in den Knast, aber da ich Schriftsteller bin, würde man mich in kürzester Zeit in der Gefängnisbibliothek unterbringen. Das wäre der erste Aufstieg. Dann hielte ich mich gut mit dem Pfarrer, besuchte jeden Sonntag den Gottesdienst in der Gefängniskirche. Da ich singen kann, würde ich dort einen guten Eindruck machen, und nach fünf oder sechs Jahren würde der Pfarrer sagen, der Mann hat sich grundlegend gebessert. Dann würden die Anträge gestellt, und nach einem Jahr wäre ich frei, obwohl ich Sie umgebracht habe.

Glauben Sie, daß ein Mörder vor dem Mord das Risiko überlegt, das er eingeht? Der wird doch durch inneren Zwang zur Tat getrieben.

Dann ist er ein Triebtäter und wird nach dem Gesetz gesondert behandelt.

Das wären Sie auch, würden Sie mich ermorden, denn davon hätten Sie doch gar keinen Vorteil.

Gut, aber wenn ich, wie es im Gesetz heißt, aus gewinnbringenden Motiven jemanden töte, also wenn ich eine Bank überfalle und eine Kundin erschieße, die mir im Weg steht, dann muß ich doch sagen, ich gehöre mein Leben lang hinter Gitter. Wenn ich an die Kindesentführungen und Kindsmorde denke, dann sage ich: Wiedereinführung der Todesstrafe. Einen Mann, der ein Kind lebendig eingräbt, um zu erpressen, müßte man, wenn man ihn erwischt, genauso eingraben. In Arabien ist es ja so, daß Dieben die Hand abgehackt wird. Stellen Sie sich mal vor, wie viele hier in Deutschland ohne Hand herumlaufen würden. Ich erinnere mich an eine Sache im Dritten Reich, da gab es die Gebrüder Götze, das waren Autobahnmörder. Die spannten über die Autobahn ein Drahtseil, und wenn nachts ein Auto dagegen knallte, sprangen sie hin, rissen die Tür auf, schossen die Insassen nieder und raubten sie aus. Das ist vier- oder fünfmal passiert. Es gab auch Nachahmungstäter. Dann hat man den einen Bruder erwischt. Der hat nach einiger Zeit ausgesagt, daß noch andere Brüder dabei sind. Wahrscheinlich hat man ihn so fertiggemacht, daß er nicht anders konnte. Jedenfalls hat man die Täter in einem Schnellverfahren verurteilt und hingerichtet, gleichzeitig aber die sogenannte «Lex Götze» erlassen, die besagte, daß sämtliche ähnlich gelagerten Fälle sofort mit dem Tod zu bestrafen seien. Von dem Moment an war mit einem Schlag alles vorbei, kein Autobahnmord mehr, nichts, gar nichts. Das ist das beste Beispiel, daß solche Maßnahmen eine durchaus abschreckende Wirkung haben. Ich habe ja auch ein Buch geschrieben, das heißt *Ich beantrage Todesstrafe.* Da schildere ich eine Reihe markanter Fälle und frage den Leser: Todesstrafe ja oder nein? 80 Prozent der Leser, die mir geschrieben haben, haben mit «Ja» entschieden.

Haben Sie es anders erwartet?

Nein, absolut nicht, denn ich kenne den gesunden Menschenverstand. «Gesund» ist hier ein verdammt hartes Wort, aber so ist es doch. Einer hat was gemacht, also muß er weg. Schon in der Bibel steht, Auge um Auge, Zahn um Zahn. Das sind Gottes Gesetze. Deshalb nennt man das den gesunden Menschenverstand. Den habe ich auch. Ich denke genauso wie meine Leser. Würde meiner

Familie jemand was antun, würde ich den erst einmal jagen, und wenn ich ihn hätte, bräuchte man mich nur drei Minuten mit dem allein zu lassen, ich würde schießen.

Wie erklären Sie sich, daß die Kriminalität in Deutschland ohne Todesstrafe niedriger ist als in Ländern mit Todesstrafe?

Wir sind nie in solchem Maße eine Gesellschaft aus Mördern gewesen wie die Amerikaner. Ich habe unlängst gelesen, daß allein in der Bronx in New York jährlich 480 Menschen ermordet werden. So ist es bei uns nie gewesen. Das deutsche Volk war nie ein Volk von Mördern.

Bis Hitler kam.

Das war ja befohlen, eine Ausuferung der Ideologie. Von der Judenvernichtung hat das deutsche Volk nichts gewußt, und es hätte sie auch nicht gutgeheißen.

Aber die, die das gemacht haben, waren doch Deutsche.

Ja, sicher. Deshalb kann ich das auch so wenig begreifen. Daran war die Politik schuld. Ich betrachte die Politik als das schmutzigste Geschäft, das es überhaupt gibt. Ein Politiker muß immer lügen. Denn in dem Moment, wo er die Wahrheit sagt, ist er schon weg vom Fenster. Es gibt Schuldige, aber die deutsche Globalschuld lehne ich ab. Ich fühle mich durchaus nicht schuldig an dem, was mit den Juden passiert ist. Unser Hausarzt vor dem Krieg war ein Jude, Dr. Goldberg. Der konnte bis 1939 seine Praxis behalten. Dann hat er sich von uns verabschiedet und ist für unsere Begriffe verzogen. Daß der abtransportiert wurde, das haben wir gar nicht mitbekommen. Er war weg und kam nie mehr wieder.

Warum schreiben Sie nicht einmal über so etwas in Ihren Büchern?

Ich habe andere Themenkreise. Aber Sie werden sich wundern, in meiner Themenmappe liegt etwas, womit ich wahrscheinlich wieder bei meinen Kritikern anecken würde, was aber wirklich wahr ist, nämlich daß einer der SS-Bewacher in Dachau eine ganze Reihe von Juden gerettet hat, indem er sie aus dem Lager schleuste. Wenn ich das schreibe, wird mir das doch so ausgelegt, als ob ich die Deutschen als positiv hinstellen wollte. Aber warum soll ich verschweigen, daß bei all den Grausamkeiten auch ein Funke deutscher Menschlichkeit da war?

Weil es bei der Schilderung deutscher Konzentrationslager nicht darum geht, Menschlichkeit zu beschreiben. Bei Ihrer Darstellung russischer Gefangenenlager hatten Sie keine Hemmungen, sich über die russische Grausamkeit auszulassen.

Aber ich liebe die Russen. Sie werden es nicht glauben, jedes dieser Bücher ist eine Liebeserklärung an Rußland. Der russische Mensch ist seinem Wesen nach grausam. Ein Boris Godunow oder ein Iwan der Schreckliche wären im westlichen Kulturkreis gar nicht möglich gewesen. Der Russe ist geprägt durch die Landschaft, das weite asiatische Land. Die asiatische Grausamkeit ist ein Begriff. Der Asiate ist im Erfinden von Grausamkeiten unschlagbar. Wer wäre denn bei uns auf die Idee gekommen, einem Gefangenen Bambusstäbchen in die Finger zu treiben und anzuzünden als Foltermaßnahme? Gut, in den deutschen Konzentrationslagern gab es auch wunderbare Foltermethoden. Aber das war noch harmlos. Als der Russe in Ostpreußen einmarschierte, hat er die Pastoren an den Türen ihrer Kirchen lebendig festgenagelt. Der russische Mensch ist von der Mentalität her ein gespaltenes Wesen, einerseits der Weiche, Sentimentale, andererseits der Unbeherrschte, Brutale. Das macht auch seine Vitalität aus. Der Westen, das muß man doch wirklich sagen, ist in höchstem Maße degeneriert und verfault. Der Russe ist eine so unbändige Kraft, der rechnet über Generationen. Der braucht nur zu warten, bis sich der Westen von selbst kaputtmacht.

Was verstehen Sie in diesem Zusammenhang unter Westen?

Ich meine das nicht politisch. Ich meine unsere Kultur, zu der ich ja auch gehöre.

Daß Sie sich als degeneriert und verfault empfinden, liegt vielleicht daran, daß Sie Ihre Hoffnung verloren haben.

Möglich. Vielleicht haben Sie recht. Ich habe die Hoffnung verloren, daß die Menschen jemals vernünftig werden. Der Mensch lernt nicht aus seinen Fehlern. Überall ist Krieg, Elend. Ich sehe das, aber ich kann nur den Kopf schütteln und sagen, schreib weiter, denk nicht darüber nach, sondern versuche, in dieses Elend etwas Schönes hineinzubringen mit deinen Büchern. Wir sind eine beschädigte Generation. Wir haben Dinge erlebt, die Sie sich nicht ausmalen können. Wenn einer vier Jahre vorne im Dreck lag, dann sind das Erlebnisse, die immer wieder nach oben kommen. Das ist in die

Tiefenpsyche hineingerutscht. Das kann man sein Leben lang nicht verdrängen.

Was war das Schlimmste?

Ich weiß nicht. Da gibt es nichts, was man hervorheben könnte.

In Ihrem zum Teil autobiographischen Roman «Die Rollbahn» beschreiben Sie die Einsamkeit eines tödlich getroffenen Arztes, der bei vollem Bewußtsein erlebt, wie er verblutet. Waren Sie einsam?

Es gab eine Situation, in der ich wirklich vollkommen allein war und nichts mehr um mich herum war und ich nicht wußte, bleibt dieses Nichts oder kommt noch jemand. Das war nach meiner schweren Verwundung zwischen Orscha und Smolensk bei einem Sturm auf die russischen Linien. Ich hatte noch Glück gehabt. Der Schuß hatte nur meinen Arm zertrümmert. Hätte ich eine andere Bewegung gemacht, wäre er direkt ins Herz gegangen. Ich bin dann auf einem Schlitten von der Front zum Gefechtsstand geschoben worden. Da lag ich nun schwerverwundet, blutverschmiert, auf diesem Schlitten, eingewickelt in Decken, und war vollkommen allein. Man hatte mich einfach da abgestellt, aber der Krieg ging weiter. Ich lag da, konnte mich nicht bewegen und wußte nicht, bleibt das so? Krepierst du jetzt? Dann kam eine gewisse Gleichgültigkeit. Man wird irgendwie wurschtig. Ich habe die Augen zugemacht und gedacht, was soll's, schreien hilft nichts, wegkriechen kannst du nicht. Wohin mitten in Rußland? Was willst du machen? Entweder sie holen dich, dann bist du gerettet, oder du stirbst hier. Sie haben mich dann geholt und zum Verbandsplatz gebracht. Von da an war alles wieder wie vorher. Ich lebte.

Kann es sein, daß das Schreiben für Sie eine Therapie ist gegen die Last der Erinnerung?

Es ist auf der einen Seite eine Therapie für mich, gleichzeitig ist es auch eine Therapie für meine Leser, die durch meine Bücher für ein paar Stunden Entspannung finden und ihren tristen Alltag vergessen können. Ich will den Menschen ein paar schöne Stunden bereiten, so wie sie in eine Operette gehen und sich *Land des Lächelns* ansehen. Warum soll ich einen Fabrikarbeiter, der den ganzen Tag an der Maschine steht und am Abend von seiner Alltagswelt nichts mehr hören und sehen will, mit Problemen belasten?

Sie könnten ihn doch ermuntern, etwas gegen die Langeweile in seiner Arbeit zu unternehmen.

Ja, wie denn? Die Sachen müssen doch hergestellt werden. Gut, man kann es ändern, indem man an Stelle der Arbeiter Computer einsetzt. Aber dann ist der Mann arbeitslos. Dann wird es noch fader, denn es gibt wenige, die mit ihrer freien Zeit etwas anfangen können. Das ist eine Frage der Intelligenz. Wenn jemand mit einem bestimmten Intelligenzquotienten seine Arbeit verliert, in die seine ganze Intelligenz hineinfloß, dann sitzt der da wie vor einer Mauer. Aber nun passen Sie auf, jetzt kommt es ganz dick. Vielleicht greift der Mann zu einem Buch von Konsalik und freut sich an den anderen Welten, die ich da beschreibe. So weit reicht seine Intelligenz noch.

Kennen Sie Ihren Intelligenzquotienten?

Nein. Ich halte nichts von Intelligenztests. Die sind ganz großer Quatsch. Da gibt es ein herrliches Beispiel. Der Prüfer fragt den Prüfling: Wer war die Madame Pompadour? Der Geprüfte antwortet: Das war die Matratze Ludwigs des XV. Bei einer Höchstnote von 100 Punkten würde die Antwort mit 110 bewertet. Zwar wäre Mätresse richtig gewesen, aber Matratze ist intelligenter.

1983

Franz Xaver Kroetz

Das hier abgedruckte Gespräch mit Franz Xaver Kroetz ist das dritte, das ich mit dem Schriftsteller führte, und sicher mein letztes. 1970, als ich ihn zum erstenmal traf, stand er am Beginn seiner Karriere. Damals erzählte er mir von seiner Verzweiflung, der er nur durch das Schreiben entkomme. Dauernd müsse er an die in Indien verhungernden Kinder denken. Schriebe er nicht, sagte er, würde er sämtliche Kapitalisten erschießen. Den Papst zu ermorden würde ihn glücklich machen. Rückblickend habe ich das Gefühl, er wollte mir eine Schlagzeile liefern. Auch weiß ich inzwischen, wie wichtig es für ihn ist, in der Zeitung zu stehen. Unser zweites Treffen kam auf seinen Wunsch hin zustande. Er kündigte an, er werde nie mehr für die Bühne schreiben. Beim Fernsehen sei die Bezahlung besser. Zu dieser Zeit war er schon Mitglied der DKP. Zweimal kandidierte er für den Bundestag. 1980 ist er aus der Partei wieder ausgetreten. Ich will nicht behaupten, er habe das nur getan, um sich interessant zu machen. Ich nehme seine Verzweiflung ernst. Ich fürchte nur, er schreckt zu ihrer Betäubung vor nichts mehr zurück. Als ich ihn im April 1986 zum drittenmal interviewte, erklärte er wie schon Rosa von Praunheim, mit dem ihn sonst wenig verbindet, der Krieg sei ein spannendes Abenteuer. Meinen Vorschlag, sich zu verlieben, nannte er defätistisch. Wer in der Liebe Erfüllung suche, sei impotent. Wenig später fing er mit Marie-Theres Relin, Tochter von Maria Schell, eine in den Medien breit erörterte Liebschaft an, der er sein drittes Kind verdankt. Zum Dichten ist er seither nicht mehr gekommen.

Ihre Karriere fing mit Stinkbomben an.
Ja, es war der 3. April 1971.* Ich erinnere mich ganz genau. Man hatte ein paar hundert Demonstranten vor die Münchner Kammerspiele gekarrt. Die riefen, Kroetz aus dem Theater raus und zurück ins Irrenhaus. Das bezog sich auf eine Zeitungsmeldung, in der stand, daß ich als Krankenpfleger in einer psychiatrischen Anstalt gearbeitet hätte, was sogar stimmte. Die Hauptdarsteller wurden als Drecksau und Pornohexe beschimpft. Am nächsten Tag gab es eine Bombendrohung, worauf der Zuschauerraum geräumt werden mußte.
Empfanden Sie das als schädlich?
Ich glaube, ich habe das schon damals ganz richtig eingeschätzt und mir gedacht, jetzt bist du über Nacht bekannt geworden, Gott sei Dank, daß es passiert ist.
Heute regt sich fast niemand mehr auf, wenn Sie auf der Bühne Abtreibung, Geschlechtsverkehr und Fäkalien zeigen. Vermissen Sie die Skandale?
Das ist schwierig. Nach dem Stück *Bauern sterben*** war die Fachkritik so was von lahm, daß ich fast eine Liebe zur *Bild*-Zeitung bekam, als auf der ersten Seite stand: Setzt die Sauerei ab! Da dachte ich, ach, wie schön, wenigstens noch eine Reaktion, während in den übrigen Zeitungen nur so wohltemperiertes Feuilleton-Klavier angestimmt wurde. Auf der anderen Seite werden die Leute auch irregeführt, denn es ist natürlich keine Sauerei, was ich geschrieben habe, es ist normales, gewagtes Theater. In ein paar Jahren wird man es zu den klassischen Stücken zählen, so schnell geht das heute. Wissen Sie, man sagt sich zwar, kruzifix, wenigstens trifft man noch die dumpfen Instinkte, andererseits geht von solchen Schlagzeilen eine völlig falsche Information über Kunst aus.
Seit wann ist Ihnen die Kunst so wichtig?
Das hat sich in den letzten sechs Jahren ergeben. Seit ich aus der DKP ausgetreten bin, habe ich beschlossen, mich wieder auf das zu werfen, wofür ich angetreten bin, und das ist nicht der Bundestag und nicht der Kampf für soziale Umwälzungen. Ich bin Dichter. Ich

---

* Uraufführung der Einakter *Hartnäckig* und *Heimarbeit*
** Uraufgeführt am 9. Juni 1985

will gute Literatur schreiben und sonst gar nichts. Früher wäre ich lieber Generalsekretär der DKP geworden. Doch dann habe ich mir gesagt, Moment, verzettle dich nicht, der liebe Gott hat dir die Möglichkeit zu schreiben gegeben, nütze das aus und hör auf mit dem anderen Schmarrn!

Liegt das nicht daran, daß Sie etwas anderes gar nicht können?

Ich könnte viel. Ich könnte zum Beispiel Tag und Nacht als Schauspieler arbeiten oder Regie führen.

Gut, aber zum Politiker haben Sie kein Talent.

Nein, auch nicht zum Steuerberater, was sich meine Eltern als Beruf für mich ausgedacht hatten, denn ich kann drei und sechs nicht zusammenzählen. Mir fehlt auch die Gabe des Singens. Aber sonst bin ich ziemlich multimedial. Wenn ich an Leute denke, die ihr ganzes Leben nur Lyrik schreiben, dagegen bin ich doch fast ein Hanswurst in allen Gassen.

Den Wurstel spielen Sie jetzt auch im Fernsehen. Ihre neueste Rolle ist die eines Klatschkolumnisten.*

Ja, herrlich! In eine Klatschtante kann ich mich sehr gut hineinversetzen. Ich liebe Klatsch. Ich lese diese Kolumnen täglich. Wenn da steht, Herr Soundso sei in tiefer Trauer, weil seine Frau den Partner gewechselt habe, interessiert mich das sehr, ist doch klar. Ich bin ein Mensch. Ich leide mit verlassenen Ehemännern.

Obwohl Sie selbst nie einer waren.

Nein, nie. Ich bin nicht verheiratet, bin es auch nie gewesen.

Aber Sie haben Kinder.

Ich habe einen Sohn, der heißt David und ist jetzt elf Jahre alt.

Und eine Tochter.

Ja, aber die ist nicht mehr mit mir verwandt. Das ist ein juristischer Vorgang. Die Mutter hat geheiratet und der Mann hat das Kind adoptiert. Seither bin ich nicht mehr der Vater. Wahrscheinlich ist das die vernünftigste Lösung. Ich bin ein sehr schlechter Vater, weil mir halt die Literatur wichtiger ist und mich Kinder im Grunde herzlich wenig interessieren. Der David ist sicher süß, ich seh ihn auch öfter, aber in Wirklichkeit ist er mir scheißegal. Es ist schrecklich, aber es ist so. Ich bin mir selbst Kind genug. Würde ich heira-

---

* In der Fernsehserie *Kir Royal*, die im Herbst 1986 ausgestrahlt wurde.

ten, hätte ich wahnsinnige Angst, daß es mit meiner Kunst morgen
vorbei ist. Ich weiß doch nicht, wie lange meine literarische Ader
noch sprudelt. Ich finde, ein Künstler darf sich nicht binden. Das
kostet zu viel.

Zuviel Zeit?

Nein, Geld! Ich bin kein Staatsbeamter. Bei mir hängt doch alles an
einem ganz dünnen Ästchen. Die Herren Theaterkritiker, Herr Kaiser im Verein mit Herrn Reich-Ranicki, können schon morgen fest-
stellen, daß Herr Kroetz nie etwas war und jetzt endgültig out ist.
Was soll ich dann machen?

Sie könnten eine Frau heiraten, die Geld hat.

Mir begegnen nie reiche Frauen. Also ich muß jederzeit sagen können, auf Wiedersehen, bitte geh jetzt. Andererseits ist es auch kein
Geheimnis, daß ich ungern alleine lebe. Da bekäme ich sofort Ein-
samkeitsängste. Ich brauche jemanden, der für mich da ist, mich
aber nicht stört, wenn ich schreibe.

Heißt das, die Freundin muß stumm neben dem Schreibtisch sitzen?

Nicht neben dem Schreibtisch, aber sie muß im Haus sein. Sie muß
meine Einsamkeit teilen können. Sie muß mich ertragen. Das Aushalten einer so hysterischen Existenz wie der meinen mit all den
Euphorien und Depressionen ist schon allein eine tolle Leistung.
Wenn jemand das kann, bin ich schon glücklich. Stellen Sie sich vor,
ich sitze vier Tage hinter der Schreibmaschine, aber mir fällt nichts
ein. Da könnte ich mit dem Messer auf die Straße rennen und Hara-
kiri machen. Das passiert ununterbrochen, und daraus ergeben sich
natürlich Spannungen mit dem Partner.

Was soll dieser Mensch tun, während Sie schreiben?

Ich bin seit einem halben Jahr mit einer Studentin zusammen. Die
liest sehr viel, glücklicherweise. Sie darf natürlich auch mit der
Katze spielen, aber sie darf keine Parties geben, sonst werde ich zum
Berserker, das wäre fürchterlich.

Warum haben Sie Depressionen?

Schaun Sie, ich habe doch jeden Tag das Gefühl, ich hätte noch nie
einen vernünftigen Satz geschrieben. Ich sage mir, es ist absolut
sinnlos, daß ich überhaupt zu schreiben begonnen habe, weil ich
kein Sprachgefühl und keine Ahnung vom Schreiben habe. Wenn
ich ein Stück von mir inszeniere, sitze ich die meiste Zeit da und

denke, ach Gott, was für ein Zeug hast du da wieder zusammenge-
schrieben, und wenn ich zwanzig Sätze von Martin Walser lese,
sage ich, du lieber Gott, der kann schreiben! Aber dann dreh ich
mich dreimal um, schüttle mich, boxe ein bißchen gegen den Sand-
sack oder nehme ein Kampferbad, und dann setz ich mich hin und
mache weiter. Der Laie hört auf, wenn er Scheiße macht. Der
Schriftsteller sagt, jetzt erst recht, bis irgendwann wieder die Kraft
unter den Bug kommt.

Haben Sie sich auch in beruflich erfolgreiche Frauen verlieben können?
Ja, in eine Apothekerin und einmal in eine Rechtsanwältin.

Waren die auch so gefügig?
Das war damals noch nicht gefordert.

Weshalb, glauben Sie, tun die Frauen, was Sie von ihnen verlangen?
Weil sie mich lieben natürlich.

Hängt es nicht auch mit Ihrer Berühmtheit zusammen?
Doch, selbstverständlich! Früher hatte ich es leicht, weil ich jung
und hübsch war. Heute bekomme ich, was ich will, weil ich der
Kroetz bin. Ich brauche nur abends in ein Lokal zu gehen und eine
anzusprechen.

Und wenn Sie dort niemand kennt?
Das passiert nicht, weil ich nur in Lokale gehe, in denen ich schon
bekannt bin. Zumindest im Inland habe ich da keine Schwierigkeiten. Ich glaube, daß der Erfolg auch eine erotische Qualität ist. Es
heißt nicht umsonst, the sweet smell of success. Wenn jemand es
schafft, in dieser Gesellschaft nach oben zu kommen, sich umzuset-
zen, viel Freiraum zu haben, dann finde ich das sehr spannend.

Ganz gleich, wer es ist?
Ja, sicher. Auch das Erfolgreiche an Herrn Reagan hat auf mich eine
anziehende Wirkung.

Halten Sie sich für ein Genie?
Ich bin bestimmt ein Genie, obwohl ich nicht genau weiß, was das
ist. Wahrscheinlich hat es mit Gefährdung zu tun. Man begibt sich
in einen manischen Zusammenhang mit sich selbst. Dahinter steckt
auch der Tod. Es gibt eine Reihe nicht so erfolgreicher Kollegen, die
sich umgebracht haben. Das ist nicht lustig.

Schützt Erfolg gegen Selbstmord?
Ich glaube schon, weil man dann nicht so allein ist. Jemand, der sein

ganzes Leben am Schreibtisch verbringt, wird krank oder verrückt oder fängt an zu trinken. Ich habe früher pro Tag zehn Flaschen Bier getrunken, und ich hatte auch Selbstmordgedanken. Aber ich bin viel zu feig, es zu tun. Außerdem ist es nicht das, was ich eigentlich möchte, denn letztlich bedeutet sich umzubringen, obwohl es mutig ist, daß man kapituliert hat. Ich kämpfe lieber.

Nach Nicaragua, so schreiben Sie, sind Sie in der Hoffnung gereist, daß dort Krieg herrscht.

Ja, das war anzunehmen. In den Zeitungen stand, der Einmarsch der Amerikaner stehe bevor. Ich dachte, ich komme in Kriegsgebiet. Natürlich habe ich die Gefahr gesucht. Das ist auch eine literarische Herausforderung. Mein Vorbild ist Hemingway. Kriegsberichterstatter zu sein wäre für mich als Mann und Schriftsteller das schönste.

Aber Sie wollten nicht schreiben, Sie wollten schießen.

Wäre es nötig gewesen, hätte ich es sicher getan, also ich hätte mich jederzeit auf die Seite der Sandinisten gestellt. Aber ich bin nicht mehr der Jüngste. Als die Leute merkten, daß ich Schriftsteller bin, sagten sie, du sollst hier nicht Gräben schaufeln, du sollst schreiben, und das tue ich, auch wenn es sinnlos ist.

Auf welcher Seite würden Sie im Falle eines europäischen Krieges kämpfen?

Schwierige Frage. Ich glaube, daß die Kriegsgefahr heute von den USA und der NATO ausgeht, nicht vom Warschauer Pakt. Würde die DDR angegriffen, würde ich sie verteidigen, weil ich sie für notwendig halte, da bin ich mit Heiner Müller und anderen Schriftstellern einig.

Sind Sie als Soldat ausgebildet?

Nein, ich war nicht bei der Bundeswehr. Ich war auf der Schauspielschule und wurde zurückgestellt. Außerdem fand man bei der Musterung an mir einen Fehler, Zahnplomben oder so was. Deshalb konnte ich nicht zu den Fallschirmjägern, wie es mein Wunsch war. Ich hatte ein ganz ungebrochenes Verhältnis zum Militär. Heute stehe ich zwischen den beiden Deutschland. Keines ist meine Heimat. Besonders die letzte Bundestagswahl* hat mich getroffen.

---

* 1983

Als Kohl kam, war ich von der deutschen Bevölkerung schwer enttäuscht. Ich meine das nicht persönlich. Der Kohl ist ein ganz netter Mann. Ich habe ihn bei einem Festessen für Breschnew, als er noch nicht Kanzler war, kennengelernt. Er hat sich zehn Minuten mit mir unterhalten, vielleicht auch nur vier Minuten. Ich glaube, er wußte nicht einmal, wer ich bin. Aber er hat es geschickt verborgen.

Kommen Sie manchmal noch in Versuchung, einen Politiker umzubringen?

Sie enttäuschen mich. Das ist eine ganz dümmliche Frage.

Immerhin haben Sie einmal geäußert, wenn es Ihnen gelänge, den Papst zu ermorden, wären Sie darüber glücklicher als über jede Zeile, die Sie geschrieben haben.

Ach Gott, ich hab früher viele Sachen gesagt, weil ich dachte, sie werden gedruckt. Das ist halt Geschäft. Wenn ich heute von einem Autor so etwas lese, denke ich, na ja, er will in die Zeitung kommen. Es gibt von mir Interviews, die sind so naiv, geradezu liebenswürdig. Ich dachte früher, wenn jemand ein Stück von mir sieht, muß er anschließend zum Gewehr greifen und auf die Straße laufen. Ich war der Meinung, Literatur könne so eine Wirkung haben, das ist doch süß, wirklich putzig! Natürlich sind die Zustände auf dieser Welt schrecklich, aber leider ist eben die Kunst nicht in der Lage, sie zu verändern. Ich habe kein Attentat auf den Papst vor, sondern auf die heutige Politik. Deutsche Interessen werden verraten. Die Regierung Kohl kriecht den Amerikanern so in den Arsch, daß wir inzwischen eine Bananenrepublik der USA sind. Wir werden in der Welt nicht mehr ernst genommen. Das tut mir weh, weil ich ein Mensch bin, der viel herumreist.

Warum wohnen Sie noch in Deutschland?

Weil man hier Bayrisch spricht. Ich muß mich mit den Leuten doch unterhalten können, damit ich weiß, was sie denken. Worüber soll ich sonst schreiben? Sicher würde ich lieber in Indien leben. Kalkutta ist eine faszinierende Stadt, natürlich auch eine Stadt des Elends, aber das wird übertrieben. Dort gibt es eine Tradition von Musik, Film und Theater. Das ist der künstlerische Brennpunkt dieses Subkontinents. Dagegen ist München ein Kaff. Ich wache an soundso vielen Tagen auf und frage mich, was ich hier überhaupt soll.

Und wie ist die Antwort?

Ganz einfach, ich gehe auf Reisen. Als nächstes fahre ich vierzehn
Tage nach Kairo, dann nach Jerusalem, dort werden einige Stücke
von mir gespielt. Dann möchte ich wieder nach Nicaragua oder,
wenn es klappt, nach Südafrika, dort ist es ja auch gefährlich. Nach
Libyen lassen sie mich leider nicht rein. Da bräuchte ich eine Einladung von Herrn Gaddaffi.

Sind Sie jemals konkret in Gefahr gewesen?

Mir ist einmal bei 190 Stundenkilometern ein Reifen geplatzt. Es ist
aber nichts passiert. Ich habe den Wagen abfangen können. Aber
sonst? Lassen Sie mich nachdenken. Nein, nichts. Das kann doch
nicht wahr sein! Krank war ich eigentlich auch nie, es ist Wahnsinn.
Wahrscheinlich habe ich deshalb so große Angst. Gestern dachte ich
wieder einmal, ich hätte Krebs. Wenn aus meinem Bekanntenkreis
jemand stirbt, frage ich immer gleich nach der Todesursache. Der
Sammy Drechsel * hatte zwei Herzinfarkte, und ich hab doch auch
mit dem Herz Schwierigkeiten. Mein Vater starb an Lymphdrüsen-
krebs, als ich fünfzehn war. Er war stark wie ein Boxer, doch zuletzt
wog er nur noch knapp 50 Kilo. Ich habe erlebt, wie er, um zu beweisen, daß er gesund sei, schweißtriefend neun Kartoffelknödel
und eine halbe Ente verzehrte, die er dann wieder erbrechen mußte.
Es war schrecklich. Nach seinem Tod bin ich sofort von der Schule
gegangen, um Künstler zu werden.

War es nicht, so gesehen, ein Glück, daß er so früh starb?

Sagen wir, ein glücklicher Zufall. Ich finde es günstig, wenn die
Kinder früh von den Eltern wegkommen, damit sie sich selbständig
entwickeln können. Aber für meine Mutter war das ganz schlimm,
denn die Nachbarssöhne lernten alle tolle Berufe, Ingenieur, Jurist,
Offizier, und ich wurde doch zunächst gar nichts. Ich spielte in
einem kleinen Kellertheater in Schwabing für zwei Mark fünfzig
pro Abend. Das empfand meine Mutter als skandalös. Erst als die
Stinkbomben fielen, war sie zufrieden. Denn in dem Augenblick,
wo jemand mit dem Schreiben, diesem sinnlosen Getue, anfängt,
Geld zu verdienen, sagt der Kleinbürger, bravo, jetzt hast es erreicht. Was man schreibt, ist ganz wurscht. Ich muß aber sagen, daß
meine Mutter schon merkte, daß ich ordentliche Stücke und keine

* Münchner Kaberettist, gestorben 1986.

Peep-Shows geschrieben hatte. So dumm ist sie nicht, auch was das Politische angeht. Sie war immer sozialdemokratisch.

Und der Vater?

Das war ein Schwarzer, zuerst ein glühender Hitler-Verehrer, dann bis zu seinem Tod ein glühender Strauß-Verehrer. Aber die Kirche mochte er nicht, komischerweise, während die Mutter wollte, daß ich zur Beichte gehe. Sie hatte zwar auch mit der Kirche nicht viel am Hut, aber zu sagen, der Religionslehrer sei ein Depp, wäre ihr nie in den Sinn gekommen. Also wurde mir der Katholizismus eingebleut mit all seinen Furchtkomplexen.

Furcht wovor?

Vor der Bestrafung der Sünden.

Haben Sie das Onanieren gebeichtet?

Das brauchte ich nicht, denn sexuell war ich ein Spätentwickler, und als es dann losging, begann es gleich mit dem Bumsen. Meine erste Liebe hieß Dagmar. Sie hat mich nach einem Jahr mit einem älteren Mann betrogen. Darauf habe ich sie gehaßt. Heute werde ich nicht mehr verlassen. Ein Schriftsteller muß eine Frau von sich abhängig machen. Sie muß süchtig werden, sonst hält sie es neben ihm gar nicht aus. Das funktioniert aber nur, wenn sie weiß, es rentiert sich. Ich bin ein Mensch, der gern monogam lebt. Ich habe zwar bestimmt schon mit hundert Frauen geschlafen, aber ich erinnere mich nur an die vier oder fünf, die mich über einen längeren Zeitraum begleitet haben. Eine Frau, mit der ich durch Höhen und Tiefen gehe, kann dann auch Opfer bringen.

Ist Ihnen aufgefallen, daß in Ihren Stücken nie ein normaler Liebesakt vorkommt?

Ich glaube nicht, daß das stimmt. In dem Stück *Wildwechsel* ist die Frau dem Mann doch geradezu hörig.

Wollen Sie das als normal bezeichnen?

Na gut, das Normale ist natürlich literarisch nicht sehr ergiebig. Es wäre langweilig, das darzustellen. Man muß über Grenzfälle schreiben. Aber daraus auf mein Leben zu schließen wäre ein Fehler. Ich schreibe gerade ein Stück, das heißt *Kroetz oder Der Dichter als Schwein*, über einen homosexuellen Schriftsteller. Aber ich bin nicht schwul. Ich bin auch kein Krüppel, obwohl ich in meinem Roman *Der Mondscheinknecht* einen Krüppel beschreibe, und ich habe keine Potenzprobleme wie die Männer in meinen Stücken. Mein Gott, vielleicht denke ich manchmal, ich sei unzureichend, der Schwanz sei zu klein. Aber bewußt ist das nicht. Das Tolle an der Literatur ist, daß man das Unbewußte herauslassen kann. Ich weiß, es gibt Frauen, die sagen, was willst denn mit deinem Zipferl. Eine ganze Reihe von Sexualverbrechen entsteht aus dem Gefühl der Männer, im Bett nicht zu genügen. So etwas interessiert mich. Nun wollen Sie sicher wissen, warum mich das interessiert.

So ist es.

Aber das weiß ich nicht. Warum hat Hitchcock die grausamsten Verbrechen beschrieben, während er offenbar ganz gemütlich mit seiner Familie lebte? Ich erarbeite mir meine Stoffe nicht, indem ich auf meinen Pimmel schaue. Die Vorhaut ist viel zu kurz, um so lange darüber zu schreiben. Der größte Teil ist Erfindung. Ich hab halt ein glückliches Maß an Phantasie.

Von wo kommt die?

Von oben.

Sie meinen, es war göttliche Eingebung, in dem Stück «Bauern sterben» zu zeigen, wie sich ein Mann von einer Prostituierten einen Kothaufen wünscht, um ihn verpackt nach Hause zu tragen?

Da bin ich ganz sicher. Ich habe an dieser Szene drei Wochen geschrieben. Die Scheiße ist ein Symbol für die Frustration dieses Mannes, der daheim eine Frau hat, die nur noch aus Optik besteht. Die hat nichts Menschliches mehr, keine Haare, keinen Geruch, nur noch Kosmetik. Da sagt er, du lieber Gott, ich will endlich mal wieder eine gesunde Frau scheißen sehen. Das kann man doch ganz leicht verstehen. Außerdem ist es ein irrsinnig theatralischer Vorgang. Ich muß das Stück ja verkaufen. Ich habe den Ehrgeiz, etwas zu schreiben, das man nicht übertreffen kann. Nach mir soll Literatur nicht mehr möglich sein. Das wünscht sich doch jeder Autor. Dichter sind wahrscheinlich immer irgendwo auch Faschisten.

Wieviel verdienen Sie mit dem Schreiben?

Meine Einnahmen sind zurückgegangen. Ich werde mein Geld in Zukunft mehr als Schauspieler verdienen müssen. Beim Fernsehen bekomme ich 2000 Mark Tagesgage. Das ist mit dem Schreiben nicht zu erreichen. Deshalb ist es wichtig, daß ich den Kontakt zur Öffentlichkeit nicht abreißen lasse. Klappern gehört zum Gewerbe.

Man darf nicht eitel sein, sonst wird man vergessen. Ich hatte immer ein offenes Verhältnis zur Presse. Ich rufe die Journalisten an und erzähle ihnen, was ich gern über mich lesen würde. Man sucht doch in der Zeitung immer zuerst, ob über einen selbst etwas drinsteht. Das machen alle. Es ist eine Manie, und es ist natürlich auch eine Verblödungserscheinung.

Haben Sie Pressekontakte auch auf Theaterkritiker ausdehnen können?
Ich kenne viele persönlich. Mit Karasek vom *Spiegel* bin ich per du. Wir reden oft miteinander. Aber im allgemeinen ist es doch so, daß die Kritiker die natürlichen Feinde der Kunst sind und die Protagonisten des Kunstgewerbes. Denn sie spiegeln den Zeitgeist wider, während die Kunst immer voraus sein muß, wenn sie gut ist. Die wirklich großen Ereignisse werden von den Kritikern nicht einmal wahrgenommen, weil sie sich dem Tagesgeschmack unterwerfen müssen, ganz abgesehen davon, welch ungeheurem Berufsstress sie unterliegen. Wenn ich mir anschaue, was so ein Kritiker arbeiten muß, um am Monatsende seine Kohle zu haben, kann ich doch nicht mehr von freien Menschen sprechen, die in der Lage wären, sich in Kunsttendenzen hineinzufühlen. Manche haben bis zu vierzig Termine im Monat. Die kommen gar nicht zum Denken. Das kann man doch nur als einen ganz erbärmlichen Vorgang bezeichnen. Ein Furz ist das, mehr nicht.

Haben Sie Grund zur Klage?
Nein, ich für meinen Teil habe mit Kritikern keine Schwierigkeiten. Aber ich weiß auch, daß ein Stück von mir nicht deshalb gut ist, weil es gelobt wird.

Was, glauben Sie, bleibt von Ihnen in hundert Jahren?
Wenn ich Glück habe vier oder fünf Stücke. Ich habe auch eine Menge Schmarrn geschrieben. Die meisten Autoren sabbern zuviel, weil der Schließmuskel nicht funktioniert. Man müßte mehr schweigen können. Andererseits ist mir heute ein mißlungener Satz, wenn er ehrlich ist, lieber als eine Lüge mit Schleiflack. Denn das Mißlingen hat viel mit Bemühung zu tun. Nur wer eine Vorstellung von Qualität hat, kann irgendwann sagen, gib endlich zu, daß du nichts kannst. Früher hab ich in drei Tagen ein Stück geschrieben. Heute bin ich voller Skrupel und Ängste.

Wann hat das angefangen?

Spätestens, als ich entdeckte, daß man Literatur nicht politisch betreiben kann. Da verweigerte sich mir die Dichtung. Mit dem Vorsatz, ein Schriftsteller müsse vor allem politisch wirken, wäre ich vor die Hunde gegangen. Ich kenne eine Reihe von Kollegen, die ihre Potenz dadurch verloren haben. Ich bin kein Parteiidiot. Ich will mich nie wieder für irgendwelche Ideen außer meinen eigenen einspannen lassen.

Auch nicht für die Grünen?

Nein, zu den Grünen habe ich den Kontakt wieder abgebrochen. Ich lasse mir für die Rettung des bayerischen Bergwalds nicht das Hirn herausoperieren, denn ohne Hirn kann ich den Wald nicht genießen. Die Grünen sind mir zu borniert, zu wenig offen. Da geht es schon fast wie bei der CSU zu. Das ist ein antikommunistischer Misthaufen, und von Kunst haben sie auch keine Ahnung. Ich habe es satt, mich mit Leuten zu unterhalten, die nicht begreifen, daß Kunst genauso nötig wie das tägliche Brot ist.

Wie werden Sie in der DDR behandelt?

Die DDR ist als erogene Zone sehr reizvoll. Ich hatte dort eine liebe Freundin.

Werden Ihre Stücke gespielt?

Damit ist es seit meinem Parteiaustritt ziemlich Essig. Man hält mich für einen pornographischen Autor. Der praktizierte Sozialismus ist kleinbürgerlich und spießig und prüde. Außerdem gibt es da eben eine Zensur, was es hier nicht gibt. Ich empfinde es als ganz tolle Freiheit, keinen Schwachkopf aus irgendeinem Ministerium fragen zu müssen, ob ich ein Stück aufführen darf, das ich geschrieben habe. Ich kann es durch meinen Fotokopierer jagen und verschicken, wohin ich will. Das könnte ich in vielen anderen Ländern nicht. Da hätte ich sofort die Polizei auf dem Hals. Deshalb würde ich für die Freiheit, die wir hier haben, jederzeit kämpfen.

Sie widersprechen sich.

Das finde ich überhaupt nicht tragisch, weil ich den Widerspruch als etwas sehr Fruchtbares betrachte. Also ich finde es toll, daß ich mir widerspreche. Zwischen allen Stühlen ist der richtige Platz für einen Dichter. Was zählt sind die Werke. Meine Unsterblichkeit ist gesichert. Ich sage, andere werden keinen Grabstein mehr haben, da wird man immer noch meine Stücke spielen.

Ist das ein Trost?
Das ist schon tröstlich. Als ich vor einigen Jahren in einem Lexikon meinen Namen fand, habe ich mich sehr bedeutend gefühlt. Inzwischen weiß ich, daß da jedes Arschloch drinsteht. Eine Ahnengalerie der Arschlöcher ist das. Mir geht es auch gar nicht um diese sinnlose Berühmtheit. Es kotzt mich an, daß ich in meinem Gärtchen sitze und die Welt meine Werke bejubelt, während die Politik von anderen gemacht wird. Ich hätte halt doch gern die Macht des bayerischen Kultusministers. Nichts zu tun als zu schreiben ist auch kein Leben. Ich möchte die deutsche Politik mitbestimmen. Als Verteidigungsminister würde ich aus der NATO austreten, die Bundesrepublik zu einer atomfreien Zone machen und einen Friedensvertrag zwischen den beiden Deutschland schließen. Dann sähe es in Europa ganz anders aus. Aber das passiert nicht. Ich stelle fest, daß ich nichts beeinflussen kann. Ich werde wahrscheinlich ganz einflußlos als Schriftsteller enden, mit oder ohne Nobelpreis.
Sind Ihnen Auszeichnungen wichtig?
Ich bin für Ehrungen immer zu haben. Würde mir von der Bayerischen Akademie der Schönen Künste die Mitgliedschaft angetragen, würde ich mich zwar fragen, ob meine Literatur schon so schlecht sei, daß die mich haben wollen. Aber Professor Kroetz, das fände ich herrlich.
Können Sie aufzählen, welche Preise Sie schon bekommen haben?
1970 das Suhrkamp-Stipendium, 6000 Mark, dann die Ludwig-Thoma-Medaille, die ist mir gestohlen worden, die war laut Versicherung 500 Mark wert, den Wilhelmine-Lübke-Preis, 4000 Mark, den Hannoverschen Dramatikerpreis, 20000 Mark, den Preis der Mühlheimer Theatertage, 10000 Mark, und letztes Jahr den Münchner Hoferichter-Preis, auch 10000 Mark. Wenn ich welche vergessen habe, waren sie bestimmt nicht mit Geld verbunden. In Geldsachen habe ich ein gutes Gedächtnis.
Wie groß ist Ihr Vermögen?
Schwer zu sagen.
Sind Sie Millionär?
Millionär ist doch heute schon jeder Zahnarzt. Ich habe ein Häuschen in München, das ist rund 900000 Mark wert, dann einen Bauernhof im Chiemgau, einen alten Mercedes, zehn Seidenhemden

und vier Maßanzüge. Die habe ich mir vor acht Jahren machen lassen, weil ich dachte, Maßanzug und DKP passen zusammen. Außerdem züchte ich englisches Vollblut. Das ist mein Hobby. Also ich kann blendend leben. Aber darauf kommt es nicht an, wenn man als Dichter in so lichten Höhen ist, daß man ständig Angst haben muß abzustürzen. Einen guten Satz kann man nicht kaufen. Ich will ein führender deutscher Dramatiker bleiben, dessen Goldader bis ins Zentrum der Erde reicht. Ich befinde mich in einem olympischen Kampf, in dem ich siegen möchte. Ich muß bestehen gegen einen Böll, einen Grass, einen Walser, und ich möchte es mir auch leisten können, mir von einem Verleger nicht alles gefallen zu lassen. Als mir Herr Unseld vom Suhrkamp-Verlag aus meinem letzten Buch * eine Seite wegstreichen wollte, habe ich den Verlag gewechselt.

Was stand auf der Seite?

Ich habe da aus Wut über mein Versagen einige Kollegen beschimpft. Mir war das gar nicht so wichtig. Aber wer ist Herr Unseld, und wer bin ich! Das kann auch eine Seite Klopapier sein, wenn ich sie drin haben will, bleibt sie drin, basta.

Warum gehen Sie, wenn Sie über sich wütend sind, auf andere los?

Das macht doch jeder.

Kann das auch in Gewalt ausarten?

Immer seltener, weil ich mit den Jahren immer langsamer werde. Mir kann heute jeder Hausmeister eins auf die Schnauze hauen. Ich streite eigentlich nur noch, wenn ich betrunken bin. Meine letzte heftige Auseinandersetzung hatte ich in Bad Godesberg an meinem Geburtstag. Wir waren mit meinem Stück *Nicht Fisch, nicht Fleisch* auf Tournee. Ich hatte Regie geführt, aber ich fand die Inszenierung beschissen. Da bin ich in meinen Wohnwagen gegangen, habe um mich geschlagen und Gegenstände zertrümmert. Das hat mir sehr gutgetan. Das würde ich jedem empfehlen, denn es ist das beste Mittel gegen Magengeschwüre. Man muß nur darauf achten, die Aggression hauptsächlich gegen Sachen zu richten. Wenn man die Frau totschlägt, ist das nicht gut. Aber so weit gehe ich nicht. Die Verletzungen, die ich zufüge, sind eher psychisch. Ich mache die Frauen unglücklich, indem ich sie seelisch zerbreche.

---

* *Nicaragua Tagebuch*, erschienen 1985 im Konkret Literatur Verlag.

Geld taugt zu vielem ...

... zum Beispiel, um sich einen Bauernhof, einen alten Mercedes, Seidenhemden oder Maßanzüge anzuschaffen.

Doch Geld hält nicht ewig vor. Es sei denn, man trägt rechtzeitig Vorsorge.

Pfandbrief und Kommunalobligation

Meistgekaufte deutsche Wertpapiere - hoher Zinsertrag - bei allen Banken und Sparkassen

Verbriefte  **Sicherheit**

Betrübt Sie das?
Doch, schon. Ich bin nicht Rambo, der sich freut, wenn er feststellt, daß Selbstverwirklichung Wunden schlägt. Aber ich weiß, es ist unvermeidlich. Man muß, um sich zu verwirklichen, weh tun.
Vor zehn Jahren haben Sie ganz anders geredet.
Wie denn?
Sie sagten, Sie könnten nicht glücklich sein, solange ein anderer leidet.
Okay, darauf kann ich jetzt keine Rücksicht nehmen. Ich bin Egoist. Mein ganzes Leben ist auf Literatur aufgebaut. Ich bin süchtig nach Sprache. In unserer Gesellschaft überhaupt noch Kunst machen zu können, erfordert ein ungeheures Maß an Brutalität. Kunst entsteht nicht aus Mitleid. Die Welt kann von mir aus zugrunde gehen. In dem Moment, wo ich darüber schreibe, ist mir das scheißegal. Wenn ich am Schreibtisch sitze, interessiert mich kein Sohn, keine Frau, keine Mutter. Da sage ich, hab keine Zeit, laß mich in Ruh, hau ab, Wiedersehen. Ohne das Schreiben hätte ich mich längst umgebracht. Erstens das Schreiben, zweitens die Politik, das sind die zwei Pole. Womit soll ich mich sonst am Leben halten?
Sie könnten es zum Beispiel mit Liebe versuchen.
Quatsch! Ich bin in mich selbst verliebt. Das genügt mir. Die Literatur ist meine Geliebte. Wenn ich merke, eine Beziehung ist nicht literarisch verwertbar, mache ich sofort Schluß. Da bin ich ganz radikal. Ich weide die Frauen aus und schmeiße sie weg. Denken Sie nur an Goethe. Wie viele Frauen hat der kaputtgemacht! Das ist eine Berufskrankheit. Ein Schriftsteller beurteilt die Menschen, die ihn umgeben, danach, ob er sie ausnutzen kann. Oft denkt eine Frau, ich sei verliebt, und ist dann völlig geschockt, wenn sie erfährt, daß ich sie bloß beschreibe. Sie liest das Manuskript und fragt, du Wahnsinniger, wo bist du denn, wenn wir zusammen schlafen? Darauf sage ich, ich bin an der Schreibmaschine. Das ist ganz normal. Ein Autohändler denkt im Bett daran, wie er seine Gebrauchtwagen gewinnbringend loswird. Ich denke beim Ficken ans Schreiben. Das läßt sich wunderbar kombinieren.
Andererseits schreiben Sie im «Nicaragua Tagebuch», daß das Ficken gottverdammt schwer sei.
Ja mei, man muß sich halt, wenn es gut sein soll, von sich selber ein

bissel trennen. Man muß auf den anderen Menschen eingehen. Das ist schon mühsam.

Sind Sie, wenn Sie den ganzen Tag lang geschrieben haben, zum Geschlechtsverkehr nicht zu müde?

Ich schreibe nachts und gehe morgens zu Bett, oder ich spreche auf mein Diktiergerät. Das tippt die Sekretärin in der Früh ab. Am Abend korrigiere ich es und arbeite weiter. Oft schreibe ich zwanzig Stunden hintereinander. Da setzt der Körper natürlich aus. Ich lebe dann kaum, fühle mich krank, rauche und trinke zu viel. Das Sexuelle spielt, wenn ich schreibe, eine untergeordnete Rolle. Ich will, daß neben mir eine junge, hübsche Frau ist, die mich liebt und mir jede Störung vom Leib hält. Mehr brauche ich nicht, weil ich die Zeit gar nicht hätte.

Muß die Frau klug sein?

Ich gestehe, mir ist eine schöne Blöde lieber als eine häßliche Kluge. Das ist leider die Wahrheit. Ich bin ein Mann. Wenn eine Frau attraktiv ist, bekommt sie von mir eher ein Interview oder einen Job oder sonst was. Da ich auch mein Verleger bin, habe ich meist zwei Bürokräfte und eine persönliche Assistentin. Mein Vorteil ist, daß ich Frauen und Arbeit verbinden kann. Meine letzte längere Beziehung hieß Alexandra. Die hat hier den ganzen Laden geschmissen. Wenn so ein Verhältnis zu Ende geht, ist das auch beruflich ein großer Verlust, abgesehen davon, daß ich natürlich leide. Das reicht von Haarausfall bis zu Fußpilz. Ich bin dann halb tot.

Wie lange?

Einige Tage. Länger kann ich mir das nicht erlauben. Ein Defizit im Finanzhaushalt der Gefühle kostet nur Kraft und nützt keinem.

Sie sprechen über die Liebe, als wäre das ein geschäftlicher Vorgang.

Selbstverständlich. Ich bin kein Romantiker. Eine positive Bilanz ist etwas sehr Schönes. Ich integriere die Emotionen in das Geschäftsgebaren. Das ist der Grund, warum ich ein glücklicher Mensch bin.

Davon ist in Ihren Stücken nichts zu bemerken.

Natürlich nicht. Ich beschreibe nicht das Glück, sondern das Elend der Menschen. Ein Künstler lindert die Not nicht, er beutet sie aus. Aber das ist nichts Schlechtes. Wir machen die Leidensspur sichtbar. Wir verewigen das Schicksal der Namenlosen. Das finde ich toll. Es darf doch nicht nur Coca-Cola oder McDonald's von der Welt übrig bleiben.

Wann zuletzt waren Sie glücklich?

Das war nach der Premiere meines letzten Stückes im Residenz-theater.* Der Beifall dauerte acht Minuten. In solchen Momenten ist mir das Theaterpublikum sehr sympathisch.

Und sonst?

Das ist unterschiedlich. Wenn ich in eine Abonnentenvorstellung gehe und die versauerten Spießer sehe, die einen anspringen, denke ich, um Gottes willen, für diese Leute arbeitest du, bist du verrückt geworden! Aber dann gehe ich heim und sage mir, mein Gott, in dieser Gesellschaft, wo die meisten nur vor der Glotze sitzen, ist es doch geradezu eine Expedition, sich abends in die S-Bahn zu schmeißen, ins Theater zu fahren, viel zu bezahlen und sich dafür drei Stunden einsperren zu lassen, um mit Problemen belastet zu werden. Ich habe ja noch nie eine Komödie geschrieben.

Vielleicht sollten Sie es versuchen.

Das ist wahr. In fünfzehn Jahren 45 Tragödien, das wird langweilig. Ich möchte zu mehr skurrilen Situationen kommen, noch weiter in die Übertreibung hinein, so daß am Ende vielleicht so etwas wie Shakespeare herauskommt, nur viel extremer.

In Ihrem vor kurzem veröffentlichten Frühwerk «Der Koreanische Früh-ling» ist Ihnen das zum Teil schon gelungen.

Finden Sie?

Ja, zum Beispiel an der Stelle, wo ein gekreuzigter Kardinal Durchfall bekommt, während ihn eine Nutte oral befriedigt.

Richtig! Auf dieses Stück Prosa bin ich sehr stolz. Das ist ein großer blasphemischer Text, zutiefst pornographisch. Leider wurde er nicht verboten. Ich hatte gedacht, irgend jemand würde bestimmt daran Anstoß nehmen. In Regensburg gab es zwar ein Ermittlungs-verfahren. Doch daraus wurde nichts. Schade.

Sind Sie gläubig?

Ich bin aus der Kirche ausgetreten, und ich habe mit dem, was vom Vatikan ausgeht, auch nichts zu tun. Ich finde, was dort geschieht, menschenverachtend. Aber ich glaube an einen Gott, weil ich es

---

* *Der Nusser*, uraufgeführt am 15. März 1986 in München.

anders nicht aushalten würde. In Kalkutta schaut dich ein Wesen an, neun Monate alt, mit einem uralten Gesicht. Der Gedanke, daß dieser kleine Mensch stirbt, ohne gelebt zu haben, ist für mich nur erträglich, wenn ich mir sage, daß es nach dem Tod etwas gibt, wo diese Unglücklichen ein bißchen Freude haben.

Hoffen Sie, dort auch hinzukommen?

Nein, ich brauche das nicht. Mich soll man gleich in den Orkus werfen. Ich habe alles gehabt. Ich habe gelebt. Ich schreibe seit meinem zwölften Lebensjahr. Mein Werk ist geschaffen. Wenn ich morgen sterbe, ist es mir wurscht.

Was haben Sie denn mit zwölf geschrieben?

Plagiate. Ich habe schon damals sehr viel gelesen. Das habe ich imitiert. Ich hatte eine Schreibmaschine zum Spielen. Darauf hab ich meine ersten Romanversuche getippt. Mir kam es in dieser frühen Zeit hauptsächlich auf den Stil an; weniger auf den Inhalt. Meine Fixsterne waren Beckett und Joyce. Ich frage mich oft, wie das möglich war. Mein Elternhaus war völlig unkünstlerisch. Der Vater las Karl May. Woher kam dieser göttliche Funke? Ich glaube, mich hat die Pubertät so furchtbar geschüttelt, daß ich sie in Form von Kunst aus mir herausschleudern mußte.

Haben Sie eine Erklärung für Ihren Hang zur Darstellung menschlicher Kotentleerung?

Dazu fällt mir nur ein, daß mir meine Mutter erzählt hat, ich wäre schon mit elf Monaten sauber gewesen. Das ist ganz selten. Heute läßt man die Kinder, solange sie wollen, in die Windeln scheißen. Zu meiner Zeit war man sehr darauf aus, daß ein Kind möglichst früh auf den Topf geht. Ich finde das schrecklich, aber ich halte auch nichts davon, alles psychologisch zu analysieren. Ich glaube, es gibt kaum einen anderen Autor, der in so kurzer Zeit so viel geschrieben hat. Das können Sie nur, wenn Sie irgendwann aufhören, in sich hineinzuschauen. Ich schreibe nicht über mich. Sonst wäre ich nicht so erfolgreich.

Deuten Sie Ihre Träume?

Nein, aber ich kann Ihnen einen erzählen. Der war irrsinnig komisch. Ich saß auf einem Hochrad und fuhr durch eine belebte Straße. Unten waren Leute in einem Café und redeten miteinander. Ich wollte mich unter die Menge mischen. Aber es ging nicht.

Sie haben den Kontakt zur Basis verloren.
Genau! Ich wußte, wenn ich nicht weiterfahre, falle ich um, und alle würden sehen, daß ich ein ganz gewöhnlicher Mensch bin. Das will ich wahrscheinlich nicht sein. Ich möchte ein Held sein. Ich möchte von meinem Hochrad heruntergeschossen werden. Freiwillig steige ich nicht ab, es sei denn, daß es irgendwann platsch macht.

1986

Margarethe von Trotta

Der Abdruck meines Interviews mit Margarethe von Trotta in der *Zeit* am 11. Juli 1986 hatte eine Flut von Briefen zur Folge, in denen man die Filmregisseurin beschwor, sich nicht umzubringen. Das überraschte sie. «Das Interview ist wohl journalistisch eine sehr gute Arbeit», hatte sie mir geschrieben, «für mich aber schmerzlich. Gewisse Dinge sollte ich nicht so laut denken. Wen interessiert schon die Verwirrnis einer Margarethe von Trotta?» Doch dann kamen die Briefe, die gerade jenes nicht für möglich gehaltene Interesse zum Ausdruck brachten. Für mich waren sie die Bestätigung dafür, daß ich recht gehabt hatte, die mir bis dahin als eher verschlossen bekannte Frau zum Eingeständnis ihrer Niedergeschlagenheit zu bewegen. Sie war nach der Reaktorkatastrophe von Tschernobyl in Depression verfallen und hatte mit dem Gedanken gespielt, unser zum Start ihres Films *Rosa Luxemburg* geplantes Gespräch zu verschieben. Daß sie es nicht tat, so erklärte sie mir, hätte ich ihrer Disziplin zu verdanken. Daraus ergab sich für mich die Gelegenheit, sie in einer Stimmung zu treffen, in der sie meinem Drang, hinter die Maske ihrer Selbstbeherrschung zu schauen, nicht widerstehen konnte. Ich habe aber, dessen bin ich gewiß, ihre Lage nicht ausgenutzt. Wie jeder friedfertige Mensch reagiere ich auf Offenheit liebend, mehr noch, ich gerate ins Schwärmen. Nachdem wir uns auf einem Empfang zur Premiere des Films *Tod eines Handlungsreisenden* von Volker Schlöndorff noch einmal getroffen hatten, schrieb ich Margarethe von Trotta: «Ihre Nervosität, das Verschieben der Brille, das Zurückwerfen der Haare, das unsichtbare Spinnennetz vor Ihrem Gesicht, das sich erneuerte, sooft sie es auch mit Ihren Händen zerrissen, das allein war meine Zuflucht an diesem schrecklichen Abend voll unzähliger mit den Gedanken der Sprechenden nicht übereinstimmender Worte, der zum Vergnügen eines erbarmungslosen Voyeurs aufgesetzten Grimassen und wie von fern gesteuerten Gesten.» Der Satz bezog sich auf ihren, wie ich meine, gescheiterten Versuch, sich die wenige Stunden zuvor im Interview gezeigte Verzweiflung nicht anmerken zu lassen. «Ihre Nervosität», schrieb ich weiter, «war der Ausdruck des Unzerstörbaren, das mir an Ihnen von unserer ersten Begegnung vertraut ist. Natürlich würde ich Sie zwischen all den Städten, in denen Sie wohnen werden, gern wiedersehen.» Zu diesem Wiedersehen ist es gekommen. Margarethe von Trotta hat mir auch das Drehbuch ihres nach *Rosa Luxemburg* als nächstes geplanten Films zugeschickt. Titel: *Die Afrikanerin*. Sie hat aber diesen Film dann nicht gemacht, sondern *Fürchten und Lieben*. Nur das Thema blieb: Eifersucht.

Ihr Film über Rosa Luxemburg ist ein Dokument der Bewunderung. Sie sagten, Sie könnten dieser Frau nicht das Wasser reichen. Sind Sie mit sich so unzufrieden?
Ich weiß nicht, ob man das daraus schließen kann. Wollen Sie das ganze Interview an diesem Satz aufhängen? Jedenfalls war das doch eine Frau, die politisch einiges bewegt hat, zumindest in Deutschland. Intellektuell war sie mir bestimmt überlegen. Ich bewundere ihre Kraft, sich aus der eigenen Verzweiflung heraus dem Unglück einer ganzen Klasse zu stellen. Sie versuchte, die Arbeiter von materieller Not zu befreien, damit sie die Möglichkeit hätten, ihre Wünsche und Begabungen auszuleben.
Welche Begabungen?
Es gab die Arbeiterbildungsvereine. Man las Bücher, sah Filme. Das allgemeine Bedürfnis nach Kultur war erstaunlich. Die Leute haben ihre finanzielle Misere ausgeglichen, indem sie sich für Geistiges interessierten. Mich hat überrascht, wie gut sich die Arbeiter im Vergleich zu heute ausdrücken konnten.
Wie erklären Sie sich diesen Rückschritt?
Heute herrscht eine neue Art Unfreiheit. Ich meine die von den Medien angebotene Freizeitkultur. Die Leute lassen sich steuern. Der Wohlstand hat sie nicht frei gemacht.
Konnte das eine so kluge Frau wie Rosa Luxemburg nicht voraussehen?
Wie hätte sie denn das tun sollen?

*Indem sie sich zunächst mit den Gründen ihrer eigenen Verzweiflung be-
schäftigt hätte.*

Das hat sie nie getan, weil sie es ablehnte, sich so wichtig zu
nehmen. Sie hat die eigene Verzweiflung hineingepackt in die
Energie, die sie zum Kämpfen brauchte. Sie wollte insgesamt
etwas ändern. Sie besaß ein Sensorium für das Elend anderer Menschen.

Sie meinen das Elend der Arbeiterklasse?

Ja, das Elend der Armut.

Das kannte sie als gutsituierte Bürgerstochter doch gar nicht.

Nicht aus Erfahrung, aber sie wußte als Jüdin, was Unterdrückung
bedeutet.

Sie hat sich abgelenkt von ihrer Verzweiflung.

Sicher. Das ist doch gut. Soll man sich lieber umbringen, statt etwas
zu tun?

Das nicht, aber muß Tun immer Kampf sein?

Nein. Man kann auch Bücher schreiben. Aber die Rosa war nun
einmal Politikerin und keine Künstlerin, obwohl ihre Briefe zeigen,
sie hätte auch Schriftstellerin werden können.

Würden Sie sie als Schriftstellerin genauso bewundern?

Wahrscheinlich nicht.

Sie bewundern das, was Sie nicht sind.

Das ist doch klar. Wenn wir jetzt zu der Erkenntnis kommen, daß
ich mich selbst nicht liebe, will ich das gern akzeptieren. Es kann
gut sein, daß ein Teil meiner Betriebsamkeit aus Selbsthaß entsteht.
Ich hasse mich sicher in vielem.

Zum Beispiel?

Ich hasse an mir die Eifersucht.

Hassen Sie sich, wenn Ihnen die Tränen kommen?

Eigentlich nicht, obwohl ich es, wenn ich Filme mache, möglichst
vermeide. Ich weiß, daß meine Kollegin Helma Sanders am Dreh-
ort oft weint. Das tue ich nicht, denn wem würde das helfen? Was
würde sich ändern, wenn ich meine Schwäche zeige?

Sie würden die Macht verlieren.

Ich will keine Macht.

Dann müßten Sie sich nicht so beherrschen.

Ich empfinde mich immer als eine Art Psychiater, als jemand, der

Stärke abgeben muß, damit sich die anderen wohl fühlen und arbeiten können.

Glauben Sie nicht, daß sich zum Beispiel viel ändern würde, wenn Helmut Kohl im Bundestag weinte?

Das hat doch der Bahr getan, als Willy Brandt stürzte.

Ja, aber er hat es später bereut.

Ach was!

Er hat gesagt, er hätte es unterdrückt, wenn er gewußt hätte, daß er gerade gefilmt wird.

Das ist wieder diese schreckliche Disziplin.

Wie bei Ihnen.

Schon möglich. Ich will niemanden zwingen, sich mit meinem Schmerz auseinanderzusetzen. Ich hasse das Wühlen im eigenen Leiden. Da bin ich vielleicht wie die Rosa. Ich bewundere ihre Gelassenheit in Situationen, an denen sie nichts mehr ändern konnte. Sie verfiel nie in ein Jammern über ihr Schicksal oder die Weltgeschichte, auch nicht im Gefängnis, sondern sie wartete, ohne sich zu zerstören, auf den Augenblick, wo sie wieder die Möglichkeit hatte, in die Ereignisse einzugreifen. Sie konnte Unruhe in Energie und Energie in Ruhe verwandeln.

Woher, glauben Sie, nahm sie die Kraft dazu?

Aus ihrer Überzeugung, daß sich die Vernunft in der Geschichte durchsetzt.

Darin hat sie sich getäuscht, wie wir jetzt wissen.

Gut, aber die Sehnsucht nach Paradies bleibt. Die ist auch mir eingegeben. Ich habe auf der einen Seite den Trieb zur Selbstzerstörung, auf der anderen Seite einen unglaublichen Lebenshunger.

Was macht Ihnen Hoffnung?

Im Grunde gar nichts, außer vielleicht ein paar Frauen. Frauen achten dadurch, daß sie Kinder bekommen können, mehr auf die lebensbewahrenden Dinge. Sie haben das größere Lebensverlangen.

Alice Schwarzer würde Ihnen jetzt vorwerfen, Sie betonten zu sehr das Mütterliche.

Soll sie doch! Sie hat mir ja sogar vorgeworfen, ich würde mich bei den Männern anbiedern, weil ich der Rosa, die keine Feministin war, kritiklos gegenüberstünde. Das fand ich besonders lustig. Gestern noch haben sich die Männer fürchterlich aufgeregt, weil ich sie angeblich lächerlich mache. Nach meinem Film *Heller Wahn* hätten sie mich am liebsten gelyncht. Heute heißt es, ich würde versuchen, mich anzubiedern.

Wie ist Ihr Verhältnis zur Frauenbewegung?

Sehr widersprüchlich. Es gibt da verschiedene Strömungen, eine, die großen Wert darauf legt, Gefühle zuzulassen, und eine andere mehr zerebrale, deren Ambition es ist, jedes Gefühl aufzugeben, was mir absurd erscheint, weil es eine Imitation männlichen Verhaltens bedeutet. Die Männer glauben doch seit ewigen Zeiten, ihre Gefühle unterdrücken zu müssen.

Sie sagten, das tun Sie auch, zumindest beim Filmen.

Das stimmt nicht. Ich habe gesagt, daß ich nicht öffentlich heule. Das heißt nicht, daß ich keine Gefühle zeige. Ich gebe mich preis in dem, was ich mache. Sie ahnen gar nicht, wie unkontrolliert das oft ist. In meinen Filmen ist sehr viel Unbewußtes. Die Leute fragen mich immer, was ich ausdrücken möchte. Aber das weiß ich meist selbst nicht. Ich habe zum Beispiel während der Dreharbeiten zu *Rosa Luxemburg* dauernd das *Requiem* von Verdi gehört. Ich hatte eine Musikkassette, die lief ununterbrochen. Da stand zunächst gar keine Überlegung dahinter, bis ich begriff, daß der ganze Film für mich ein Requiem ist. Das hat niemand verstanden. Ich wollte die unbewußte Verzweiflung dieser Frau deutlich machen, eine Verzweiflung, die nach Erlösung schreit. Es ist überliefert, daß sie in der letzten Woche ihres Lebens täglich mindestens viermal ohnmächtig wurde. Das beweist, daß sie ihre Machtlosigkeit am Ende erkannt hat. Als sie nicht mehr den Motor des Glaubens hatte, brach sie zusammen, denn sie war eine sehr fragile, oft kranke Person, der es nur durch den Willen und diesen merkwürdigen Glauben an die Geschichte gelang, sich aufrecht zu halten. Ihr Geist stützte den schwachen Körper.

Jetzt verwechseln Sie Geist mit Glauben.

Im Mittelalter war das ein Wort. Wissen und Glauben waren keine getrennten Begriffe. Rosas Geist konnte glauben. Nur war ihr Körper zuletzt vielleicht ehrlicher als ihr Geist, indem er ihr die Sinnlosigkeit ihres Kampfes vor Augen führte. Ich bin im Moment nicht sicher, ob wir überhaupt noch eine Möglichkeit haben, aus der

Ohnmacht herauszukommen und in Richtung auf eine Veränderung hin tätig zu werden.

Vielleicht ist schon das Eingeständnis der Ohnmacht die Tat.

Das glaube ich nicht. Ohnmächtig haben sich zu allen Zeiten sehr viele gefühlt, Dichter zum Beispiel. Aber was haben sie ausgerichtet?

Wenigstens haben sie nicht die Verblödung beschleunigt.

Das ist mir zu wenig, obwohl ich Dichter sehr schätze. Ich lese gerade Baudelaire. Ich liebe Hölderlin.

Aber die würden Sie nicht als Ihre Vorbilder bezeichnen.

Ich habe kein Vorbild, auch keine Lieblingsmusik und keinen Lieblingsmaler. Das ist auch der Grund, weshalb ich den Fragebogen der *FAZ*, den man mir schon zehnmal zugeschickt hat, nie ausgefüllt habe. Auf diese Art von Schwachsinn reagiere ich nicht. Das ist mir zu absolut. Ich habe mich als junges Mädchen wahnsinnig für Kunst interessiert, bin in Ausstellungen und Konzerte gegangen. Aber ich hatte alle zwei Wochen einen anderen Lieblingskünstler, nämlich den, den ich gerade für mich entdeckte.

Waren Sie gern ein Mädchen?

Nein, als Kind wollte ich immer ein Junge sein. Ich fand es schrecklich, keinen Penis zu haben. Es gab um uns Mädchen einige Knaben, die uns verfolgten und im Laufen anpinkelten. Die machten das nicht nur im Stehen. Das fand ich ungeheuer demütigend, weil ich es nicht zurückgeben konnte. Ich bin stundenlang auf dem Klo gestanden und habe versucht, auch in so einem Bogen zu pinkeln. Aber es ging nicht. Manchmal frage ich mich, warum ich nicht auf die Idee kam, einfach hinzufassen und die Waffe gegen den Angreifer zu richten. Heute würde ich das vielleicht tun. Damals bin ich schreiend davongerannt.

Für einen Psychiater wäre das ein herrliches Thema.

Ich habe sogar einmal eine Analyse begonnen, aber die Analytikerin sagte, ich sollte es lieber in meine Filme bringen. Der Freud ist für Frauen vollkommen nutzlos. Es war nicht nur Penisneid, was ich empfunden habe. Wenn sich ein Mädchen wünscht, ein Knabe zu sein, hat das auch damit zu tun, daß jahrtausendelang das Männliche für das Wertvolle gehalten wurde. Väter haben immer Söhne gewollt und die Töchter umgebracht oder als minderwertig behan-

delt. Schon bei den alten Griechen wurde über geistige Angelegen-
heiten allein von den Männern befunden. Die Frau wurde mit zwölf
Jahren verheiratet, saß dann zu Hause und war der Abputzer für das
männliche Sperma. Das ist nicht spurlos an uns vorbeigegangen. Ich
spüre es heute noch. Wenn ich versuche, mit Männern zu sprechen,
stelle ich fest, daß sie mich gar nicht begreifen wollen. Mit Frauen
macht es mir Freude zu reden, weil ich nicht dauernd das Gefühl
habe, gegen eine Mauer zu rennen. Männern will ich mich nicht
mehr verständlich machen. Ich setze bei einem Mann kein wirkliches
Interesse voraus. Natürlich ist er sexuell interessiert, aber meine
Verzweiflung, meine Verletzlichkeit, alles, was mich zu einer
schwierigen Person macht, will er nicht wissen. Wenn ich mit einem
Mann über meine Verzweiflung spreche, hat er danach bestimmt
keine Lust mehr, mit mir zu schlafen.

Bezieht sich das auch auf Ihre Ehe mit Volker Schlöndorff?
Darüber möchte ich mich nicht öffentlich äußern. Der Volker lebte
als Kind mit zwei Brüdern in einem reinen Männerhaushalt. Die
Mutter starb früh. Der Vater war ein autoritärer Patriarch. Daraus
sind Verhaltensweisen entstanden, die man nicht so leicht ablegt.
Mich hat auch die Christa Wolf neulich gefragt, was mich eigentlich
noch mit dem Volker verbindet.

Ist es Dankbarkeit?
Es ist eine gewisse Loyalität, natürlich auch Liebe. Ich beurteile man-
ches an ihm vorsichtiger, weil ich ihn nicht verletzen will. Aber
dankbar könnte eher er mir sein, daß ich so lange meine Ideen in seine
Arbeit eingebracht habe. Irgendwann war es für mich an der Zeit,
eigene Filme zu machen, nicht, um zu beweisen, daß ich es auch
kann, sondern weil ich es immer schon wollte. Leicht war es nicht.
Die Redakteure vom Hessischen Rundfunk konnten es gar nicht
fassen. Als ich das Drehbuch brachte, sagten sie, aber Frau von
Trotta, was wollen Sie, warum lassen Sie es nicht, wie es immer war,
Sie spielen die Hauptrolle und Ihr Mann führt Regie. Der Volker hat
mir damals insofern geholfen, als er dem Sender versicherte, die
Inszenierung zu übernehmen, falls ich es nicht schaffen sollte.

Sprechen Sie mit ihm über die Arbeit?
In letzter Zeit wenig. Er hat keinen rechten Zugang zu den Themen,
die mich interessieren.

In einem früheren Interview sagten Sie, er mache die besseren Filme.
Habe ich das gesagt? Mein Gott, ich sage so viel, es ist furchtbar. Aber es stimmt schon, er macht die großen, kommerzielleren Filme, auch die wichtigeren, auf die Filmkunst bezogen.

Warum die Bescheidenheit?
Ich empfinde das nicht als bescheiden. Ich mache nur gewisse von einem Künstler erwartete geniale Gesten nicht mit. Wie ich dastehe, ist mir egal. Meine Besessenheit beinhaltet nicht, daß ich wie in einem Hahnenkampf andere ausstechen müßte. Ich brauche auch keinen Oscar, um daran meinen Wert zu messen. Das Konkurrenzdenken ist eine sehr männliche Haltung. Mir ist es fremd. Aber wenn das Wohlbefinden eines Menschen daran hängt, sich mir überlegen zu fühlen, kann ich ihm das doch zugestehen.

Obwohl Sie es gar nicht meinen?
Nein, denn das wäre Lüge. Ich finde nicht alles gut, was der Volker macht. Von Leidenschaftlichkeit hat er keine Ahnung. Was ich bei ihm bewundere ist das Handwerk.

Schon wieder Bewunderung!
Sie meinen, ich habe einen Komplex? Vielleicht haben Sie recht. Es könnte von meinem Vater kommen. Er war Maler und versuchte, mir das auch beizubringen, indem er mich zwang, sehr kompliziert angeordnete Gegenstände, die er vor mir aufbaute, abzuzeichnen. Da ich das nicht konnte, sagte er, ich sei total unbegabt. Das hat mich geprägt. Andererseits habe ich inzwischen auch ein gesundes Selbstbewußtsein. Ich halte meine Arbeit für wichtig, und ich bin nicht bereit, irgendwelche Grenzen meiner Fähigkeit anzuerkennen. Ich möchte noch viel extremer werden, selbst auf die Gefahr hin, daß man mich tötet.

Extremer in welche Richtung?
Ich weiß nicht, wo es mich hintreibt.

Hoffentlich nicht in den Selbstmord.
Davor ist man nie völlig sicher. Aber ich tue es nicht, schon allein meines Kindes wegen, obwohl ich zur Zeit furchtbar deprimiert bin. Dieser Reaktorunfall nimmt mir jegliche Hoffnung. Ich bin vollkommen niedergeschlagen. Nun werden Sie vielleicht sagen, ich sei hysterisch.

Bestimmt nicht!

Es geht auch gar nicht so sehr um mich. Mein Gott, ich habe lange genug gelebt, und ob ich in zehn Jahren Krebs bekomme, spielt keine Rolle. Aber denken Sie an die Jungen. Als mein Sohn* zu mir sagte, weißt du, Mutti, wir sind die erste Generation, die keines natürlichen Todes stirbt, war ich erschüttert. Es gibt doch diese Theorie, daß sich der Reaktorkern, wenn er brennt, in die Erde bohrt und eine Kettenreaktion auslöst, durch die unter Umständen die ganze Welt explodiert. Ich komme von dieser Vorstellung gar nicht mehr los. Ich sitze da wie ein hypnotisiertes Kaninchen und warte darauf, daß es knallt.

Trotzdem lachen Sie.

Natürlich. Es ist ja auch komisch. Der Gedanke, daß der vielgelobte Fortschritt, mit dem eigentlich ein wachsendes Wohlbefinden jedes einzelnen Menschen gemeint war, nun dazu führen könnte, daß wir alle in die Luft gehen, hat auch eine groteske Seite. Dieser Fortschrittsglaube war noch zu Beginn des Jahrhunderts ganz ungebrochen. Es war der Glaube sowohl der Kapitalisten als auch der Sozialisten. Darin haben sie sich nicht unterschieden.

Es war auch Rosa Luxemburgs Glaube.

Ja, sicher, in diesem Punkt war sie mit der Partei völlig einig.

Ein Zeichen von Intellekt ist das nicht gerade.

Wollen Sie ihr vorwerfen, daß sie kein Prophet war?

Nein, aber ist es bewunderungswürdig?

Was mir an Rosa gefällt ist, daß sie nie in Lamentation oder Selbstmitleid endet, während es in mir immer die Tendenz gibt, mich aus der Welt zu schaffen. Wenn ich unglücklich bin, habe ich sofort den Gedanken, mich umzubringen, was niemandem nützen würde.

Haben Sie es versucht?

Nein, aber als Gefühl hat es mich immer begleitet. Warum sonst hätte ich so viele Filme gemacht, in denen Menschen vorkommen, die mit dem Gedanken an Selbstmord spielen? Schon meine erste Kurzgeschichte, die ich als junges Mädchen geschrieben habe,

---

* Felix, geboren 1966, aus erster Ehe.

handelt von einem Mann, der dauernd an Selbstmord denkt, es aber nie tut, bis es eines Tages geschieht, weil er sich zufällig auf einer Brücke befindet.

Der Mann sind Sie.

Natürlich bin ich das. Bei mir kommt immer, wenn ich auf einer Brücke stehe, ein Moment der Faszination, wo ich denke, jetzt springe ich, auch wenn es mir in diesem Moment gar nicht schlecht geht. Ich möchte mich fallen lassen. Ich würde mich nie aufhängen oder erschießen. Zu diesen aggressiven Akten der Selbstzerstörung, die viel Vorbereitung erfordern, wäre ich nicht imstande. Ich habe eher die Vorstellung, mich von einem hohen Turm in die Tiefe zu stürzen.

Würden Sie einen Abschiedsbrief hinterlassen?

Daran habe ich nie gedacht, da ich ohnehin sehr viel schreibe. Man würde mein Tagebuch finden. Also das Motiv wäre klar. Wenn ich es tue, dann nicht aus einem bestimmten Anlaß, etwa aus Eifersucht, sondern sozusagen als Schlußakt eines gesamten Lebens.

Mögen Sie es eigentlich, so befragt zu werden?

Sonst schon. Nur heute würde ich lieber schweigen. Es gibt Tage, an denen man den Mund gar nicht mehr aufmachen möchte. Ich sehe keinen Sinn darin, mich noch darzustellen. Können wir das Interview nicht verschieben?

Wir sind doch fast fertig.

Aber es ist nur lauter Geschwätz, ein hilfloses Gestammel. Ich bin so uneins mit mir. Ich weiß nicht mehr, was ich von der Welt halten soll, wer ich bin, was ich will, was ich wollen soll. Ich habe das Gefühl, ich löse mich in Teilchen auf, die ich nicht mehr zusammenkriege. Normalerweise macht es mir Spaß, in mir herumzustochern, um herauszubekommen, was ich empfinde und denke. Ich bin wie ein kleines Schülerlein, das immer noch lernen will. Ich strebe nach Weisheit. Aber im Moment führt mich das immer tiefer in die Verzweiflung.

Das ist klar. Zu Ende gedachte Gedanken führen ins Nichts.

Wer sagt das?

Sartre.

Heißt das, wenn man nicht unglücklich sein will, muß man verdrängen?

Ja, oder lieben.

Gut, ich bin vielleicht nicht entspannt genug. Der Fassbinder hat einmal gesagt, ich solle in Interviews nicht immer versuchen, intelligent zu erscheinen, sondern einfach nur dasitzen und ich sein. Aber ich bin doch nicht radioaktiv. Ich muß etwas tun. Ich kann nicht warten, daß ich abstrahle, was ich mitteilen möchte.

1986

Nina Hagen

Mit Nina Hagen ins Gespräch zu kommen, war aus zwei Gründen schwierig. Erstens hatte sie Haschisch geraucht und war müde, zweitens wollte ihr Freund mit ihr schlafen. Ich besuchte sie in Berlin, wo sie einen ausrangierten Zirkuswagen bewohnt, an zwei aufeinanderfolgenden Tagen im März 1987. Ihr damals siebzehnjähriger Freund sprach nur Englisch. Als er merkte, daß ich die Rocksängerin nicht nur, wie er es von Journalisten gewohnt war, befragte, sondern auch mit ihr stritt, beschimpfte er mich unter mehrmaliger Verwendung des Wortes «*Fuck*» und sagte schließlich: «*I want to have sex with Nina.*» Darauf schickte sie ihn zum Telefonieren. Mir träufelte sie eine der 38 Blüten-Essenzen des englischen Homöopathen Edward Bach auf die Zunge, von deren heilsamer Wirkung sie mich auch im weiteren Verlauf des Gesprächs immer wieder zu überzeugen suchte. Eine authentische Wiedergabe der Tonbandaufzeichnung war schriftlich nicht möglich, da Nina Hagen es liebt, sich lautmalend auszudrücken. Höhepunkt ihrer stimmlichen Darbietungen war der Dialog mit einem Zeisig, dessen Gesang sie bewundernswert imitierte. Auch ihr Rülpsen, Kichern und Husten hatte musikalische Qualitäten. Zum Abschied schenkte sie mir ein Buch des indischen Gurus Sai Baba, *Der Weg nach innen*, und eine farbige Ansichtskarte mit dem Bild zweier vögelnder Hunde, auf die sie geschrieben hatte: «Lieber André vom *Spiegel*, wenn Du Deine perfekte Tantra-Partnerin noch nicht gefunden hast, wünsche ich Dir, daß Du sie sehr bald findest.» Das Interview erschien aber dann nicht im *Spiegel*. Die Frau sei zu verrückt, hieß es. Die *Zeit* hatte keine Bedenken.

*Zu Anfang Ihrer Karriere im Westen erklärten Sie: «Ich bin die Verwir-
rung.» Nun war zu lesen*, Sie wollten die Welt in Ordnung bringen. Ist
Ihnen das Chaos über den Kopf gewachsen?*

Wenn ich sage, daß ich in der Welt Ordnung schaffe, bedeutet das,
daß ich die Droge Ekstase legal machen werde, denn die kennt noch
keiner. Die meisten Leute haben ja nicht einmal LSD genommen.

Ekstase ist Rausch, nicht Ordnung.

Paß auf, du sprichst hier mit jemand, der sagt, es gibt Wesen aus
einer anderen Dimension, die möchten mit uns Kontakt aufneh-
men. Unsere Vision ist aber gestört. Wir sind zu sehr dem Materiellen verfallen, um diesen Kontakt herzustellen.

Wollen Sie vorschreiben, LSD einzunehmen?

Ich rede nicht von LSD, sondern von einem Glückszustand, der uns
angeboren ist, den diese Welt aber zur Zeit nicht erlebt, weil dunkle
Mächte überhandgenommen haben, die Gehirnwäsche betreiben,
sowohl in kapitalistischen als auch sozialistischen Ländern. Dadurch ist eine totale Unglücksseligkeit ausgebrochen. Wir sind
hierhergekommen, um große Wunder zu erleben. Dazu wollen uns
die außerirdischen Wesen verhelfen. Es ist an mir, die Menschen zu
überzeugen, daß es toll ist, mit denen in Verbindung zu treten.

Soll man Sie als Missionarin bezeichnen?

Das ist mir egal. Ich mache Musik. Rhythmus ist eine Lebensäuße-
rung, eine Glorifizierung Gottes. Ich bin 24 Stunden am Tag ein
von Supergott geschaffenes superkreierendes Kunstindividuum,
und ich werde immer weiter versuchen, dir meine Erfahrungen an-
zubieten wie einen Apfel. Über einen Apfel kann man nicht disku-
tieren. Man muß abgebissen haben, um ihn zu verstehen. Nur
durch Erfahrung wirst du begreifen, wo wir hingehen könnten,
wenn uns CIA, KGB, Reagan und Gorbatschow nicht den Weg
versperren. Ich halte die Politiker, gemeinsam mit Industrie und
Militär, für die korruptesten Menschen auf dieser Erde.

Kennen Sie einen persönlich?

Ne, außer mir selber. Aber ich sehe Nachrichten im Fernsehen. Den
Willy Brandt finde ich gut, weil der redet so langsam. Da ist nicht
diese Hektik dahinter.

---

* Im *Stern*

Gehen Sie wählen?
Ich war, als das stattfand, immer im Ausland.
Es gibt doch Briefwahl.
Mir hat nie jemand einen Brief zugeschickt und gesagt, Nina, jetzt
wähl mal. Also habe ich nicht gewählt. Aber wenn ich Sonnabend
oder sonntags zum Flohmarkt gehe und da stehen so Leute mit Li-
sten, unterschreibe ich immer, zum Beispiel gegen die Rassenpoli-
tik in Südafrika. Ich habe auch einmal in Wien, als ich auf Tour war,
mit ein paar Freunden den Stadtpark besetzt. Es war verboten, dort
auf dem Gras zu sitzen. Das wollten wir ändern, denn es ist so schön
auf dem Gras. Die Kinder könnten da viel besser spielen. Als die
Polizei kam, trari trara, sind wir weggegangen.
Ihr Ziehvater Wolf Biermann hat einmal die Befürchtung geäußert, Sie
könnten sich in Nichtigkeiten verlieren. Was sagen Sie dazu?
Gar nichts.
Ist Biermann nicht einer der wichtigsten Menschen in Ihrem Leben?
Wichtig sind alle Menschen in einem Leben. Man fragt mich dauernd nach Biermann, weil der berühmt ist. Dabei war mein richtiger Papi* genauso wichtig. Den hab ich immer auf Rollschuhen
besucht, heimlich, am Sonntagmorgen. Der war ganz lieb, hat mir
Kopfkratzen gemacht und Rückenmassage. Ich bin in sein Bett ge-
krochen und Tante Trudchen kochte uns Frühstück. Tagsüber habe
ich mich in sein Büro gesetzt, seine Zigaretten geraucht und
Schreibmaschine geschrieben. Er war Drehbuchautor und Natio-
nalpreisträger. Seine Filme wurden in der DDR große Erfolge. Mit
meiner Mutter** war er nur kurz zusammen. Er hat sie geliebt,
aber sie ihn nicht. Als ich zwei Jahre alt war, ließ sie sich scheiden.
Sie hatte halt andere *lover*.
Mehrere?
Ja, sicher. Martin Geschonneck, der Sohn des verdienten Staats-
schauspielers Erwin Geschonneck, war zum Beispiel für lange Zeit
auch mein Vati.
Hat Sie das nicht belastet?
Nein, denn dadurch hatte ich ziemlich viel Freiheit. Ich konnte zu

---

* Hans Hagen
** Die Schauspielerin Eva-Maria Hagen

Hause vor mich hin duseln, ohne daß jemand kam und mir eckige Vorschriften machte. Klar, es gab auch Verbote. Ich durfte die Asche vor meinem Ofen nicht liegen lassen. Aber als Kind kann man sich doch nicht nur ums Aufräumen kümmern. Also war es oft dreckig.

Wurden Sie dafür bestraft?

Folterungen habe ich keine erlitten.

Können Sie sich in die Lage weniger frei erzogener Kinder hineinversetzen?

Die kriegen Blutkrebs. Ich kenne krebskranke Kinder, von denen die Eltern, was Benehmen betrifft, zu viel verlangen. Kinder sind auf ihrem eigenen Trip. Die muß man in Ruhe lassen. Ich hab eine Tochter, Cosma, die ist sechs, und die macht, was sie will.

Während Ihrer Schwangerschaft haben Sie angekündigt, Sie würden den neuen Messias gebären.

Habe ich doch getan.

Obwohl es ein Mädchen wurde?

Klar. Das höhere Selbst in uns kann Mann oder Frau sein. Mein nächstes Kind wird auch ein Messias. Ich bekomme nur Wunderkinder.

Weiß Ihre Tochter, wen sie zum Vater hat?

Sie weiß es, und sie weiß auch, daß er Heroin spritzt. Ich kann dir sogar eine Schlagzeile liefern. Der Vater meiner Tochter* hat Aids, toll, wa?

Warum sagen Sie das so heiter?

Weil das ein ganz schwacher Mensch ist, dem man viele Chancen gegeben hat, vom Heroin wegzukommen. Er hat zweimal Entzug gemacht und ist wieder zurückgefallen. Du kannst dir nicht vorstellen, in welcher Misere der heute sein Leben fristet. Das ist ganz schlimm. Aber was soll ich machen? Da sind böse Geister im Spiel. Solche Leute wollen nicht kämpfen. Die wollen sterben. Für jemanden, der sich alle vier Stunden volldröhnen muß und nur noch wie ein Zombie dahinvegetiert, ist es doch eine Erlösung, wenn er krepiert.

Haben Sie den Aids-Test gemacht?

---

* Ferdi Karmelk, holländischer Pop-Musiker

Ich mach keinen Test. Ich habe kein Aids. Ich bin felsenfest davon überzeugt, daß ich nicht infiziert bin, denn mir hat mein indischer Guru gesagt, daß ich ungefähr 72 Jahre alt werde. Das ist auf der Reinkarnationstabelle leicht nachzuprüfen.

Wenn Sie so sicher sind, ist es doch unlogisch, den Test zu verweigern.

Logik ist Scheiße. Was uns im Leben passiert, kommt aus dem Glauben. Guck dir einmal den Sathya Sai Baba an. Das ist ein Guru, der kann Sachen aus der Luft materialisieren wie ein richtiger Zauberkünstler, Gold, Edelsteine, Gerüche, heilige Asche. Das ist wissenschaftlich erwiesen.

Wann sind Sie zum erstenmal mit der indischen Philosophie in Berührung gekommen?

In meinem vorigen Leben, als ich in Indien wohnte.

Nein, bitte nicht!

Also das finde ich ungerecht. Kaum sage ich etwas, kommst du mir mit deinen Wellenlängen dazwischen und drehst mich ab. Du bist überhaupt nicht diszipliniert, totally unhöflich. Immer willst du der gute Junge sein, und wenn Mutti mal sagt, du hast unrecht, bist du beleidigt.

Pardon, aber es gibt doch unzweifelhaft einen Zeitpunkt in Ihrem jetzigen Leben, als Sie anfingen, an diese Lehren zu glauben.

Meinen LSD-Trip kann ich dir nicht beschreiben. Ich bin gestorben, und als ich auf der anderen Seite erwachte, ist mir ein Wesen vor die Augen getreten, das war nichts als Liebe, eine nie erahnte, unbeschreibliche Liebe. Ich kann über meine Gotteserfahrung zwar sprechen. Aber das nützt nichts. Man muß es erleben.

Haben Sie die Bücher der Gurus gelesen?

Ja, viele.

Wo haben Sie die gekauft?

In einem Berliner Buchladen.

Von wem hatten Sie die Adresse?

Von niemandem. Der Laden lief mir über den Weg, da habe ich meine Hand ausgestreckt und die Bücher aus dem Regal genommen.

Interessieren Sie sich auch für Literatur aus Europa?

In Ost-Berlin hab ich mir immer die Stücke von Brecht angeguckt. Ich hatte einen Freund, mit dem bin ich jeden Abend ins Theater gegangen. Wir kauften uns für 55 Pfennig Studententickets. Da saß man im zweiten Rang. Nach einem halben Jahr hab ich die Stücke und Lieder alle auswendig können.

Mögen Sie Shakespeare?

Kenn ich nicht.

Dostojewski?

Von dem hab ich als Kind viel gelesen.

Dann erinnern Sie sich vielleicht an den Satz: Geld ist die geprägte Freiheit.

Daran glaube ich nicht. Jemand, der eine Idee im Herzen trägt, braucht kein Geld, weil sich das von alleine einstellt. Man darf nicht sagen, wenn ich Geld hätte, würde ich das und das machen, sondern muß einfach loslegen, dann werden sich die Mittel, um die Idee zu realisieren, schon finden. Man muß die Wirklichkeit, die man sich wünscht, selbst kreieren.

Dem Vater Ihres Kindes ist das mißlungen, oder glauben Sie, er wollte zugrunde gehen?

Das weiß nur Gott, denn das hat mit seiner Seele zu tun. Er wollte kein Junkie sein. Er war Gitarrist und spielte in vielen Bands mit. Heute ist er quasi Heroinkünstler. Aber das kommt daher, daß er nicht mehr er selbst ist. Es gibt Leute, die haben ein Interesse daran, andere süchtig zu machen. Die gucken zum Beispiel nach jugendlichen Touristen, machen auf guter Onkel, sind unheimlich nett, besorgen denen eine billige Unterkunft und sagen, jetzt rauchen wir mal einen Joint zusammen. In den streuseln sie schon ein bißchen Heroin rein, und dann kommen sie wieder, und so geht das weiter. Es ist ein Teufelskreis, denn die Dealer hängen oft selbst an der Droge. Also die machen das auch nicht aus Bosheit, sondern die sind auf dem falschen Weg, würde ich sagen.

Woran liegt das?

Das liegt daran, daß es nicht genug zu tun gibt für junge Leute. Es gibt Fernsehen, es gibt Veranstaltungen, die aber viel Eintritt kosten, es gibt Coffeeshops, wo man auch nicht einfach so sitzen kann, ohne was zu bestellen. Irgendwie ist das alles mit Geld verbunden. Der Staat unternimmt zu wenig. Deshalb muß ich jetzt die Ohren steifhalten, um das Nötige selbst in die Welt zu rufen. Ich bin gerade dabei, eine Show, die heißt *Paradise Café*, zu organisieren.

Da kommen ganz viele Bands aus der neuen Bewegung von Rock-musik. Das sind Leute, die sich nicht verkommerzialisieren lassen, total individuell. Die kümmern sich nicht darum, was in der Pop-welt und den Charts gang und gäbe ist, sondern spielen in Kneipen, Schulen, besetzten Häusern. Das ist quasi die wirkliche Weltkultur. Denn der Rock 'n' Roll ist nicht nur in teuren Konzertveranstaltun-gen von Fritz Rau zu bewundern. Das wird man in meiner fünfund-zwanzigteiligen TV-Show, die ich hiermit ganz großkotzig ankün-digen möchte, erleben können. Damit mache ich dem Publikum endlich mal eine richtige Fernsehfreude, denn das wird seit «Klim-bim» die erfolgreichste Show überhaupt, und zwar weltweit.

Muß man für Ihr Konzert Eintritt zahlen?

Allerdings. Aber was soll die Frage? Ich habe eine Vision, die heißt Fabrik, die muß ich doch finanzieren. Da werden sich junge Leute treffen und Musik machen und Parties non stop, the whole year, nicht nur an Silvester. Das ist ein Zukunftsprojekt. Dort wird man wohnen können, seine Ideen verfolgen, sich vergnügen bis in die Puppen. Also 24 Stunden am Tag immer nur Spaß, Spaß, Spaß.

Wie langweilig!

Bist ja nur neidisch.

Indem Sie den Gewinn aus Ihren Auftritten anderswo investieren, fördern Sie, was Sie abschaffen wollen, nämlich den Kreislauf des Geldes.

Den Teufelskreis der Nichtigkeiten, ich weiß.

Glauben Sie, man kann Phantasie organisieren?

Tu ich doch gar nicht. Ich möchte bloß, daß alle den gleichen Spaß haben wie ich. Die Leute, die in meine Show kommen, kriegen Zustände der Erleuchtung. Mein Akt auf der Bühne ist eine Gei-sterbeschwörung. Ich gehe in Trance, und die anderen folgen. Ich mache den Geistertanz. Es ist quasi so, als wäre ich ein Mann und würde durch meine Kraft eine Frau beglücken. Ich bin der Kanal Gottes. Ich sage, fuck the system, the system is shit. Die Welt braucht Ekstase. Das hat schon Jesus begriffen. Mit dem verbindet mich eine tiefe Seelenverwandtschaft. Ich war nämlich damals da-bei, und ich kann dir sagen, der hat die irrsten Sachen gemacht. Das war ein ganz toller Trip. Wenn Nina Hagen durch Europa tourt, ist es genauso. Da gibt es Fans, die in jeder Stadt vor der Halle stehen. Das sind meine Freunde.

Ja, weil Sie ein Star sind.

Nein, weil sie mich lieben.

Nicht alle. Bei manchen lösen Sie Aggressionen aus.

Das kommt daher, daß die Liebe, speziell in dieser hohen Dimension, eine so starke Macht ist, daß sie einen positiven und einen negativen Pol hat. Zu diesem Thema kann ich nur sagen, hast du um Gottes willen noch nicht die Autobiographie des Doktor Johannes Greber gelesen? Das war ein katholischer Geistlicher, der mit der guten und bekloppten Geisterwelt im Verkehr stand. In dem Dorf, wo er wohnte, wurde einmal eine Frau von Dämonen befallen. Aus ihrer Hand kamen plötzlich Nägel heraus. Es gibt nämlich umherschwirrende Wesen in erdnahen Bereichen, die dafür verantwortlich sind, daß wir manchmal Gruseltaten begehen oder uns selbst zu sehr hassen. Die stehen ungefähr auf derselben Stufe wie Mörder. Die Psychologen sehen das immer nur von der irdischen Seite, also die sagen, daß etwas mit der Kindheit nicht stimmte. Aber Psychologie muß mit Parapsychologie Hand in Hand gehen.

Kann man diese Wesen vertreiben?

Ja, durch das Licht, indem man hier ein wahnsinniges Licht macht, eine Jugendbewegung, einen Aufstand der Hippies.

Kein Licht ohne Dunkel.

So dachte ich auch vor zehn Jahren. Aber was hat dieser langweilige Skeptizismus hervorgebracht? Daß die meisten Leute morgens um sieben Uhr aufstehen und zu irgendeiner dämlichen Arbeit gehen, um mit der Herstellung irgendwelcher dämlichen Produkte Geld zu verdienen.

Immerhin sind Sie auf diese Weise zu einem Fernseher gekommen.

Das ist auch nicht weiter schlimm. Aber es gibt doch Produkte, die schädlich sind für die Umwelt, Waschpulver zum Beispiel.

Auch ein weggeworfener Fernseher ist schädlich, solange er nicht vermodert.

Nein, denn der ist ein Denkmal, ein Stück Kunst. In Amsterdam gibt es ganz tolle Müllhaufen, wo sich die Leute alle möglichen Sachen holen, um sie in Kunst zu verwandeln.

Haben Sie jemals an sich gezweifelt?

Nein, nie. Jemand, der denkt, er sei Scheiße, geht auf die Schwingungen erdgebundener Geister ein. Dagegen ist Selbstwäsche das beste Mittel.

Wie funktioniert die?

Ich mache es so, daß ich morgens, wenn ich Ruhe habe, Gott zu mir hole, indem ich OM singe, die Silbe für das göttliche Selbst. Sobald die Verbindung hergestellt ist, laufen mir automatisch die Tränen herunter und waschen alles weg, die Selbstkritik und die Magengeschwüre. Deshalb muß ich auch nie zum Arzt. Früher bin ich hingegangen, um mir die Spirale herausnehmen oder eine Abtreibung machen zu lassen. Heute bekomme ich meine Kinder. Im Krankenhaus war ich nur ein einziges Mal, wegen einer Blinddarmoperation. Da haben sie mir so wenig Lachgas gegeben, daß ich die Schmerzen fühlte, aber nichts sagen konnte. Das war echt Wahnsinn. Während ich auf dem Operationstisch lag, haben sie die ganze Zeit über meine Mutter geredet, die einen Selbstmordversuch unternommen hatte. Als ich es ihnen später erzählte, reagierten sie gar nicht, als würde ich spinnen.

Warum wollte sich Ihre Mutter das Leben nehmen?

Wegen einer Liebesgeschichte. Sie war halt eifersüchtig. Durch so etwas gehen viele Leute, bis sie erkennen, daß man den anderen genauso bedingungslos lieben muß wie sich selbst. Ich hatte nie diese Probleme. Der Freund, mit dem ich jetzt lebe, ist siebzehn. Ich hab ihn in Rom kennengelernt. Da hing er nach einer Show hinter der Bühne im Fenster und meinte, oi oi. Zwei Jahre später hab ich ihn in Ibiza wiedergetroffen. Er legte sofort den Arm um meine Schulter, als wären wir schon immer zusammen gewesen.

Stimmt es, daß Sie ihn heiraten werden?

Ja, auf der Bühne, in einem ganz schicken Kleid, mit Johnny Rotten als Priester.

Sind Sie ihm treu?

Only god knows. Auf so eine Frage würde ich nie eine Antwort geben, denn das wäre genauso, wie wenn ich erklären wollte, was mich mit meiner besten Freundin Nena* verbindet. Sie macht andere Musik, Sprechpop, würde ich sagen. Aber das hat nichts mit

---

* Deutsche Schlagersängerin (*99 Luftballons*)

unserer Liebe zu tun. Ich hab sogar ein Lied darüber gemacht, das heißt, ich hab auch was mit Nena, nur wat es is, weeß keena.

Singen Sie jetzt wieder deutsch?

Ja, denn ich mag Deutschland, und ich habe den Leuten hier ein paar messages vorzutragen.

Zum Beispiel?

Der Text, den ich gerade geschrieben habe, geht so: Komm mit mir nach Indien in den Himalaya, triff den großen Guru. Vergessen sind die Sorgen, wir gleiten in das Morgen, wir rufen seinen Namen, begießen seinen Samen, amen. Du sollst nicht stehlen, ihn nicht verhehlen, er steht an deiner Tür, jetzt liegt es nur an dir, Buddha Gautama, Fata Morgana. Es sind die schwarzen Raben, die wollen alles haben. Wenn ich mich so vergleiche, ich bin wie eine Eiche. Ich steh hier fest und stark. Am Ende bin ich mein eigener Sarg. Gefällt's dir?

Ganz neue Töne im Vergleich zu Ihren früheren Texten.

Daran siehst du, man kann immer wieder von neuem beginnen, wenn man den Mut hat zu glauben, daß man geliebt wird und nicht umsonst gelandet ist in dieser Sphäre. Früher habe ich nicht immer gemacht, was ich wollte, weil ich dachte, ich bräuchte einen Manager, der sich um meine Karriere kümmert, die Gelder unter Kontrolle hat, und was alles dazugehört. Heute weiß ich, daß das alte Sprichwort seine Gültigkeit hat, man soll seinen Dreck nicht von anderen wegkehren lassen. Ich will selbst am Telefon sitzen, und zwar gegen die Meinung von Managern, es sei schädlich für einen Künstler, selbst zu verhandeln. Ich bin jetzt mein eigener Produzent wie Diana Ross, und ich finde es Quatsch, was mir andere Leute erzählen.

Wieviel verlangen Sie für einen Auftritt?

Unlängst sollte ich für 1500 Mark auf einer Münchner Modenschau singen. Eine Unverschämtheit! Unter 5000 geht gar nichts. Eigentlich ist das auch ganz schön billig. Also sagen wir 10000. Dafür hätte ich *Carmen* und ein paar Lieder von Brecht gesungen. Ich muß doch für all die Künstler, die ich nach Berlin holen will, Wohnungen mieten und Stockbetten kaufen.

Hatten Sie als Mädchen den Ehrgeiz, berühmt zu werden?

Ich war doch berühmt.

Immer schon?

Ja, sicher, im Freundeskreis. Zwischen privat und nicht privat gibt es für mich keinen Unterschied. Die ganze Welt ist privat, denn überall leben Menschen. Als ich noch keine Band hatte, habe ich Kabarett gemacht. Das hieß *Die Knoblauchraspel.* Damit sind wir auf privaten Veranstaltungen aufgetreten, denn öffentlich wäre so etwas in der DDR nicht möglich gewesen. Wir haben zum Beispiel Operetten verscheißert. Die Leute haben sich eingepißt, so komisch war das.

Warum hat man Sie aus der FDJ ausgestoßen?

Wegen Biermann. Mit mir hatte das gar nichts zu tun. Ich war Teil der Gemeinschaft wie andere Kinder auch, die ganz normale Nina Hagen, wie man sie kennt und liebt.

Darüber haben Sie sich früher anders geäußert.

Wie denn?

Sie sagten, Sie hätten sich rebellisch verhalten.

Das kam dazu. Ich hab meine weiblichen und spiritistischen Fähigkeiten zur Geltung gebracht, denn ich war schon mit dreizehn eine richtige Frau. Mit zwölf hatte ich meinen ersten boyfriend. Also ich hab unglaublich rumgefickt, auch mit westdeutschen Männern, zum Beispiel mit Ulli aus Wuppertal. Der hatte einen Vollbart wie Karl Marx und brachte mir immer ganz tolle Geschenke.

Haben Sie Heimweh nach drüben?

Ich habe 21 Jahre im Osten gelebt, und ich komme auch wieder rein. Ich verkehre mit Leuten, die drüben wohnen, auf einer unsexuellen, aber hochspirituellen Ebene. Der Rock 'n' Roll in der DDR ist nicht tot. Es gibt dort in ganz tollen kleinen Kaschemmen Punkveranstaltungen, die sich herumsprechen von Person zu Person durch Mundgymnastik, damit es die Geheimpolizei nicht erfährt. Ich habe die nötigen Kontakte schon angebändelt. Ist doch bullshit, mich nicht mehr hineinzulassen, nur weil ich mich damals mit Biermann identifizierte und auf meinen ersten Platten im Westen Wörter gebrauchte, die im DDR-Songbereich nicht vorkommen dürfen. Man muß doch verstehen, daß sich ein junges Mädchen auch mal darüber äußern möchte, daß man Frauen nicht als Fickmaschinen behandeln sollte. Ich habe als Sängerin in der DDR jahrelang das Wort Scheiße auf der Bühne nicht sagen dürfen. Im Westen konnte ich das endlich tun, ohne andauernd Angst haben zu müssen, daß ich meine Auftrittserlaubnis verliere.

Gefällt es Ihnen hier besser?

Mich stört auch vieles. Was mit wahrer Freiheit gemeint ist, wird mißverstanden, sonst würde man nicht so viel Elektrizität benutzen, sondern mehr im bäuerlichen Menschsein aufgehen, Gärten pflanzen, Theater machen. Es würde mehr Bäume geben und keine Atomkraftwerke. Die Menschen würden sich nicht gegenseitig bekämpfen. Es gäbe keine Leute, die Tiere töten oder kleine Kinder mißbrauchen. Es gäbe auch keine Skinheads, die sich mit rechtsradikalen Kräften verbünden, um zu besprechen, wen sie als nächstes zusammenschlagen.

Sind Sie schon einmal selbst in Gefahr gewesen?

Wenn sie meinen Freund überfallen, gehen sie auch gegen mich los.

Was machen Sie dann?

Ich bete, und die Feinde weichen von meiner Seite.

1987

Heiner Müller

Gleich zu Beginn meines Interviews mit Heiner Müller machte ich einen Fehler, der beinahe das Ende bedeutet hätte. Ich hielt dem Dramatiker vor, er habe einmal von einer Sehnsucht nach Schweigen gesprochen, tue aber nichts, um sie zu stillen. Darauf schwieg er. All mein Bitten, er möge doch etwas sagen, half nichts. Statt zu reden, zeichnete er Frauenköpfe auf einen Zettel. Erst als ich das Interview für gescheitert erklärte, blickte er auf und fragte, wie lange ich bleiben könne. Ich war nach Duisburg gekommen, wo er aus Anlaß einer Veranstaltung über Kunst in der DDR einen Vortrag hielt. Wir wohnten im selben Hotel. Er sagte, er sei übermüdet, ich müsse Geduld mit ihm haben. Von Müdigkeit war aber dann nichts zu spüren. Um fünf Uhr nachmittags begann das Gespräch. Müller wünschte, daß ich ihm beim Trinken Gesellschaft leiste. Zunächst trank er Whisky. Nach dem Abendessen gingen wir auf sein Zimmer, wo ihm die Spirituosen aus der Minibar zur Verfügung standen. Er las mir das neueste Stück seines mehrteiligen Werks *Wolokolamsker Chaussee* vor. Danach erzählte er Witze. Nicht alle habe ich auf Band aufgenommen. Zwei sind im folgenden Text enthalten. Ein dritter, typisch für den schwarzen Humor des Dichters, sei nachgetragen. Ein blinder Mann geht mit seinem Blindenhund in ein Kaufhaus, packt das Tier mit beiden Händen am Schwanz und wirbelt es über dem Kopf zweimal im Kreis herum. Ein anderer Kaufhausbesucher stellt ihn empört zur Rede. Der Blinde erwidert: «Man wird sich doch noch umschauen dürfen.» Das Interview erschien im August 1987, stark verkürzt, in der *Zeit*. Überschrift: *Dichter müssen dumm sein.*

Die Leichen in Ihren Stücken sind nicht mehr zu zählen. Ihre Version von Shakespeares «Titus Andronicus» geriet zum bluttriefenden Schlachtfest. Die Opfer werden verstümmelt, kastriert, zuletzt aufgegessen. Graut Ihnen manchmal vor dem Abgrund der eigenen Seele?

So abgründig ist das gar nicht. Da stecken oft ganz praktische Gesichtspunkte dahinter. Brecht hat die stumme Rolle in der *Mutter Courage* geschrieben, weil er schon im Exil war und die Weigel keine Fremdsprache konnte. Shakespeare wollte einem Knaben, der stotterte, eine Hauptrolle geben. Im elisabethanischen Theater waren die Frauenrollen mit Knaben besetzt. Also ließ er der Lavinia in *Titus Andronicus* gleich zu Anfang die Zunge abhacken, damit der Junge das spielen konnte.

In Ihrer Erzählung «Liebesgeschichte» beschreiben Sie einen Traum, in dem eine Frau mit einem Beil zerlegt wird.

Das träumt doch jeder. Vielleicht drückt sich da eine bestimmte Angst aus.

Angst vor Frauen?

Die habe ich eigentlich nicht, auch nicht das Bedürfnis, eine Frau zu beherrschen. Angst wird abgearbeitet, indem man sie träumt. Das Problem des Schriftstellers, überhaupt des Künstlers, ist doch, daß er sein ganzes werktätiges Leben versucht, auf das poetische Niveau seiner Träume zu kommen. Das geht nur, wenn er nicht interpretiert, was er hervorbringt. Ich schreibe mehr, als ich weiß. Ich will nicht nachdenken über das, was ich mache.

Auch nicht über die Folgen?

Nein, denn ich bin nicht verantwortlich für das, was ich schreibe. Was Verantwortung betrifft, sind Künstler wie Kinder. Es gibt das berühmte Beispiel des *Werther*. Für die kleine Selbstmordwelle nach dem Erscheinen des Buches kann man nicht Goethe verantwortlich machen.

Hat sich schon jemand nach dem Lesen eines Ihrer Werke das Leben genommen?

Nicht nach dem Lesen. Aber nach dem Ansehen einer Aufführung des Stückes *Der Auftrag* in Lyon hat sich ein französischer Theaterkritiker umgebracht, angeblich am selben Abend. Allerdings war er gerade von seiner Frau getrennt, außerdem Kommunist. Das kann eine Rolle spielen.

Sie meinen, das Stück hat seinen Glauben an den Kommunismus erschüttert?

So ungefähr.

Dann wäre der Glaube schuld.

Ja, oder die Realität, die sich nicht danach richtet, was Marx gesagt hat.

Ist das nicht auch für Sie eine Enttäuschung?

Ich weiß nicht, ob ich diesen Glauben je hatte.

Sie erwecken den Eindruck.

Wodurch?

Indem Sie zum Beispiel die Meinung vertreten, die nicht sozialistischen Staaten hätten keine politische Zukunft.

Das stimmt doch. In den westlichen Industrienationen geht es jetzt nur noch darum, einen Zustand zu konservieren, der auf Dauer nicht haltbar ist. Was hier passiert ist die Emanzipation des Kapitals von der Arbeiterklasse. Damit meine ich die Arbeiter aus den ärmeren Ländern. In der BRD sind es die Gastarbeiter, in den ehemaligen Kolonialmächten die Emigranten aus den früheren Kolonien. Europa kann nur noch auf die Folgen der eigenen Politik reagieren. Arbeitslosigkeit, ökonomische Schwierigkeiten, die Probleme mit der Computerisierung, das alles ist doch nicht lösbar ohne eine globale kommunistische Perspektive.

Gut, aber was geschieht, wenn verwirklicht ist, wonach Sie streben?

Das wird man sehen.

Laut Marx leben wir dann in einem «Reich der Freiheit». Daß auch Freiheit und Wohlstand die Menschen nicht glücklich machen, kann man gerade in den westlichen Ländern sehr gut studieren.

Das ist Unsinn, denn frei sind Sie hier nur, weil Sie all jene ausklammern, die es nicht sind. Der Reichtum der kapitalistischen Staaten basiert auf dem Elend der Dritten Welt. Es ist einfach lächerlich, wenn in Afrika die Leute vor Hunger krepieren, während man hier darüber nachdenkt, wie man die landwirtschaftliche Produktion drosseln könnte. Aber eigentlich interessiert es mich gar nicht, über all das zu reden. Solche Gespräche zu führen wird für mich immer schwerer. Ich bin kein Ideologe. Ich benutze den Marxismus als Material, genauso wie ein Stück von Shakespeare oder eine Fahrt mit der Straßenbahn. Das wird eine Form, und die gilt dann. Mich interessiert nur mein Schreiben. Vor zwanzig Jahren habe ich noch über Gott und die Welt reden können und bin mir schlau vorgekommen. Heute komme ich mir nicht mehr so schlau vor.

Vielleicht denken Sie einmal an meine Zukunft, die von diesem Interview abhängt.

Dann müssen Sie mir noch einen Schnaps besorgen.

Anläßlich einer Diskussion über Postmodernismus* haben Sie von der «Arbeit am Verschwinden des Autors» gesprochen. Wollen Sie sich und Ihre Kollegen zum Schweigen bringen?

Das habe ich wahrscheinlich gesagt, weil mich das Thema nicht interessierte. Darin kam meine Unlust zum Ausdruck. Die Veranstaltung war für mich eine Möglichkeit, umsonst nach New York zu kommen. Man wollte aber unbedingt von mir eine Rede hören. Also habe ich, damit man den Flug bezahlt, etwas abliefern müssen. Das Problem ist doch immer, daß ein Schriftsteller automatisch lügt, wenn er redet.

Manche in der DDR wären froh, wenn sie überhaupt reden dürften.**

Also ich darf, und ich darf auch reisen, und ich weiß, daß das ein Privileg ist. Aber würde ich darauf verzichten, wäre damit auch niemand geholfen.

Unlängst haben Sie sogar den Nationalpreis der DDR bekommen.

Das würde ich nicht so verbittert sehen.

Haben Sie das Geld, 60 000 Mark, angelegt?

Dazu bin ich zu blöd oder zu faul. Ich habe es in den Schrank gelegt und vergessen.

Können Sie verstehen, daß Ihre Landsleute die Reisebeschränkungen als skandalös empfinden?

Natürlich, und ich tue einiges, um das ein wenig zu ändern. Aber man muß es auch einmal historisch sehen. Die erste Maßnahme der Französischen Revolution, über die im Konvent beraten wurde, war die Schließung der Grenzen. Damit hat diese sogenannte freie Gesellschaft begonnen. Die Begründung der freien Marktwirtschaft geschah durch Terror. Ich weiß, das klingt jetzt pathetisch, aber ein Gesellschaftsumbruch im Versuchsstadium schafft Prioritäten, die sich von den üblichen unterscheiden.

Ist damit der Schießbefehl an der deutsch-deutschen Grenze entschuldigt?

---

* 1979
** Heiner Müller ist Bürger der DDR, wohnt aber häufig im Westen.

Das habe ich nicht gesagt.

Es fällt auf, daß Sie sich dazu noch nie geäußert haben.

Dafür bin ich nicht zuständig. Ich werde hier, nur weil ich ein Schriftsteller aus der DDR bin, immer als Funktionär behandelt. Sie würden doch zum Beispiel Handke nie fragen, was er von österreichischer Politik hält. Was bei mir einzig zählt ist das Geschriebene. In einem Interview erfinde ich Worte. Deshalb darf man das nicht als authentisch nehmen. Wenn ich schreibe, ist die Sprache schon vorher da. Ich bewege mich in ihr, lasse mich von ihr tragen.

Und wenn die Phantasie Sie im Stich läßt?

Phantasie habe ich keine, nicht die geringste. Das ist meine Stärke. Denn Phantasie ist etwas sehr Negatives. Menschen mit Phantasie sind dauernd gefährdet von den Widrigkeiten des wirklichen Lebens. Ich kann mir nichts vorstellen. Ich habe auch keine Ideen. Ich warte, bis etwas an mir vorbeikommt. Es gibt eine Sprache und eine Form. Die Inhalte sind Zufall, bedingt durch bestimmte Grunderfahrungen oder momentane Lebensumstände.

Eine Grunderfahrung, von der Sie schon öfter berichtet haben, war der Verrat an Ihrem Vater. Als er 1933 von SA-Männern verhaftet wurde, haben Sie sich schlafend gestellt.

Das habe nicht ich als Verrat bezeichnet. Das hat der Interviewer getan, der offenbar psychoanalytisch trainiert war.

In einem späteren Gespräch mit Hellmuth Karasek haben Sie es aber bestätigt.

Ja, weil es gut klingt. Aber es ist doch Quatsch. Ich habe auch niemals Schuldgefühle entwickelt. Weshalb sollte ich? Ich war vier Jahre alt. Ich hätte nicht helfen können. Trotzdem war es natürlich ein für mein Leben entscheidender Vorgang. Von dem Tag an, als man meinen Vater in ein Konzentrationslager brachte, wurde ich als aussätzig behandelt. Die Nachbarkinder durften nicht mit mir spielen. Daraus erklärt sich wahrscheinlich mein erster Berufswunsch. Ich wollte General werden, um mich zu rächen.

Waren Sie in der Hitlerjugend?

Ja, ab 1940.

Wie haben Sie es dort ausgehalten?

Indem ich mich möglichst wenig hervortat. Ich war, da sozialistisch erzogen, politisch gespalten. Was zu Hause geredet wurde, mußte ich vor den Kameraden für mich behalten.

General sind Sie nicht geworden.

Nein, auch nicht Frauenarzt, was ich eine Zeitlang angestrebt hatte, weil ich dachte, da lernt man leicht Frauen kennen. Als ich merkte, daß solche Ärzte zum großen Teil ältere Patientinnen haben, habe ich mir gesagt, das bringt auch nichts. Ich glaube, mit vierzehn war für mich klar, daß ich Schriftsteller werde. Ich habe sehr früh Theaterstücke gelesen, zunächst Schiller und Hebbel. Bücher, die als links galten, waren beschlagnahmt. Das erste Stück, das ich gesehen habe, war *Wilhelm Tell* in einer Tourneeaufführung, die in einem Dorfgasthaus stattfand. Ich weiß noch, wie sehr es mich kränkte, daß kein Pferd auf die Bühne kam, worauf ich, da es im Text stand, gewartet hatte.

Ein weiteres Schlüsselerlebnis, über das Sie geschrieben haben, war der Selbstmord Ihrer zweiten Frau. *

Sicher, nur was erklärt das?

In Ihrem Stück «Hamletmaschine» ist Ophelia eine Selbstmörderin, die, wie sie sagt, aufhört, sich umzubringen. Die biographischen Bezüge sind unübersehbar.

Ist denn das von Belang? Der Selbstmord meiner Frau hatte ursächlich mit mir nichts zu tun. Sie war im Krieg dreimal verschüttet. Ihre Eltern wurden getötet. Sie hat die Leichen in Einzelteilen aus dem Luftschutzkeller geborgen und auf den Friedhof getragen. Daraus ist ein Kriegstrauma entstanden. Das ging nicht weg. Wenn ich so etwas als Motiv verwende, wird es Literatur und existiert nur noch in diesen Texten. Alles andere ist uninteressant. Es zeugt von einem tiefen Kulturverfall, daß man sich heute, statt die Texte zu lesen, nur noch für das interessiert, was dahintersteckt.

Was kann so ein Gespräch anderes sein als der Versuch, Barrikaden beiseite zu räumen?

Das ist nicht mein Problem. Ich lebe ganz bequem hinter den Barrikaden.

Sind Sie glücklich?

Jetzt bestimmt nicht.

---

* Inge Müller tötete sich 1966 mit Gas.

Wann denn?

Ich weiß nicht. Wäre ich Bäcker, Ingenieur oder Journalist, dann hätte ich eine Arbeit, die ich von meiner Biographie, meinem Alltag mehr oder weniger trennen könnte. Da ich schreibe, kann ich das nicht. Ich bin sozusagen immer im Dienst. Ich habe nie frei. Vielleicht schließt das die Art von Glücksgefühl aus, die Sie meinen. Andererseits ist es natürlich ein Vorzug, tun zu können, was einem Spaß macht, und dafür auch noch bezahlt zu werden. Die Frage nach dem Glück stelle ich mir eigentlich überhaupt nicht. Ich bin wahrscheinlich viel primitiver, als man allgemein annimmt. Ich habe keine philosophischen Interessen. Ich will auch nicht wissen, warum das Licht angeht, wenn ich am Schalter drehe. Geht es nicht an, rufe ich einen Elektriker.

Das ist genau die Arbeitsteilung, die Marx abschaffen wollte.

Ja, es wäre zu wünschen, daß es gelingt. An der These der Aufhebung des Spezialistentums, daß einer sein Leben lang schreibt, ein anderer nichts als Schuhe macht, ist schon was dran. Nur ob es klappt, weiß ich nicht.

Den Gedanken, daß Kunst nicht von einzelnen Genies, sondern aus dem Volk kommen sollte, hatte auch Wagner und ist damit eines der größten Genies geworden.

Das ist der Trick dabei.

Glauben Sie, daß Leidensfähigkeit eine Berufsqualität des Genies ist?

Nein, um Gottes willen, davon halte ich überhaupt nichts. Darüber müßten Sie mit Reiner Kunze ein Interview machen. Ich glaube, der leidet. Bei mir sind die Probleme das Material meiner Arbeit. Also habe ich keine. Ich kann mich nicht erinnern, daß ich je depressiv war.

Weil Sie pausenlos schreiben.

Pausenlos nicht. Wenn es anstrengend wird, höre ich auf. Kunst kann nur ohne Anstrengung entstehen. Das hat schon Thomas Mann richtig erkannt, obwohl ich fürchte, daß sich der ungeheuer angestrengt hat. Mir leuchtet ein, was Brecht über Thomas Mann gesagt hat. Er sagte, es bleibe ein Phänomen, wie es möglich sei, mit so wenig Talent so dicke Bücher zu schreiben.

Das hat auch Dürrenmatt über Grass gesagt.

Ich weiß. Es ist aber ein Unterschied zwischen einem Dramatiker und einem Romanschriftsteller. Stücke zu schreiben ist eine motorische Tätigkeit. Ich kann zum Beispiel einen Dialog nicht im Sitzen schreiben. Ich muß herumgehen. Ich habe neulich einen Text über Shakespeare gelesen, in dem der Autor sich wundert, wie das Gehirn von Shakespeare das alles aushalten konnte. Aber man schreibt nicht mit dem Kopf. Man schreibt mit den Füßen. Brecht konnte mit Schnupfen nicht schreiben, weil er dann körperlich gehemmt war. Der Wahnsinn ergibt sich aus der Motorik. In mir läuft ein Motor, der braucht manchmal Auslauf. Das ist alles. Weshalb es so ist, frage ich nicht. Da bin ich mit Goethe einig, der formuliert hat, Gott möge ihn davor bewahren, sich selbst zu erkennen.

Wie kann man die Gesellschaft verändern, ohne sich selbst zu kennen?

Wer sagt denn, daß ich die Gesellschaft verändern möchte? Wenn ich schreibe, möchte ich schreiben, sonst gar nichts, zu welchem Zweck, interessiert mich nicht. Die Sinnfrage ist eine Dekadenzerscheinung. Ich schreibe, um schlafen zu können. Ich habe keine Schlafstörungen, weil ich meine Texte als Schlafmittel benutze. Ich merke mir, was ich geschrieben habe, und wiederhole es in Gedanken, wenn ich einschlafen möchte. Da das mit alten Texten nicht funktioniert, muß ich ab und zu etwas Neues schreiben.

Was tun Sie, wenn Ihnen im Bett etwas einfällt, das Sie noch nicht geschrieben haben?

Ich merke es mir bis zum Morgen.

Ziemlich riskant.

Das habe ich auch gedacht, bis ich erkannte, daß man Wichtiges nie vergißt.

Können Sie wütend sein?

Ja, kann ich.

Worüber?

Ich erinnere mich an kein Beispiel, aber ich weiß natürlich, daß in mir eine gestaute Aggressivität ist, die ich zum Arbeiten brauche. Die hatte auch Kleist oder Schiller. Das gehört zum Beruf. Anders kann man die Spannung in einem Stück gar nicht halten. Bei Nietzsche steht, Dramatiker seien von Natur böse Menschen. Das ist sicher richtig. Doch kann dieses Böse, solange ich schreibe, nicht zur Entfaltung kommen.

Sonst würden Sie vielleicht von Machtgelüsten ergriffen.

Wahrscheinlich. Nur werde ich Macht nie besitzen, zum Glück für viele. Wenn ich arbeite, interessiert mich Macht nicht. Alles, was ich brauche, ist eine tragbare Schreibmaschine, die ich überall mitnehmen kann, ohne mir einen Bruch zu heben.

Meinen Sie, Hitler hätte, wäre er Maler geblieben, auf Macht verzichtet?

Ich nehme es an. Nur war Hitler leider kein guter Maler.

Ist das so wichtig? Entscheidend ist doch die Anerkennung. Wer weiß, wie gut Sie sind?

Ich bin der beste lebende Dramatiker, gar keine Frage. Das weiß jedes Kind inzwischen.

Ihr Lieblingsautor ist Shakespeare. Sie haben viele seiner Stücke übersetzt, bearbeitet, neu geschrieben. Können Sie diese Vorliebe erklären?

Ich glaube, er ist mir als Mensch am nächsten. Das habe ich erfahren, als ich mit dem festen Vorsatz, nichts zu verändern, *Wie es euch gefällt* übersetzte. Es war, als arbeitete ich in seinem Körper. Ich bekam ein Gefühl für die Doppelgeschlechtlichkeit, diese Mischung aus Schlangen- und Raubkatzenbewegung in seiner Sprache, in der Dramaturgie seiner Stücke. Seither glaube ich ihn persönlich zu kennen.

Sind Sie ihm ebenbürtig?

Nicht unbedingt. Aber das hat auch mit den Umständen zu tun. Shakespeare lebte unter günstigeren Arbeitsbedingungen, als ich sie habe, zunächst aus historischen Gründen. Es war die Umbruchzeit zwischen Mittelalter und Renaissance, eine relativ ruhige Phase. Auch wir leben heute im Umbruch, nur ohne Ruhe. Zum anderen gab es damals kein Kino, kein Fernsehen, auch keine Trennung zwischen höherer und trivialer Kunst. Das Theater war die Unterhaltung sowohl der Gebildeten als auch der Massen. Es hatte unter anderem auch die Funktion, die heute Pornofilme und Horrorvideos haben. Die einzigen Vergnügungen, die es daneben noch gab, waren Hinrichtungen und die öffentlichen Irrenanstalten. Um diese Monopolstellung des Theaters beneide ich Shakespeare.

Wollen Sie mit Ihren Stücken Schrecken verbreiten?

Eigentlich nicht. Das machen die Regisseure. Was mich an den Inszenierungen oft so langweilt ist, daß sie bloß illustrieren, was schon im Text steht, statt das Geschriebene als Assoziationsmaterial zu benutzen, als eine Art Supernova, zu der sich die Regisseure etwas Eigenes einfallen lassen.

Damit sind sie offenbar überfordert.

Nicht alle. Die Bochumer Aufführung des *Titus* hat mir gefallen.

War das dort vorgeführte Schlachtengetümmel nicht ein Anachronismus? Kämpfe Mann gegen Mann wird es im nächsten Krieg kaum noch geben.

Nein, nur kann man ein Raketenduell nicht auf der Bühne zeigen.

Sind Sie im Krieg Soldat gewesen?

Ich kam 1945 noch zum Reichsarbeitsdienst und mußte auch schießen. Panzer fuhren vorbei, aber bevor wir unsere Panzerfäuste loswerden konnten, waren die schon vorüber. Es war alles völlig diffus. Kurz vor dem Ende bin ich auf der Flucht vor den Russen beschossen worden und habe auch Tieffliegerangriffe erlebt. Das war nicht angenehm.

In einem Interview mit «Theater heute» haben Sie prophezeit, es werde nach dem dritten Weltkrieg noch einen vierten geben, und dies als Geschichtsoptimismus bezeichnet.

Das ist fünf Jahre her. Das würde ich heute nicht mehr so sagen.

Warum nicht?

Weil es nicht realistisch ist. Nach einem Atomkrieg wird es keinen weiteren Krieg, sondern vielleicht ein paar Überlebende geben, die auf andere Planeten evakuiert werden könnten. Pläne in dieser Richtung existieren bereits. Man müßte eine Kombination aus Mensch und Maschine entwickeln. Eine gewisse Montage wäre erforderlich.

Beruhigt Sie das?

Es wird passieren, aber ich muß ja nicht mit.

Was bedeutet für Sie das mögliche Ende der Menschheit?

Nichts anderes als der eigene Tod, denn wenn ich tot bin, ist für mich die Menschheit zu Ende.

Haben Sie Kinder?

Ja, drei, aber das ist wirklich ganz unerheblich.

Über Ihre familiären Verhältnisse geben Sie ungern Auskunft.

Das kommt sowieso alles heraus, sobald der Streit um das Erbe einsetzt.

Werden Ihre Gedanken über die Zukunft nicht von der Sorge um Ihre Kinder beeinflußt?

Nein.

Als Frau würden Sie anders reden.

Aber ich bin keine Frau. Die Vaterschaft ist keine natürliche Bindung. Das einzige, was mich an diesem Thema interessiert, ist die Frage, ob nach einem Weltuntergang Informationen bleiben. Die verläßlichsten Informationen sind die poetischen. Deshalb muß ich möglichst dauerhaft schreiben, ganz abgesehen davon, daß meine Stücke in der DDR immer erst fünfzehn Jahre, nachdem sie geschrieben sind, aufgeführt werden. Das ist eine gute Schule. Ich darf keine Wegwerfliteratur produzieren. Sobald man sich darauf einrichtet, daß es keine Nachwelt mehr gibt, gibt es auch keine Qualität mehr.

Meinen Sie, man wird auf dem Mars Heiner Müller lesen?

Zum Beispiel. Noch besser wäre, man würde mich dort im Theater spielen.

An die Chance, Frieden zu halten, glauben Sie nicht mehr?

Dazu gibt es von Freud den schönen Satz, etwas mehr Krieg im Frieden, und das Leben wäre ganz angenehm.

Oder von Kafka: Im Frieden kommst du nicht weiter, im Krieg verblutest du.

Ja, das ist schwierig, das wird man nicht lösen können.

Welche Erwartungen knüpfen Sie an die neue Politik der sowjetischen Führung?

Für mich ist Gorbatschow bei aller Skepsis die einzige Hoffnung, nicht nur in der Abrüstungsfrage. Wenn er scheitert, ist der Kommunismus für immer erledigt. Widerstände kommen von allen Seiten. Bei uns sträuben sich viele, weil sie um ihre Posten fürchten. Der Westen empfindet ihn als Bedrohung, weil er für machbar hält, was Lenin ursprünglich wollte, die Vereinbarkeit von Freiheit und Gleichheit. Dies wäre die Renaissance einer kommunistischen Alternative. Ob sie gelingt, ist eine andere Frage.

Ist mit Freiheit gemeint, daß jeder tun und lassen kann, was ihm Spaß macht?

Nein, eine totale Freiheit kann es nicht geben. Zunächst muß man die Freiräume nutzen, die jetzt schon da sind. Jeder Industriearbeiter in der DDR hat mehr praktische Freiheit während der Arbeitszeit als sie ein Arbeiter in der BRD hat.

Gut, aber er will eben das, was er nicht hat, zum Beispiel die Erlaubnis, nach Paris oder Rom zu reisen, vielleicht nur, um freiwillig darauf verzichten zu können.

Das erreicht er nicht, wenn er nicht die bereits vorhandenen Freiräume ausnutzt.

Woher nehmen Sie diese Gewißheit? Jemand, dem auf einer alkoholfreien Party nach Whisky verlangt, kommt seinem Ziel doch nicht näher, indem er Saft trinkt.

Das ist nicht der Punkt. Es geht darum, das Mögliche durchzusetzen. Dazu ist erst einmal nötig, daß man über die Verfassung eines Staates Bescheid weiß. Ich kenne Leute in der DDR, die sich einen Sport daraus machen, Gesetzeslücken herauszufinden. Leider sind das zu wenige. Es ist eine sehr deutsche Haltung, die Konfrontation dort anzunehmen, wo sie geboten wird. Die Hysterie um die Volkszählung in der Bundesrepublik war deshalb so lächerlich, weil es, statt sich zu verweigern, viel interessanter gewesen wäre, herauszubekommen, wie man lügt und betrügt, um die ganze Aktion durcheinanderzubringen. Der Deutsche sieht den Stier und rennt darauf los, weil er kein ironisches Verhältnis zum Staat hat. Der Staat wird in jedem Fall ernst genommen, so wie es auch eine Voraussetzung für politische Karrieren zu sein scheint, kein Gefühl für die eigene Komik zu haben. Das sieht man bei Kohl am besten.

Wo liegen die Widerstände, gegen die Sie noch ankämpfen müssen?

Um Widerstände zu haben, muß ich nur ein Stück schreiben.

Weil es verboten wird?

Zum Beispiel.

Kennen Sie die Leute, die das entscheiden?

Nein, denn es gibt kein Gremium, das man namentlich ausmachen könnte. Zuständig ist der Kulturminister. Aber ob er die Stücke liest, weiß ich nicht. Man läßt lesen. Ich glaube, es ist wie in Hollywood. Da weiß man auch nie, warum wann was gemacht wird.

Ende der fünfziger Jahre haben Sie Ihr Stück «Die Korrektur» auf staatlichen Wunsch geändert.

Das war ein Fehler. Das habe ich getan, weil es sonst nicht gespielt worden wäre. Damals dachte ich ganz pragmatisch.

Sie übten Selbstkritik.

Ja, und ich glaubte sogar, was ich sagte.

Ist ein System wie das kommunistische den Künsten feindlich?

An sich überhaupt nicht. Niemand wird ernsthaft bestreiten, daß vieles an großer Literatur in diesem Jahrhundert darauf basiert, daß es eine kommunistische Hoffnung gab, die es jetzt vielleicht wieder gibt. Ich meine, man muß von der Welt schon irgendeine Vorstellung haben, um schreiben zu können. Eine positive Grundlage muß da sein. Dante baute auf eine von heute aus gesehen falsche Philosophie. Es war der letzte europäische Dichter, der ein festes theologisches Weltbild hatte, ungeheuer geordnet. Das ist inzwischen veraltet. Aber am Wert seiner Dichtung ändert das gar nichts, wobei es völlig egal ist, ob jemand an die Philosophie glaubt, die er benutzt, oder sie wie Shakespeare nur als Vehikel verwendet. Shakespeare glaubte an nichts, aber er nahm die Philosophie von Montaigne als Konstruktionsgerüst. Ich bezweifle, daß man aus Nihilismus Kunst machen kann. Benn hatte recht, wenn er sagte, alles, was in Europa an Kunst entstanden ist, sei eine Leistung gegen den Nihilismus.

Trifft das auch auf einen Autor wie Bernhard zu?

Das glaube ich nicht, denn Bernhard hat nur das System Thomas Bernhard.

Lesen Sie, was er schreibt?

Ich habe Schwierigkeiten.

Gibt es überhaupt Gegenwartsliteratur, die Sie interessiert?

Ja, Kriminalromane. Ich finde auch gut, was der Kroetz macht. Nur sein Buch über Nicaragua hat mir nicht so gefallen, weil mich nicht interessiert, wann er mit wem wo ins Bett geht. Das war mir zu pubertär.

Die Stücke von Botho Strauß haben Sie als Gemurmel bezeichnet.

Warum soll einer nicht murmeln?

Vielleicht weil es dann konsequenter wäre zu schweigen.

Das Schweigen kommt sowieso, wenn man stirbt. Darauf kann sich jeder verlassen. Darüber schreiben dann andere.

Aus Lust an der Katastrophe, wie Sie einmal selbst formulierten.

Das kann ein Impuls sein.

Auch für Sie?

Natürlich. Das ist mein wichtigster Antrieb. Sie versuchen, mich niederer Beweggründe zu überführen. Aber ich habe doch gegen solche Beweggründe gar nichts. Mir hat einmal die Frau eines Kulturdezernenten, ich weiß nicht mehr, wo das war, vorgeworfen, was ich schreibe, sei alles so trostlos. Darauf habe ich geantwortet, ich wäre nicht zuständig dafür, sie zu trösten. Darüber war sie verbittert. Ich glaube, sie hatte Eheprobleme.

Darf man von einem Marxisten nicht etwas mehr Nächstenliebe erwarten?

Nein, ein Marxist ist kein Wohltäter, sondern freut sich zum Beispiel über den Zuwachs der Kriminalitätsrate, weil sich dadurch die Chancen auf eine Revolution erhöhen. Engels war selig, als in Wuppertal die Zahl der Einbrüche und Diebstähle zunahm. Sie dürfen von einem Kommunisten keine Almosen erwarten. Kennen Sie den Witz, in dem Radio Eriwan gefragt wird, ob es im Kommunismus Geld geben werde? Antwort von Radio Eriwan: Die einen sagen ja, die anderen nein. Die dialektische Lösung laute, manche würden Geld haben und manche keines.

Sie machen sich lustig über das, womit es Ihnen eigentlich ernst ist.

Und damit wären wir wieder bei der Abgründigkeit. Sie wollen mich dauernd entlarven. Das ist der Grund, weshalb Sie dieses Interview machen. Sie richten aus Ihrem eigenen Abgrund die Taschenlampe auf jemanden, und wenn dort nichts ist, halten Sie ihn für unseriös. Letzten Endes läuft Ihre Denklinie auf die platonische Ausbürgerung der Dichter hinaus. Platon wünschte sich einen Staat der Philosophen, in dem es Dichter nicht geben sollte.

Weil sie zu dumm sind?

Genau, das meinte er, und zwar völlig zu Recht. Dummheit ist die Voraussetzung für Dichtung. Dafür bin ich ein gutes Beispiel. Ich habe einfach nicht das Bedürfnis, mir über alles Gedanken zu machen. Vielleicht habe ich zu wenig Angst. Die Philosophie ist ein Angstprodukt, so wie die Religion. Man versucht, Werte zu installieren, wo es gar nicht um Werte geht, sondern um Angst.

Das hat auch Marx getan.

Gut, aber das interessiert mich auch nur als Privatmann. Für meine Arbeit ist es ohne Bedeutung.

Schreiben Sie Tagebuch?

Auf die Idee bin ich noch nie gekommen. Jemand, der heute Tagebuch schreibt, lügt sich doch selbst in die Tasche.

Handke hat es sogar herausgegeben.

Das braucht man ja nicht zu lesen. Können Sie sich Hölderlin als Tagebuchschreiber vorstellen? Undenkbar! Das ist eine Frage des Verhältnisses, das man zur Sprache hat. Ich kann Sprache, wenn ich schreibe, nicht als Instrument der Mitteilung benutzen. Das geht nur, wenn ich spreche.

Wollen Sie noch einen Witz erzählen?

Mir fällt gerade einer ein, der das Problem, über das wir die ganze Zeit reden, sehr anschaulich darstellt. Steht ein Mann morgens auf, geht ins Badezimmer, sieht in den Spiegel und sagt, kenn ich nicht, wasch ich nicht. Das müßte Sie doch zum Lachen bringen.

Welche Rolle spielt die Erotik in Ihrem Leben?

Ich glaube, da bin ich ganz unkompliziert.

Ihren ersten Beischlaf vollzogen Sie 1951, genau an dem Tag, an dem Ihr Vater aus Protest gegen Stalin die DDR verließ.

Das hatte den simplen Grund, daß dadurch das elterliche Schlafzimmer frei war. Eine Frau, die mitgeht, findet man immer.

Ist Liebe wirklich so einfach?

Bei mir schon. Ich kann die Problematisierung dieses Themas nicht nachvollziehen. Ich komme mir manchmal wie ein Elefant im Porzellanladen vor, wenn ich über die Probleme anderer Männer mit Frauen höre, weil ich, vielleicht aus Mangel an Sensibilität, keinen Sinn dafür habe.

Sind Sie nie von einer Frau, die Sie liebten, betrogen worden?

Doch, nach dem Krieg. Ich hatte eine Geliebte, die für einen Sack Mehl mit einem anderen Mann ins Bett ging. Da habe ich die Potenz verloren. Ein Mehlsack war mir als Preis zu gering. Es gibt ein frühes Gedicht von Brecht, das ich sehr mag, in dem er so eine Enttäuschung beschreibt. Da heißt es, er verglich nicht jene mit anderen, sondern schickte sich an, sich zu verwandeln in unbedrohbaren Staub. Also er wurde betrogen und hat sich immunisiert.

Stimmt es, daß Sie Ihre tote Frau ausgraben wollten, um ihre Knochen fühlen zu können?

Das habe ich in einem Gedicht geschrieben.

Sie haben auch in einem Interview darüber gesprochen.
Das war gelogen.
Warum sagen Sie so selten die Wahrheit?
Weil man zur Wahrheit die meiste Phantasie braucht. Ich bin ja kein
Dokumentarist. Was ich schreibe ist immer Dichtung und Wahr-
heit, eine Mischung aus Dokument und Fiktion. Ich erlebe etwas
und bringe es auf eine poetische Formel, um eine Distanz zu schaf-
fen. Wenn ich das später lese, ist es für mich wie der Text eines
Toten.
Hatten Sie je Selbstmordgedanken?
Nein, ich wußte nie, weshalb ich mich umbringen sollte.
Todesangst wäre ein Grund gewesen.
Wieso?
Weil die einzige Erlösung von ihr der Tod ist.
Überleben ist auch eine Lösung.

1987

Wim Wenders

Auf das Interview mit Wim Wenders habe ich zwei Jahre warten müssen. Der scheue Mann stellt sich der Presse nur, wenn ein Film von ihm anläuft. Das war nicht immer so. 1971 besuchte ich ihn im Burgenland, wo er den Roman seines Freundes Peter Handke, *Die Angst des Tormanns beim Elfmeter*, verfilmte. Damals erklärte er mir mit Hilfe einer Erbse, die er während des Mittagessens von meinem Teller nahm, was er mit seiner Arbeit erreichen wolle. Nachdem er sie auf den Daumen gelegt und mit dem Zeigefinger auf meine Nase geschossen hatte, sagte er: «Nun können Sie mich als schizophren, bösartig, lustig oder labil bezeichnen, je nachdem, wie Sie mein Verhalten interpretieren.» Genauso sei es mit den Menschen in seinen Filmen. Er zeige, was sie tun, sei aber nicht bereit, es zu deuten. Nach dieser Erfahrung und nach allem, was man mir über die Schweigsamkeit des Filmemachers berichtet hatte, überraschte mich seine Offenheit, als wir uns im Herbst 1987 anläßlich der Premiere seines Films *Der Himmel über Berlin* zum zweitenmal trafen. Das Gespräch fand im Büro der von ihm gegründeten Firma Road Movies statt, die den Film zum Teil produziert hat. Er saß am Schreibtisch, ich ihm gegenüber, zwischen uns der Kassettenrecorder. Die nach der Veröffentlichung im *Spiegel* von Wim Wenders aufgestellte Behauptung, er sei betrunken gewesen, kann ich mir nicht erklären. Solange ich bei ihm war, trank er nicht. Das Interview dauerte dreieinhalb Stunden. Danach fuhr er mich mit dem Auto in mein Hotel zurück. Auch am Steuer machte er einen nüchternen Eindruck.

Endlich, in Ihrem dreizehnten Kinofilm, zeigen Sie zum erstenmal eine Liebesszene. Ein vom Himmel herabgestiegener Engel küßt eine Trapezkünstlerin. Man erfährt, daß er sogar mit ihr ins Bett geht. Haben Sie Ihre Liebesunfähigkeit überwunden?

Ich bin nicht dieser Engel. Aber es stimmt, es ist meine erste, wirklich schöne Liebesgeschichte. Am Schluß meines vorigen Films, *Paris, Texas,* umarmt ein noch sehr kleiner Mann seine Mutter. Der Vater gibt die Bühne frei für diese andere Liebe. In *Der Himmel über Berlin* wollte ich weitergehen. Ich wollte etwas als möglich zeigen, statt darauf zu bestehen, daß nichts möglich ist. Das Kino muß wieder versuchen, den Menschen dienlich zu sein. Das Kino könnte der Engel sein.

Es ist Ihr optimistischster und zugleich traurigster Film, denn er hält eine Veränderung zum Guten nur im Märchen für möglich.

Märchen sind ja ganz tief im Menschen verwurzelt, in seinen Träumen. Sie sind die Urform aller Geschichten. Ich glaube, daß man sich durch Märchen den Blick öffnen kann und daß die Wirklichkeit nur mit geöffnetem Blick zu verändern ist. Märchen haben viel mit der Phantasie von Kindern zu tun. Wenn wir lernen könnten, uns zu verwundern wie Kinder, könnten wir mit diesem verwunderten Blick die Probleme neu angehen.

Aber ein Erwachsener weiß mehr als ein Kind und ist desillusioniert durch dieses Wissen.

Das glaube ich überhaupt nicht. Es sind doch nur null Komma null null eins Erwachsene, die wirklich Bescheid wissen um Dinge, um das Sterben zum Beispiel. Der Rest schaut dem Tod nicht in die Augen, so wie Kinder das tun. Ich habe als Kind viel öfter nachgedacht über das Sterben und darüber Tränen vergossen. Ich habe mir vorgestellt, daß die Leute, die ich kannte, einmal nicht mehr da sind. Das hat mich mehr bewegt als mich heute als Erwachsener wirkliche Todesfälle bewegen. Ich glaube, daß sich nur Kinder diese metaphysischen Fragen stellen, warum bin ich nicht du, wo fängt die Zeit an, wo hört der Raum auf. Das fragt kaum ein Erwachsener, aber nicht, weil er die Antworten wüßte, sondern weil er sich daran gewöhnt hat, daß es keine Antworten gibt.

Eben, und dadurch verliert er die Illusionen.

Nicht unbedingt. Er kann sich die kindliche Qualität des Blicks bewahren.

Sie sind katholisch erzogen. Glauben Sie an ein Weiterleben im Jenseits?

Nein. Darauf habe ich schon als Kind nichts gegeben. An der Idee der Ewigkeit bin ich verzweifelt. Nie aufzuhören, also ewig zu leben wie der liebe Gott und die Engel, das war für mich ein grauenvoller Gedanke, weil ich mir unter Ewigkeit nichts vorstellen konnte. Die Ewigkeit hat keine Bilder. Ich erinnere mich, ich bin heulend durch die Wohnung gelaufen mit diesem Gedanken. Wir wohnten in Benrath bei Düsseldorf. Was ich in der Kirche hörte und im Religionsunterricht lernte, hat mich überhaupt nicht befriedigt.

Trotzdem wollten Sie Priester werden.

Ja, weil ich dachte, daß man mit diesem Beruf jemand sei, der einem etwas erklären könnte. Das war ein Irrtum. Der Verlust des Glaubens war der wichtigste Gesundungsprozeß meiner Jugend.

Statt Priester sind Sie Filmemacher geworden. Nun zelebrieren Sie Kino.

Der Akt des Fotografierens, noch mehr des Filmens, ist für mich tatsächlich ein zwar nicht heiliger, aber doch besonderer Vorgang. Wenn ein Tourist den Eiffelturm fotografiert, und ich gehe zufällig gerade vorbei, so daß ich dann auf dem Bild bin, ist etwas Bedeutsames geschehen. Denn dieses läppische Touristenfoto hält jemanden fest, der vielleicht in zehn Jahren tot ist. Es hält die Zeit an. Deshalb mag ich es nicht, wenn man Leute beim Vögeln aufnimmt. Der Geschlechtsakt hat nur im Augenblick seine Bedeutung.

Sehen Sie Pornofilme?

Ich habe in Deutschland so ein paar Lederhosendinger gesehen. Da kam ich mir vor, als ob ich Karnickeln zugucken würde, denn da sieht man nur dauernd die Köpfe. Die wackeln dann. Bei einem richtigen Porno stimmt zumindest der Bildausschnitt. In Los Angeles war ich einmal auf einer Party, wo der Hausherr ganz stolz in einem Nebenzimmer Pornos gezeigt hat, ich weiß nicht, ob hart oder weich. Dazu habe ich nicht genügend Erfahrung. Jedenfalls hat es mich angewidert. Aus dem Film *Im Reich der Sinne* von Oshima bin ich hinausgegangen, obwohl ich den eigentlich unheimlich mögen wollte. Ich kann Leuten beim Vögeln einfach nicht zuschauen, so wie ich auch keine Horrorfilme ertrage.

Weil Sie sich fürchten?

Nein, weil es mich langweilt. Ein Film, der mir gefallen soll, muß sein wie eine Autofahrt durch die Sahara.

Die Liebesszene in Ihrem Film gleicht eher einer sakralen Handlung. Die Frau überreicht dem Mann einen Weinkelch und hält eine Rede.

Diese Rede ist mir sehr wichtig. Denn sie steht stellvertretend für alle Reden, die Frauen an Männer richten. Sie ist die kühnste Tat in diesem Film, etwas völlig Außergewöhnliches. Normalerweise sind ja Frauen, die reden, für Männer ein Alptraum. Mir aber gefällt das.

Auch im wirklichen Leben?

Natürlich ist da ein Unterschied. In Wirklichkeit wird das nicht so passieren. Es ist eine sehr überhöhte Szene. Man muß bedenken, daß dieser Engel so etwas nie erlebt hat. Er hat es gesehen, weil er ja alles sieht. Oder soll man sich vorstellen, daß Engel wegschauen, wenn Menschen es treiben? Nein, er hat zugeschaut, aber es hat ihn als Engel nicht aufgegeilt. Also kennt er es nur als eine Art Ritual und verhält sich entsprechend.

War es für Sie eine Erleichterung, daß das Mädchen von Solveig Dommartin gespielt wird, die auch Ihre Geliebte ist?

Im Gegenteil, es war eine Belastung. Wir haben eine sehr schwere Zeit gehabt, denn man muß, wenn der Mensch, mit dem man lebt, zugleich Darsteller ist, gewissermaßen heraustreten aus der privaten Beziehung. Trotzdem kann ich im nachhinein sagen, es hat nicht geschadet.

Wollen Sie heiraten?

Ich habe fest vor, es zu vermeiden. Ich war zweimal verheiratet, das erste Mal mit einer Österreicherin, die in Gefahr war, aus politischen Gründen ausgewiesen zu werden, das zweite Mal mit der Schauspielerin Ronee Blakley. In beiden Fällen war es so, daß die Ehe die Gefühle zerstört hat. Ich kenne Paare, die haben zwölf Jahre gut zusammen gelebt und wären glücklich geblieben bis an ihr Lebensende. Dann haben sie geheiratet, und in drei Wochen war alles vorbei.

Haben Sie Kinder?

Nein.

Wollen Sie welche?

Ich kann keine haben. Bei einer Untersuchung vor fünfzehn Jahren hat sich herausgestellt, daß ich infertil bin. So nennt man das. Der Arzt sagte, das käme von einer Mumpserkrankung in meiner Kindheit.

Hat sich dadurch Ihr Sexualleben verändert?

Meine Freundin braucht keine Pille zu nehmen. Aber eigentlich geht Sie das gar nichts an.

Gut, sprechen wir von Ihren künstlerischen Erfolgen. Sie haben in Venedig den Goldenen Löwen bekommen, in Cannes die Goldene Palme, dazu etliche Bundesfilmpreise in Deutschland. Macht es Sie stolz, ausgezeichnet zu werden?

Gleichgültig ist es mir nicht. Es ist eine Befriedigung, besonders wenn man meint, daß man den Preis auch verdient hat, was nicht immer der Fall ist. Es gibt Filme von mir, da würde ich, wenn ich sie sehe, am liebsten im Boden versinken. Das Unangenehme ist, daß so ein Preis auch viel Neid weckt, vor allem bei Leuten, die vorher immer behauptet haben, meine Filme zu mögen. Die sind dann enttäuscht und werden böse, weil eine andere als ihre Anerkennung gekommen ist. Plötzlich fühlen sie sich ganz überflüssig. Die Preise haben mich ihnen sozusagen entrissen. Sicher gibt es auch einige Filmproduzenten, die sich über meine Erfolge geärgert haben.

Zum Beispiel?

Der Luggi Waldleitner hat sich bestimmt geärgert, denn der hat in einem Interview einmal verkündet, ich wäre nicht in der Lage, einen Film zustande zu bringen, den die Leute auch sehen wollen. Das hat mich ungeheuer gewurmt. Dabei hatte ich gegen den Mann überhaupt nichts. Ich habe ihn manchmal in München herumlaufen sehen und finde ihn einen lieben Typen.

Gibt es auch Neid bei Kollegen?

Natürlich.

Herbert Achternbusch hat einmal vorgeschlagen, Sie sollten besser mit der Eisenbahn spielen als Filme machen.

Dem Herbert bin ich zu innerlich und nicht derb genug.

Sie waren vier Jahre in Hollywood. Amerika ist das Land Ihrer Träume. Aber «Hammett», der dort entstandene Film, war ein Mißerfolg. Hat Sie dieses Scheitern verändert?

Ich habe das nicht als Scheitern empfunden, im Gegenteil, mich wundert, mit welcher Starrköpfigkeit ich dieses Ding doch noch hingekriegt habe, obwohl es genug Gründe gab, auszusteigen. Mir ist klar, daß man mich in Hollywood nie wieder wird einen Film machen lassen. Aber das will ich auch gar nicht. Der Verlust an Selbständigkeit wäre zu groß. Die Art und Weise, wie dort eine

Fülle von Talent mißachtet und kaputtgemacht wird, ist einfach schrecklich. Die Filme werden nicht von den Künstlern, sondern von ein paar Agenten und Rechtsanwälten bestimmt, die sich wie die Schmeißfliegen auf diesen riesigen Scheißhaufen nicht beschäftigter Leute werfen, um ihn Schicht für Schicht abzutragen. Die Künstler sind nur die Opfer. Hollywood ist das Sündenbabel der Neuzeit, die größte Schmierenindustrie, die man sich denken kann. Dagegen finde ich es fast moralischer, Autos zu bauen, selbst diese kümmerlichen amerikanischen Autos, diese Schrottkisten mit einer Technik aus den sechziger Jahren. Das erscheint mir achtbarer als die Art, wie dort Filme entstehen. Ich habe nach meiner Zeit in Hollywood einen Film gemacht, den mir erst einmal einer nachmachen soll. Ich spreche von *Paris, Texas.* So ein Film wäre dort gar nicht möglich.

Die amerikanische Kritik hat ihn aber furchtbar verrissen.

Ja, das war böse. Das hat mich verbittert. Denn das ist ein Film, der die allerklassischsten Mittel des amerikanischen Kinos verwendet, und ausgerechnet so ein Film wird dann als europäischer Intellektuellenkram hingestellt. Das hat mich wirklich getroffen. Wahrscheinlich war das der Grund, weshalb ich nach Europa zurückgekehrt bin. Ich habe meine Wohnung in New York aufgegeben. Seit drei Jahren wohne ich jetzt in Berlin.

Sollten Sie Ihren Freund Volker Schlöndorff, der gerade anfängt, in Amerika Fuß zu fassen, nicht warnen?

Ich weiß nicht, ob ich das soll. Ich glaube, das muß er für sich allein herausbekommen. Er macht ja dort eine mehr industrielle Arbeit. Sein Film *Tod eines Handlungsreisenden* war für das amerikanische Fernsehen. Mir kommt vor, daß der Volker ganz froh ist über genau das, was ich nicht ertragen habe, nämlich daß man nicht sein eigener Herr ist, sondern sozusagen nur ein Handwerk ausübt.

Meinen Sie das Handwerk des Entertainers?

Ja, und es sieht so aus, als wäre er geradezu befreit durch diese Unterhaltungsarbeit. Er hat mir den glücklichsten Eindruck gemacht, obwohl er doch sonst nicht gerade ein glücklicher Mensch ist. Da habe ich mir gedacht, um Himmels willen, sag ihm bloß nichts, vielleicht ist das für ihn der richtige Weg. Ich kann doch nicht auf

Grund meiner schlechten Erfahrungen überall als Heilslehre verkünden, daß man dort auf keinen Fall hingehen sollte.

Ist von Ihrem amerikanischen Traum wirklich nichts übriggeblieben?

Doch, ein paar Orte. Da kriege ich manchmal schon bohrendes
Heimweh. Aber innerlich ist nichts übrig. Das Schlimmste an diesem Land ist ja das Fernsehen, diese Selbstdarstellung im Fernsehen. Das ist ein absolut bestialischer Akt, vollkommen entmensch-
licht, der Inbegriff des Bösen, wenn Sie so wollen.

Ist das Fernsehen in Europa viel besser?

Eben nicht! Das ist es ja, was mich verzweifelt macht. Man kommt
zurück aus diesem Alptraum, dem man entflohen ist, nach Frankreich zum Beispiel, und guckt mal fern, und plötzlich, man hält es
im Kopf nicht aus, ist da auch schon überall erstens Reklame und
zweitens diese wirklich trottelige, furchtbar dumme Art der amerikanischen Unterhaltungsprogramme. Man denkt, man sitzt in Paris, was einmal die Kulturhauptstadt der Welt war, und nun wird
auch da auf eine hilflos dümmliche Weise dieses Amerikanische, vor
dem man geflüchtet ist, nachgebetet. In Italien ist es das gleiche.
Also fährt man nach Deutschland, dem einzigen Hort der Hoffnung, schaut fern in Düsseldorf oder in München, und was sieht
man? Auch die Bundesrepublik hat nur noch den einen Wunsch, zu
diesem großen, furchtbaren Amerika zu gehören, damit sie endlich
der 51. Bundesstaat der USA wird.

Haben Sie eine Ahnung, warum das so sein muß?

Das hat ökonomische Gründe. Ich bin überzeugt, daß die wichtigste Industrie der Menschheit, wichtiger noch als die Rüstungsindu-
strie, früher oder später die Unterhaltungsindustrie sein wird, und
daß durch diese Produktion von Unterhaltung auf infernalische Art
jede Kultur und jede Identität niedergeknüppelt wird, auch jede
Chance zur Selbstbestimmung. Man kann das am besten in amerikanischen Kleinstädten sehen, wo die Leute ein völlig verblödetes
Dasein fristen, wie in einem Science-fiction-Roman, der von Menschen handelt, die unter Drogen gesetzt sind und nur noch wie
Zombies verwaltet werden. Aber das gilt eben nicht nur für Amerika. Das breitet sich aus. Das wird man nicht aufhalten können,
weder durch Warnungen noch durch Taten.

Warum machen Sie keinen Film, in dem das gezeigt wird?

Den mache ich ja. Das wird mein nächster Film sein. Der heißt *Bis ans Ende der Welt*. Darin gibt es eine Szene, die in Australien spielt, wo ein Volk lebt, das schon am Boden liegt, vollkommen am Ende, niedergemacht. Ich meine die Aborigines. Die wohnen in Hütten, weil sie Nomaden sind, kochen am offenen Feuer. Diese Hütten sind völlig leer. Nur irgendwo hinten brummelt ein Generator, und das einzige, was es gibt, ist ein Fernseher und ein Videogerät und davor im Staub so ein Stapel von fünfzehn oder zwanzig Videokassetten. Dieses Volk hatte eine wunderbare Kultur, eine eigene Mythologie. Alles vorbei! Ich fürchte, in fünfzig Jahren wird es bei uns genauso aussehen, außer es kommt weltweit die große Kulturrevolution, die Abschaffung jeglichen Fernsehens. Das wäre ein erster Schritt.

Dazu müßte man eine Diktatur einrichten.

Schon möglich. Ich muß Ihnen sagen, ich schaue mir tausendmal lieber das Fernsehen der DDR an. Diese Diktatur ist mir wesentlich angenehmer als die Diktatur des Werbefernsehens.

So eine zornige Radikalität paßt gar nicht zu Ihnen.

Das stimmt. Eigentlich ist es nicht mein Naturell, wütend zu werden. Ich mag lieber, wenn es freundlich zugeht.

Sind Sie in Ihrem Leben je gewalttätig gewesen?

Ich bin ein paarmal verprügelt worden und habe mich gewalttätig gewehrt. In Los Angeles wurde ich einmal nachts überfallen. Die Angreifer zogen ein Messer. Da habe ich rot gesehen. Also das hat mich gewundert, wie ich da austeilen konnte. In so einer Situation könnte ich sogar jemanden töten. 1968 bin ich in München verhaftet worden, weil ich bei einer Demonstration gegen Springer, die aus den Fugen geriet, durchgedreht habe. Ich war mit der Kamera dort, weil ich einen Film über die Polizei drehen wollte, und bin Zeuge geworden, wie Polizisten einen Bekannten von mir richtig verdroschen haben. Der war vollkommen hilflos. Da habe ich mich dazwischengeworfen. Es kam zum Prozeß. Ich wurde wegen Körperverletzung und Widerstand gegen die Staatsgewalt zu sechs Monaten auf Bewährung verurteilt.

Wie ist Ihr Verhältnis zu Peter Handke, der zu einigen Ihrer Filme, auch Ihrem letzten, das Drehbuch verfaßt hat?

Mit dem Peter habe ich mich noch nie geprügelt.

Haben Sie manchmal Streit miteinander?

Es kommt schon vor, daß der eine zum anderen sagt, was der von sich gebe, sei nackter Blödsinn. Da gibt es auch Meinungsverschiedenheiten. Aber die lösen wir spielerisch. Ich kenne den Peter seit zwanzig Jahren, und ich weiß, welche physische und psychische Leistung das Schreiben für ihn bedeutet.

Was machen Sie, wenn Ihnen nicht gefällt, was er geschrieben hat?

Ich kürze, oft sogar ziemlich drastisch. Manchmal, so scheint mir, wird der Peter in den Dialogen zu überschwenglich.

Können Sie sich erklären, weshalb sowohl seine Bücher als auch Ihre Filme von Feministinnen so erbittert abgelehnt werden?

Das finde ich eine Sauerei, und zwar deshalb, weil doch die Frauen es waren, die damit begonnen haben zu sagen, wir wollen selbst unsere Geschichten erzählen oder Filme über uns machen, die Männer sollten sich das ruhig einmal ansehen. Dieser sicher notwendige radikale Prozeß der Selbstdarstellung wurde genau von jenen Frauen erfunden, die jetzt den Männern vorwerfen, daß sie das gleiche versuchen, nämlich sich und ihre Männerwelt zu erkunden. Das stört mich unheimlich.

In Ihrem Film «Der Himmel über Berlin» wird die traurige, von Ängsten geplagte Heldin durch einen irdisch gewordenen Engel, den Bruno Ganz spielt, gleichsam errettet. Glauben Sie, Männer sind nötig, um Frauen glücklich zu machen?

Ich glaube eher, daß es umgekehrt ist. Die Frau will den Mann erlösen.

Kennen Sie einen Frauenfilm, in dem so etwas vorkommt?

Nein, aber ich hatte bei der Beobachtung von Freunden oft das Gefühl, daß gerade solche Männer die unverschämtesten Erfolge bei Frauen haben, denen es gelingt, deren Mitleid zu wecken.

Erinnern Sie sich an Ihr erstes Liebeserlebnis?

Zuerst versucht habe ich es mit neunzehn. Ich bin in ein Puff gegangen. Das war lange geplant, weil ich fand, es sei überfällig. Meine Freunde hatten das alle schon hinter sich. Aber es endete furchtbar. Ich habe einen traumatischen Schock erlitten.

Waren Sie impotent?

Ja, es war absolut nichts zu machen, weil mich die geschäftsmäßige Art dieses Vorgangs ungeheuer entsetzt hat. Ich fühlte mich als

Ware, obwohl ich der Käufer war. Bloß es gelang mir nicht, mich als Ware behandeln zu lassen. Ich wurde nur immer verschreckter und habe buchstäblich wie eine Schnecke meine Fühler nicht herausstrecken können. Plötzlich hat die Frau angefangen zu lachen und mir auf den Kopf zugesagt, daß ich noch nie mit einem Mädchen geschlafen und mir das wohl zu lange vorgestellt hätte. Damit hatte sie vollkommen recht. Das war wie eine Erlösung. Sie sagte, ich sollte mir keine Sorgen machen. Sie hatte wirklich Humor. Was mich am meisten beruhigte, war, daß sie mir das Geld nicht zurückgab. Sonst hätte ich mich noch mehr als Versager empfunden.

War das Geld selbst verdient?

Ja, das war lange Erspartes. Ich bin damals Taxi gefahren, habe in einem Verleih gearbeitet und auch als Krankenpfleger gejobbt.

Sind Sie später je wieder zu einer Nutte gegangen?

Nein, nie. Ich war aber in mehreren Peepshows als Vorbereitung für meinen Film *Paris, Texas*.

Hat Sie das, was dort geschieht, nicht erschreckt?

Eigentlich nicht. Mich hat beeindruckt, was für harte Arbeit das ist, richtige Sklavenarbeit zum Broterwerb. Das fand ich beachtlich. Ich habe mir die ganze Zeit vorgestellt, wie diese Mädchen, wenn Schluß ist, nach Hause gehen und was sie dort machen als Hausfrau oder Studentin.

Erregt waren Sie nicht?

Nein, überhaupt nicht. Denn in diesen Buden stinkt es doch wie die Pest. Sexuelle Gefühle konnten da nicht entstehen, sondern ich fand das recht traurig.

Ihr sehnlichster Wunsch, das haben Sie oft geäußert, wäre es, eine Filmkomödie zu schreiben. Weshalb dieser Ehrgeiz?

Weil es das Schwerste ist, und weil es auch vom moralischen Standpunkt nichts Schöneres gibt, als jemand zum Lachen zu bringen. Auch diesmal sollte es ja eine Komödie werden. Aber es wurde ein großes Scheitern.

1987

Patrice Chéreau

Die Gelegenheit zu einem Gespräch mit Patrice Chéreau bot sich in Berlin, wo er im November 1987 mit seinem Théâtre des Amandiers gastierte. Er hatte zugesagt, sich zwei Stunden Zeit zu nehmen. Dann kam er eine Stunde zu spät, bleich, unausgeschlafen, im rechten Mundwinkel die unvermeidliche Zigarette, die an den Lippen kleben bleibt, wenn er redet. Chéreau ist Kettenraucher. Zu Beginn des Gesprächs nahm er zwei Kopfschmerztabletten. Wir unterhielten uns deutsch. Sicher hätte er in seiner Muttersprache die eine oder andere Formulierung sorgsamer abgewogen. Auf meine Frage, ob er sich zu seiner Homosexualität offen bekennen wolle, erzählte er mir, daß er in Cannes nach der Premiere seines Films *L'Homme blessé* dauernd im Konjunktiv darüber gesprochen habe. Wäre er homosexuell, habe er zu den Journalisten gesagt, dann wäre er wie der Junge in diesem Film. Die eigene Sprache sei immer auch ein Mittel zur Tarnung. Tatsächlich ist das Gespräch mit Chéreau eines der kürzesten und zugleich wahrhaftigsten, das ich je führte. Als ich ihn zum Abendessen mit seinen Schauspielern wiedertraf, saßen wir einander nur noch stumm gegenüber, weil alles gesagt war.

Sie waren mit neunzehn Jahren der jüngste Theaterregisseur Frankreichs, mit zweiundzwanzig bereits Theaterleiter. Kaum dreißig, inszenierten Sie an der Pariser Oper. Ihre Bayreuther Version von Wagners «Der Ring des Nibelungen», zwei Jahre später, gilt als Jahrhundertereignis. Betrachtet man die Stationen dieser beispiellosen Karriere, ergibt sich das Bild eines Mannes, der sich seiner Qualitäten sehr früh bewußt war.

Dieses Bild ist ganz falsch. Ich war mir meiner Qualität nie bewußt. Ich bin es auch heute nicht. Es gibt ein Alter im Leben, da hat man den Mut zu sagen, ich bin jung, ich mache mein Werk. Jeder Zwanzigjährige spricht so. Dahinter steckt auch ein Stück Arroganz. Das ist ganz normal. Aber das geht vorüber.

In Ihrem Fall war es so, daß Sie den Pariser Theaterkritikern Einladungen schickten.

Ich habe drei oder vier Kritiker eingeladen, die ich persönlich kannte. Aber ich habe nicht gesagt, kommen Sie, es wird wunderschön sein. Ich habe nie das Gefühl, daß das, was ich mache, geglückt ist. Ich zweifle immer. Ich glaube, daß Zweifel Kraft gibt. Er ist ein gutes Mittel, um weiterzukommen. Ich arbeite hart. Ich korrigiere wieder und wieder. Man muß sich den Zweifel bewahren. Selbstzufriedenheit wäre das Ende.

Gibt es Inszenierungen, die Sie für nicht gelungen halten?

Ja, viele. Ein Drittel des *Ring* war bei der Premiere ganz schlecht. Der dritte Akt *Walküre*, furchtbar. *Siegfried*, entsetzlich! Das habe ich dann verbessert. Ein gewisses Ungenügen blieb trotzdem.

War das der Grund, weshalb Sie 1980 weitere Aufführungen untersagten?

Nein. Das habe ich getan, weil die Inszenierung durch die Wiederholungen immer bequemer wurde. Die Leute hatten sich daran gewöhnt. Es war nicht mehr interessant genug.

Macht Ihnen Theater heute die gleiche Freude wie zu Anfang Ihrer Karriere?

Es kommt vor, daß man keine Lust hat. Manchmal macht es mir keinen Spaß mehr, aber nicht, weil ich Widerwillen gegen das Theater empfinde, sondern weil ich die Ergebnisse meiner Arbeit nicht mehr ertrage. Wenn man die Gesetze der Kunst zu gut kennt, wird es Routine. Mein Überdruß ist immer Überdruß an mir selbst. Es gibt Zeiten, da frage ich mich, warum ich überhaupt weitermache.

Und wie ist die Antwort?

Die Antwort ist, daß ich nichts anderes kann.

Stört es Sie, daß im Theater Gefühle immer gespielt sind?

Ich weiß, daß es so ist, aber ich weiß nicht, ob es mich stört. Manchmal fühle ich mich vom Leben, von den Menschen, von allem, was draußen ist, abgeschnitten. Die wirkliche Welt, echte Leidenschaft, findet nicht auf der Bühne statt. Das vergesse ich nie. Das Blut im Theater ist immer Theaterblut. In gewissem Sinn ist es Lüge. Man stellt etwas dar. Aber man gibt auch ein Stück von sich selbst. Ich verstecke mich nicht hinter dem Text eines Autors.

Welcher lebende Theaterautor ist Ihnen der liebste?

Neben Bernard-Marie Koltés, der auch mein Freund ist, interessiert mich nur Heiner Müller.

«In der Einsamkeit der Baumwollfelder», das Stück von Koltés, das Sie zuletzt inszenierten, zeigt den Versuch zweier Männer, einander näherzukommen. Man könnte sagen, es ist ein Liebesversuch. Der Schluß bleibt offen.

Das stimmt nicht. Solange sie miteinander reden, ist Hoffnung. Doch was sie sprechen, wird kürzer und kürzer. Am Ende haben sie einander nichts mehr zu sagen. Es ist klar, daß sie kämpfen werden.

Kann Liebe nicht auch eine Art Kampf sein?

Nicht in diesem Stück.

In Ihrem Film «L'Homme blessé» tötet ein Junge den Mann, den er liebt, nachdem er mit ihm geschlechtlich verkehrt hat.

Ihn zu töten ist die einzige Möglichkeit, ihn zu besitzen.

Sind Sie dieser Junge?

Ich bin ihm sehr ähnlich. Nur habe ich nie jemand getötet. Auch bin ich als Jugendlicher nicht auf Bahnhofstoiletten gegangen, um Männer zu treffen. Was mich mit dem Jungen verbindet ist seine Einsamkeit. Ich war in meiner Jugend vollkommen einsam, so einsam, wie man nur sein kann. Es war die grausamste Zeit meines Lebens. Ich hatte keine Freunde, gehörte zu keiner Clique. Alles, was in diesem Alter normal ist, Fußball zu spielen, tanzen zu gehen, hat mich nicht interessiert. Ich kam mir vor wie ein Fremder.

Wodurch besserte sich Ihre Lage?

Ich bin nicht wie der Held meines Films auf den Bahnhof, sondern zum Theater gegangen. Die Leute dort waren schöner.

Heißt das, Sie sind Regisseur geworden, um nicht allein zu sein?

Das war sicher ein Grund. Man ist in diesem Beruf automatisch mit Menschen zusammen. Man muß, wenn man Probe hat, zu einer bestimmten Zeit an einem bestimmten Ort sein. Das hat mir geholfen. Ein Maler oder Schriftsteller ist bei der Arbeit allein. Wenn man nicht begabt ist für das Alleinsein, sollte man etwas anderes machen.

Ihr Vater ist Maler.

Ja, er ist achtzig, und er arbeitet noch immer. Meine Mutter ist Zeichnerin.

Hatten Sie eine gute Erziehung?

Meine Eltern haben getan, was sie konnten. Es gab, soweit ich mich erinnere, keine Konflikte.

Das kann auch ein Nachteil sein.

In meinem Fall war es kein Nachteil. Ich habe viel über Kunst gelernt. Ein gewisses Problem war die Erfolglosigkeit meines Vaters. Über Jahre hinweg lebten wir von dem Geld, das meine Mutter verdiente. Das war sicher nicht leicht. Trotzdem glaube ich nicht, daß an meinen Schwierigkeiten die Erziehung schuld ist.

Sind Sie gläubig?

Ich wurde im Glauben erzogen, und ich bin, obwohl eigentlich Atheist, in meinem Denken immer noch sehr katholisch.

Worin äußert sich das?

Ich habe oft Schuldgefühle.

Wenn Sie Genuß empfinden?

Zum Beispiel. Ist dieses Gespräch eine Psychoanalyse oder ein Interview?

Es ist der Versuch, Sie kennenzulernen.

Das ist schwierig. Ich liebe mich nicht genug, um über mich so lange zu sprechen. Ich habe gute Einfälle. Ich bin vielleicht sogar klug. Aber das genügt nicht. Ich bin mir überhaupt nicht sympathisch. Ich hasse es, in den Spiegel zu sehen.

Wie reagierten Sie, als in der Zeitung stand, daß Sie homosexuell sind?

Es war ein Schock, nicht weil es mir etwas ausmacht, wenn die Leute es wissen, sondern weil ich es zum erstenmal schwarz auf weiß sah. Ich hatte nie darüber gesprochen. Man wird so leicht festgelegt. Homosexuell zu sein, bedeutet viel, aber es bedeutet nicht alles. Es wäre ein Fehler, die Inhalte meiner Arbeit darauf zurückzuführen. Aber nun hat man diesen bequemen Schlüssel.

Ivan Nagel hat es in seiner Kritik über Ihre Pariser Inszenierung der Oper «Lulu» als Argument verwendet.

Ja, das war Unsinn. Denn diese Inszenierung hatte mit meiner Homosexualität bestimmt nichts zu tun.

Ihr Blick auf Liebesdinge ist aber doch sicher ein anderer als der eines sogenannten normalen Mannes, weniger schwärmerisch.

Das kann sein. Das war bei Proust so. Aber es ist nicht die Regel.

Haben Sie je daran gedacht, «Carmen» zu inszenieren?

Nein, nie, aber nicht weil ich homosexuell bin. Ich finde die Geschichte blöd, und ich mag die Musik nicht.

Sind Sie Moralist?

Ich glaube schon.

Das unterscheidet Sie von Genet.

Von Genet unterscheidet mich vieles. Genet hatte bestimmt keine Schuldgefühle. Er war fasziniert, Böses zu tun. Das bin ich überhaupt nicht. Ich könnte zum Beispiel nie einen Freund verraten.

Auch nicht, wenn Sie gefoltert würden?

Das weiß ich nicht. Ich war nie in dieser Situation. Aber ich fürchte, ich wäre nicht mutig.

Sie haben mehrmals zu politischen Ereignissen Stellung bezogen. Ist es Aufgabe des Künstlers, sich in die Politik einzumischen?

Ich denke schon. Aber man muß dabei ehrlich sein. Man darf sich nicht engagieren, nur um sich in der Position eines engagierten Mannes zu fühlen. Das habe ich früher getan. Ich habe mich entrüstet gezeigt, obwohl ich es nicht wirklich war. Ich habe zu oft unterschrieben. Das tue ich heute nicht mehr.

Was hat zur Entwicklung Ihres politischen Bewußtseins am stärksten beigetragen?

Meine erste große Erschütterung war der Algerien-Krieg. Da war ich achtzehn. Damals bin ich auf die Straße gegangen, habe Nächte im Gefängnis verbracht. Den Mai 1968 habe ich schon viel distanzierter erlebt. Viele Studenten, und vor allem die Künstler, die sich mit den Arbeitern verbünden wollten, erschienen mir lächerlich. Es war wie Theater. Das bedeutet aber nicht, daß es umsonst war. Gewisse Vorstellungen sind durch das, was damals geschah, unmöglich geworden. Man kann zum Beispiel jetzt nicht mehr sagen, der Kommunismus sei die einzige Wahrheit, wie es die Linken vor 1968 verkündet haben. Wir schwärmten für Kuba, niemand wußte, warum. Es war eine Mode. Daß die politische Wahrheit mit einem bestimmten Land, einer bestimmten Partei verbunden ist, glaube ich heute nicht mehr. Das ist eine der Lehren, die ich aus dem Scheitern der Revolte von 1968 gezogen haben.

Leiden Sie darunter, daß Künstler auf politische Abläufe so wenig Einfluß haben?

Ich sage immer, die Ohnmacht der Kunst ist ihre Größe, aber so ganz ohne Macht ist sie gar nicht. Ich bin Pessimist, aber in diesem Punkt vielleicht nicht. Ich glaube doch, daß wir mit Kunst etwas bewegen können, nicht viel, aber mehr, als manch einer annimmt.

In einem Manifest gegen die Unterdrückung tschechischer Dissidenten haben Sie 1980 geschrieben, wir Künstler machen euch lachen, Tyrannen.

Das habe nicht ich geschrieben. Ich habe es unterzeichnet. Geschrieben hat es Ariane Mnouchkine. Dieses Pathos ist typisch für sie. So etwas könnte ich gar nicht schreiben. Ariane und ich sind völlig verschieden.

Können Sie das erläutern?

Der Unterschied ist so riesig. Ich weiß gar nicht, wo ich beginnen soll. Zum Beispiel würde ich meine Arbeit nie als «Création collective» bezeichnen, wie Ariane das getan hat. So einen Ausdruck würde ich nie benutzen. Natürlich ist Theaterarbeit die Arbeit von vielen. Das braucht man nicht zu betonen. Es ist selbstverständlich. Trotzdem muß jemand da sein, der alles zusammenhält. Das ist der Regisseur. Er muß wie der Kapitän auf einem Schiff das Kommando haben. Kunst ist nicht demokratisch. Auch Ariane weiß das, und sie verhält sich entsprechend.

Aber sie redet anders?

Ja. Sie glaubt, auf alles eine Antwort zu haben. Das glaube ich nicht. Es gibt Dinge bei ihr, die mir überhaupt nicht gefallen. Dazu gehört, daß alle das gleiche Gehalt bekommen. Jedes Mitglied der Gruppe ist zugleich Schauspieler, Techniker, Bühnenarbeiter und Küchenhilfe. Aber das funktioniert nicht. Ein Schauspieler braucht keinen Nagel einschlagen zu können. Das begreift sie nicht. Deshalb sind ihre Schauspieler so schlecht. Mit denen zu arbeiten ist ganz unmöglich. Ich habe es versucht. Die können nur schreien. Ariane hält das Theater für eine einfache Sache mit einfachen Lösungen, so als genügte es, die Wahrheit wie eine Botschaft hinauszurufen, vollkommen kunstlos. Ihre Themen sind mir zu simpel. Was sie in ihren Stücken erzählt, ist primitiv. Sie reduziert die Wirklichkeit auf ein Klischee. Aber sie gilt als die größte Theaterkünstlerin Frankreichs. Auch politisch wird sie mir vorgezogen.

Wie beurteilen Sie ihre Äußerungen zur Frauenbewegung?

Darüber weiß ich zu wenig.

Sie sagt, Kreativität sei immer weiblich.

Das stimmt nun leider überhaupt nicht. Sicher sind Frauen oft mutiger. Sie ertragen mehr als die Männer. Sie wissen, das Leben zu meistern. Aber gerade die Frauenfiguren bei Ariane finde ich am wenigsten interessant. Sie zeigt die Menschen als Karikaturen. Ihr Stück *Mephisto* fand ich entsetzlich. Die Verkleinerung des Faschismus auf ein so einfaches Schema war genau der Grund, weshalb Hitler zu solcher Macht aufsteigen konnte. Die Wahrheit ist viel komplizierter.

Der Roman von Klaus Mann, der dem Stück zugrunde lag, ist eine Abrechnung mit Gustaf Gründgens, der sich mit dem Hitler-Regime arrangiert hat. Andere haben das auch getan, Richard Strauss, Gerhart Hauptmann. Soeben ist die Diskussion über Heideggers Vergangenheit neu entbrannt.

Aber daß Heidegger Nazi war, hat man doch immer gewußt.

Verdammen Sie diese Leute?

Ich kann nur über Frankreich sprechen. Ich habe mich oft gefragt, wie ich mich damals verhalten hätte. Ich weiß es nicht. Man kann sich nie sicher sein. Ich hoffe nur, ich wäre auf der Seite derer gewesen, die sich nicht mit den Deutschen verbündet haben. Man muß nicht unbedingt Widerstand leisten. Louis Jouvet hat nie etwas gegen die Besatzer gesagt. Aber er hat trotzdem, um Sartres Bild zu gebrauchen, keine schmutzigen Hände. Er ist weggegangen.

Ist die Situation in Frankreich mit der deutschen vergleichbar?

Sicher war es in Frankreich leichter, sich aus allem herauszuhalten. Aber es gab ja genug Kollaborateure. Diese Leute sind für mich nicht akzeptabel. Man muß wissen, auf welcher Seite man steht. Künstler werden in allen politischen Systemen darum gebeten, Stellung zu nehmen, weil der Staat, ganz gleich, wer regiert, die Künstler braucht. Es gibt eine moralische Grenze, an der ein Künstler verpflichtet ist, nein zu sagen. Er darf in einer Diktatur keine öffentliche Position übernehmen.

Richard Strauss hat es getan. Er war noch bis 1935 Präsident der Reichsmusikkammer.

Über Strauss weiß ich zu wenig. Ich bin aber sicher, Wagner hätte das gleiche gemacht. Seine politischen Ansichten sind manchmal unmöglich.

Trotzdem lieben Sie seine Musik.

Ja, sicher. Aber gäbe es eine Oper von Wagner, die ich ideologisch nicht akzeptiere, würde ich sie nicht inszenieren.

Den Siegfried im «Ring» haben Sie einen «Vorläufer des Faschismus» genannt, «ein Wesen, stets bereit zu vergessen», kurzum einen «Verbrecher».

So denke ich immer noch. Wer vergißt, macht sich schuldig.

Ist, wie Nietzsche sagt, das Vergessen nicht die Voraussetzung des Lebens?

Darüber habe ich noch nicht nachgedacht.

Jemand, der nicht vergißt, ist zwar moralisch integer, aber womöglich unfähig zu handeln.

Ich bin kein Philosoph. Aber ich meine, gewisse Dinge sollte man nicht vergessen.

Denken Sie zum Beispiel an die Folterungen in Chile, während Sie Marivaux inszenieren?

Daran denke ich komischerweise wirklich fast immer. Das vergesse ich selten. Insofern ist das ein sehr gutes Beispiel. Der Tod von Allende und Pinochets Machtübernahme deprimieren mich heute noch. Als Allende stürzte, habe ich vor dem Fernseher geweint. Es klingt vielleicht sentimental, aber ich habe tatsächlich Tränen vergossen.

Fällt es Ihnen schwer, Ihre Gefühle zu zeigen?

Was ich am meisten hasse ist Sentimentalität. Ich neige dazu, aber ich versuche, es mir nicht anmerken zu lassen. Ich unterdrücke es. Um gutes Theater zu machen, darf man nicht sentimental sein.

Kommt es vor, daß Sie sich selbst bedauern?

Ja, oft. Ich bin sehr egozentrisch. Ich bedaure mich zum Beispiel in meiner Einsamkeit.

Sind Sie denn immer noch einsam?

Nicht so wie früher. Aber man kann auch in der Arbeit, unter Menschen, allein sein. Je älter ich werde, desto schwerer wird es, die

Einsamkeit auszuhalten. Ich bin dreiundvierzig. Der Tod kommt näher. Ich fühle in mir eine Sehnsucht nach Leben. Die Kunst genügt nicht. Ich zweifle, ob es überhaupt etwas gibt, das genügt. Ich glaube nicht, daß man glücklich sein kann. Schreiben Sie, daß ich ein Fatalist bin.

1988

Claus Peymann

Mein Gespräch mit Claus Peymann in seiner Eigenschaft als Direktor des Wiener Burgtheaters löste einen Skandal aus, der durch die geradezu monströse Bedeutungslosigkeit dessen, was ihn bewirkt hat, ein schönes Beispiel ist für die heutige Geistesverfassung derer, die das, was man Kultur nennt, repräsentieren. Am 26. Mai 1988 erschien das Interview mit dem Titel *Ich bin ein Sonntagskind* in der *Zeit*. Tags darauf machten die ersten Zitate die Runde. Am 28. Mai verbreitete das österreichische Fernsehen in seinem *Kulturjournal* die anstößigen Stellen. Wenig später war die *Zeit* in Wien ausverkauft. Aber das störte nicht weiter. Die Erregung genügte. Mit Recht konnten sich durch den (hier übrigens erstmals vollständigen) Text folgende Personen beleidigt fühlen: die Politiker Kohl*, Rau und Waldheim, die Schriftsteller Frisch, Dürrenmatt, Handke, Müller, Kroetz, Strauß und Hochhuth, die Regisseure Grüber, Bogdanov, Dorn, Benning, Schaaf, Tabori und Zadek, die Schauspieler Minetti und Wussow, der Showmaster Carrell, der Fußballer Beckenbauer. Doch gerade die Beleidigten regten sich nicht auf. Zwar dementierte der österreichische Bundespräsident Waldheim, Peymann geküßt zu haben. Peter Zadek verteidigte in einem Leserbrief «Tempo, Energie und Courage» seines Nachfolgers als Intendant des Hamburger Schauspielhauses, Michael Bogdanov. George Tabori bot Peymann, um den er sich sorge, therapeutische Hilfe an, und Peter Handke sagte mir am Telefon, er habe entgegen Peymanns Behauptung in seinem Leben noch nie eine Schlaftablette genommen und folglich auch nicht «auskotzen» können. Richtig empört jedoch zeigten sich ausschließlich solche Leute, die in dem Interview gar nicht erwähnt sind, der Kritiker

---

* Der deutsche Bundeskanzler kam in der gekürzten Version, die in der *Zeit* erschien, nicht vor, wohl aber in einer um einige Passagen erweiterten Fassung, die von der Zeitschrift *Theater heute* abgedruckt wurde.

Marcel Reich-Ranicki zum Beispiel, der im Zweiten Deutschen Fernsehen die *Zeit* beschimpfte, weil sie das Gespräch veröffentlicht hatte. Der Anstand erfordere, ein derart inhumanes Geschwätz in einer seriösen Zeitung nicht abzudrucken. Als besonders unanständig empfand Reich-Ranicki Peymanns Bemerkung über den «Größenwahn» des Schauspielers Bernhard Minetti. Zwei Wochen später erklärte Minetti im «Sonntagsgespräch» des ZDF, daß man ihn als größenwahnsinnig bezeichne, störe ihn nicht. Ohne Größenwahn sei in der Kunst Qualität nicht möglich. Übertroffen wurde Reich-Ranicki von seinem Kollegen Hans Weigel aus Wien, der in einer Rede anläßlich der Verleihung des «Staatspreises für Verdienste um die österreichische Kultur im Ausland» von einer «Österreicher-Verfolgung», ja einem «Österreicher-Pogrom» sprach, weil am Burgtheater nicht nur ein deutscher Direktor, sondern auch noch mehrere deutsche Schauspieler beschäftigt seien. Man muß das schon wörtlich zitieren. Nicht gegen die Deutschen im allgemeinen, so Weigel, wehre er sich, sondern gegen jene, «die sich einen Staat im Staat geschaffen haben, der zwar vorläufig mit dem Areal des Burgtheaters begrenzt ist, aber man weiß ja nie, was kommen wird und kommen soll». Weigel schloß mit dem Satz: «Wir haben die Jahre des Dritten Reichs überlebt, wir werden auch das überleben, danke.» Jedoch nicht aus Protest gegen Weigel, sondern gegen Claus Peymann gab der deutsche Schauspieler Hans Michael Rehberg seine Rolle in dem inzwischen uraufgeführten Theaterstück *Heldenplatz* von Thomas Bernhard zurück. Ersetzt wurde er (von Peymann) durch einen Österreicher. Insgesamt 114 Schauspieler des Burgtheaters sprachen sich gegen ihren Direktor aus. Erika Pluhar (Jahrgang 1939) drohte laut einem Bericht der Wiener Zeitung *Die Presse* mit ihrer vorzeitigen Pensionierung. Ein Scherz war das nicht. Burgschauspieler sind, ein Wiener Kuriosum, nach einer bestimmten Beschäftigungsdauer unkündbar und pensionsberechtigt. Aber nicht nur die doch immerhin irgendwie betroffenen Schauspieler aus Wien meldeten sich zu Wort. Helmut Griem kommentierte das Ereignis in der Münchner *Abendzeitung* mit diesen Worten: «Große Würste scheißen wollen, lieber Peymann, aber ein zu kleines Arschloch haben, ist nicht abendfüllend.» Welch ein Abgrund! Ich halte das Interview mit Peymann keineswegs für mein bestes, auch nicht für mein wichtigstes. Seine Folgen allerdings heben es in den Rang einer gruseligen Enthüllungs-Posse. Ein Theaterdirektor läßt die Hosen herunter, und alle, die ihn schon immer nicht ausstehen konnten, beeilen sich, es ihm nachzumachen.

Ihr Vertrag als Burgtheaterdirektor läuft noch drei Jahre*. Nachfolger von Peter Zadek in Hamburg können Sie nicht mehr werden.
ollte ich gar nicht. Dort hat man eine drittklassige Figur aus England, Bogdanov oder wie der heißt, zum Intendanten gewählt, weil er die Etatkürzungen mitmacht. Das ist das Ende des Hamburger Schauspielhauses.
Wie lange wollen Sie in Wien weitermachen?
Solange ich produktiv arbeiten kann. Wenn Sie wüßten, was für eine Scheiße ich hier erlebe! Man müßte dieses Theater von Christo verhüllen und abreißen lassen. Vielleicht schmeiße ich morgen schon alles hin. Beim österreichischen Kanzler Vranitzky liegt gerade ein Rücktrittsgesuch.
Gedroht haben Sie bereits öfter. Worum geht es denn diesmal?
Um eine Lüftungsanlage. Es gibt im Haus drei Lüftungsanlagen, die behördlich erzwungen wurden und alle außer Betrieb sind. Jetzt will man eine vierte einbauen. Dieses Land ist ein Irrenhaus. Hier muß zum Beispiel der Bauminister persönlich die Verantwortung für eine Kiste tragen, die in der Fallbahn des eisernen Vorhangs steht. Über eine Zigarette, die auf der Vorbühne geraucht wird, entscheidet der Bundeskanzler. An solchen Entsetzlichkeiten der banalsten Art werde ich scheitern.
Oder Sie konzentrieren sich auf das Wesentliche.
Die Kiste war wesentlich, die Zigarette auch. Das sind für einen Regisseur Lebensfragen. Ich habe in Hamburg eine Inszenierung beinahe sausen lassen, weil man ein Besteck um 3000 Mark nicht genehmigen wollte. Der Thomas Bernhard bringt sich um, wenn zwei Tippfehler sein Stück entstellen.
Bernhard schreibt. Sie dagegen haben mit Menschen zu tun.

---

* Inzwischen wurde der Vertrag bis 1993 verlängert.

Wo liegt da der Unterschied?

Menschen kann man nicht korrigieren wie Dichterworte.

Das ist auch nicht meine Absicht. Ich habe eine große Vorliebe für das Improvisierte, andererseits eine nicht bezähmbare Sehnsucht nach Perfektion. Das ist mein Problem. Ich liebe die Spontaneität, aber ich bin, darüber dürfte ich gar nicht sprechen, ein Vergewaltiger auf der Probe. Wenn in den Kopf eines Schauspielers nicht hinein will, was ich mir vorgestellt habe, wende ich die bedingungsloseste und brutalste Gewalt an. Das geht von Gebrüll bis zu Mord und Totschlag. Ich breche den Widerstand, und ich weiß, daß es andere Regisseure genauso machen.

Ihr Kollege George Tabori sagt, er bevorzuge die sanfte Methode.

Davon glaube ich ihm kein Wort. Tabori ist eine absolute Sau in der Arbeit. Der gibt in nichts nach, ein Tyrann erster Güte.

Ein Wunder, daß die Schauspieler sich das gefallen lassen.

Es ist ja zu ihrem Nutzen. Oda Thormeyer, die Miranda in meiner *Sturm*-Inszenierung, ist deshalb eine tolle Schauspielerin, weil sie durchgestanden hat, was ich an Quälereien und Verzweiflungen mit ihr angestellt habe. Es war furchtbar, aber dafür hat sie jetzt einige wirklich bewegende Augenblicke. Diese Aufführung wird sich für ihre Karriere als ein historisches Datum erweisen. Leider haben davon die Kritiker nicht das geringste begriffen.

Die Inszenierung wurde total verrissen.

Ja, schrecklich.

Man hat Ihnen Harmlosigkeit vorgeworfen.

Eine Schweinerei ist das. Man akzeptiert nicht, daß in deutschen Theatern gelacht wird, außer bei Feydeau oder Ayckbourn. Eine Art Düsternis wird propagiert. Das deprimiert mich zutiefst. Man hat ja auch meinen *Richard**** verrissen. Gelobt wurde ausschließlich Herr Voss. Mit dem *Wintermärchen* ist es mir genauso ergangen. Das hat zur Folge, daß ich überlege, ob ich *Wie es euch gefällt*, das von mir als nächstes geplante Stück, überhaupt inszenieren soll. Ich bin dabei, umzusteigen.

Das sollten Sie nicht tun.

Ich weiß, ich muß mich befreien. Aber leicht ist es nicht. Man ver-

---

* *Richard III.* von Shakespeare mit Gert Voss in der Titelrolle.

innerlicht solche Attacken. Trotz aller Verachtung der Theaterkritiker, auch als Personen, verstellen sie einem den Blick auf die eigene Arbeit. Sehen Sie sich doch an, wie verhärmt Heyme herumläuft. Peter Stein rührt keinen Shakespeare mehr an.

Stein sagt, er lese keine Kritiken mehr.

Das verstehe ich gut. Aber was nützt es? Nach den verheerenden Kritiken für meinen *Sturm* war es schwer, die Schauspieler wieder in Laune zu bringen, auf die Bühne zu gehen. Man braucht die Bestätigung. Früher, als man mich lobte, habe ich, wenn es mir schlecht ging, zwanzig Hefte *Theater heute* um mich herum auf den Boden gelegt und mich auf diese Weise ganz pubertär angefeuert. Man stellt sich doch jeden Morgen die Frage, ob das, was man macht, überhaupt Sinn hat.

Hätten Sie eine Alternative?

Das weiß ich nicht. Ich habe in diesem Beruf, was auch ein Glück ist, wenig Gelegenheit, über mich nachzudenken. Andere gehen zum Psychiater, um sich kennenzulernen. Daran bin ich nicht interessiert.

Haben Sie Angst vor dem, was Sie erfahren könnten?

Was meinen Sie?

Ihre Abgründe zum Beispiel.

Abgründe habe ich keine, abgesehen davon, daß ich mich weigere, erwachsen zu werden. Das könnte man vielleicht abgründig nennen. Ich trage zwar, seit ich fünfzig bin, keine Bluejeans mehr, aber meine Träume sind immer noch Kinderträume. Ich erfülle mir ununterbrochen den Traum, daß das Leben ein Märchen ist, in dem das Gute eindeutig gut und das Schlechte schlecht ist, und ich gehe bedingungslos davon aus, daß dieser Traum erlaubt ist, das heißt, ich vertrete ihn, wenn es sein muß, mit aller Brutalität und äußerstem Raffinement.

Möglicherweise ist das die falsche Voraussetzung, um Shakespeare zu inszenieren.

Das glaube ich nicht. Im *Sturm* träumt auch Shakespeare. Das ist ein Stück über die Vision einer besseren Welt.

Ja, aber die zur Realisierung dieser Vision gebrauchten Mittel, List, Betrug, Unterdrückung, lassen auf eine pessimistische Weltsicht schließen.

Ich sehe das nicht so. Prospero verhält sich wie ein Regisseur auf der Probe. Er unterdrückt nur, um sein Ziel zu erreichen. Entscheidend ist dabei, was herauskommt. Denken Sie an Fehling oder an Kortner. Das waren Despoten, aber gerechtfertigt durch das Ergebnis.

Heißt das, der Zweck heiligt die Mittel?

Bis zu einem gewissen Grad ja. Wenn Sie Scheiße produzieren, ist das natürlich schlecht. Aber wenn das Resultat dazu beiträgt, die Gesellschaft positiv zu verändern, fragt hinterher keiner, wie es zustande kam.

In der Politik wäre das ein fataler Standpunkt.

Aber ich bin kein Politiker. Diese Parallele ziehe ich nicht. Falls Sie im Hinterkopf das Konzept verfolgen, mich hier als einen potentiellen Diktator und Unmenschen hinzustellen, unterlägen Sie einem tragischen Irrtum.

Als Diktator haben Sie sich doch selbst hingestellt.

Ja, auf der Probe. Das bedeutet nicht, daß ich mich in der Realität so verhalte.

Weil Ihnen die Gelegenheit fehlt.

Die wird mir immer fehlen.

Das kann man nicht wissen.

Ich weiß das. Ich lebe zwar mit Kurt Waldheim in einer Stadt und arbeite nur 200 Meter von seinem Büro entfernt. Aber sonst verbindet mich mit diesem Mann gar nichts. Er hat mich erst neulich überraschenderweise in den Nacken geküßt.

Sie scherzen!

Nein. Er hat sich von hinten an mich herangeschlichen. Ich saß mit einem Besucher im Hotel *Imperial*. Plötzlich kam von hinten der Bundespräsident an mich heran und küßte mich. Er war im *Richard* gewesen und wollte mir gratulieren. Auch seine Frau sei ganz begeistert. Seine Tochter habe noch nie einen so guten *Richard* gesehen. Er überschlug sich förmlich. Mein Gegenüber konnte es gar nicht fassen.

War Ihnen das angenehm?

Was sollte ich machen? Es war eine Vergewaltigung.

In der Öffentlichkeit haben Sie sich zum Thema Waldheim bisher zurückgehalten.

Ja, weil es ihm doch nur nützen würde, von einem, der politisch links steht, beschimpft zu werden. Aber in der Arbeit bin ich auf das Thema* schon eingegangen.

Indem Sie Hochhuths «Stellvertreter» aufführen ließen?

Zum Beispiel.

Finden Sie das Stück gut?

Nein, grauenhaft, und ich würde es auch nie inszenieren. Aber es hat herrlich gepaßt. Besser konnte man in der gegenwärtigen Situation nicht reagieren. In einem Land mit einer katholischen Personalpolitik, die zum Himmel stinkt, in dieser Wenderepublik Österreich, wo unter dem Deckmantel des Katholizismus wirklich alles legalisiert wird, war dieses Stück, noch dazu im Jahr des Papstbesuchs, die einzige moralisch richtige Antwort.

Darüber ließe sich streiten.

Inwiefern?

Der wahre Moralist sucht den Mörder in sich, nicht im andern.

Darin stimme ich Ihnen voll zu. Deshalb ist Shakespeare der Himalaya der Theaterliteratur. Die Mörder in Shakespeares Stücken bestehen zum größten Teil aus ihm selbst. Dagegen ist Hochhuth ein schwacher Journalist, im besten Falle ein Kolporteur.

Weil er als Ankläger auftritt, ohne sich selbst zu entblößen.

Genau.

Aber das tun Sie doch auch.

Nein, denn ich entblöße mich ununterbrochen in meiner Arbeit. In dem Stück *Theatermacher* von Bernhard habe ich einen rabiaten Selbstverwirklicher inszeniert, größenwahnsinnig, autoritär, einen Idealisten und Don Quijote, der auf den österreichischen Dörfern scheitert. Das ist ein Mensch, der mir sehr ähnlich ist. Da bin ich mir der Realität des Mannes als Familientyrann und Menschenvernichter schmerzlich bewußt geworden. Diese erlaubten Selbstentblößungen sind das Herrliche an der Kunst. Auch in einem KZ-Wächter oder SS-Mann, den Bernhard auf die Bühne bringt, stelle ich einen Teil von mir selbst dar. Insofern haben Sie natürlich recht, daß in mir kaum faßbare Abgründe schlummern. Jede Theaterprobe ist doch die Offenbarung des Grauenhaftesten und Mör-

---

* Kurt Waldheims Kriegs-Vergangenheit.

derischsten, das man sich vorstellen kann, aber nicht in der Form, daß sich die Schauspieler wimmernd am Boden wälzen und blöde herumbrüllen. Diese Art von Exhibitionismus, die mit modernem Theater verwechselt wird, finden Sie bei Tabori. Damit habe ich nichts im Sinn. Da gehe ich lieber schön vögeln.

Nach welchen moralischen Grundsätzen sind Sie erzogen worden?

Weiß ich nicht. Ich glaube, es hatte mit Sport zu tun. Mein Vater war Turner. 1936 gewann er eine olympische Goldmedaille. Ich spielte Fußball als Knabe, und zwar glänzend. Ich war ein enorm schneller Läufer und konnte mit beiden Beinen schießen.

Hat sich Ihr Vater politisch betätigt?

Er war Nazi, Obersturmbannführer, von Beruf Lehrer, einer der typischen Nazis mit gutem Charakter. In der Kristallnacht ist er zwar losgezogen, hat aber die Geschäfte jüdischer Freunde bewachen lassen, damit nichts passiert. Meine Mutter war eine halbe Antifaschistin. Als sie am 20. Juli über BBC London vom Anschlag auf Hitler erfuhr, hat sie aus dem Fenster geschrien, das Schwein ist tot, und ist verhaftet worden. Also was die Grundsätze angeht, war ich ziemlich gespalten. Wir wußten, daß es Lager gab, in denen Juden getötet wurden. Wir bekamen die Seife aus Auschwitz. Trotzdem hofften wir auf den Sieg. In den Hochleitungsmasten hingen die Leichen abgeschossener Amerikaner. Das erlebte man als Kind mit einer Mischung aus Angst und Abenteuerromantik. Nachts haben wir Indianerschwüre gegen den Feind geleistet.

Haben diese Erfahrungen Ihre berufliche Entwicklung beeinflußt?

Sie haben zumindest dazu geführt, daß ich etwas verändern wollte.

Durch Kunst?

Ja, durch Kunst. Sie können mich ja für blöde halten. Aber ich glaube an das Theater als moralische Anstalt. Ich glaube an die Erziehbarkeit des Menschen durch Kunst, weil sich Kunst, wenn sie gut ist, mit dem Auffinden der Wahrheit beschäftigt, und zwar auf durchaus vergnügliche Weise. Das Theater ist dazu da, Feste hervorzubringen, damit das Gute, Wahre und Schöne gefeiert werde.

Wunderbar formuliert, nur ist leider das Schöne nicht immer gut und das Wahre oft häßlich.

Herrgott, das weiß ich natürlich. Ich weiß auch von der Schönheit des Krieges. Ich kenne die Faszination eines Kavallerieangriffs. Ich weiß, daß die schönsten Flugzeuge Kriegsflugzeuge sind. Ich bin nicht so spießig zu sagen, den Schrecken des Krieges könne man schon an der Form erkennen. Mir ist klar, daß die Präzision eines Manövers auch etwas mit Kunst zu tun hat. Das ist gut inszeniertes Ballett. Ich liebe die Präzision. Aber all diese Erkenntnisse können mir meinen Optimismus nicht nehmen.

Sehen Sie fern?

Ja, Nachrichten. Ich sehe das, und ich nehme es mit in die Arbeit. Ich arbeite aus dem Schreckerlebnis heraus, daß israelische Soldaten vor laufenden Kameras Palästinensern die Arme brechen. Das habe ich ständig vor Augen. Mit diesem Entsetzen gehe ich auf die Probe.

Aber es lähmt Sie nicht.

Nein, es beflügelt mich. Ich versuche, eine Gegenwelt aufzubauen. Das Theater hat sich immer als staatsfeindlich und menschenfreundlich empfunden. Wir machen die Mächtigen lächerlich. Wir ziehen ihnen die Hosen aus. Ich interessiere mich sehr für die menschliche Lüge. Ich beobachte, wie Helmut Kohl aussieht, wenn er sagt, er sei tapfer, und in Wirklichkeit feig ist. Mich stört an Kurt Waldheim keine Sekunde, was er während des Krieges gemacht hat. Das nehme ich ihm überhaupt nicht übel. Wer weiß, wie ich mich damals verhalten hätte. Was ich ihm übelnehme ist, daß er lügt. Das allein disqualifiziert ihn. Da kenne ich keine Gnade.

Muß es nach allem, was Sie eben vertreten haben, nicht Ihr Bestreben sein, ihn zur Einsicht zu bringen?

Also hören Sie, so dämlich bin ich nun wieder nicht, das für möglich zu halten.

Freut es Sie, daß er Ihr Theater bejubelt?

Ich muß es ertragen. Das Dilemma unseres Berufs ist, daß wir Stücke aufführen, um die Leute herauszufordern, zugleich aber enttäuscht sind, wenn sie nicht klatschen. Ein Buch bleibt. Meine Inszenierungen sind vergänglich. Wir müssen, auch wenn wir das Publikum provozieren, gefallen. Die _Dreigroschenoper_ wurde von der Bourgeoisie, gegen die sie gerichtet war, am meisten bejubelt. Ein Faschist, der sich ein Stück von Brecht oder Lessing ansieht, kommt als derselbe Faschist aus dem Theater wieder heraus. Darüber bin ich mir völlig im klaren.

Trotzdem beharren Sie auf der Behauptung, daß das Theater die Menschen verändert?

Ich kann nicht anders.

Aber das ist doch absurd.

Mag sein. Dann bin ich eben ein Narr. Ist mir auch recht. Ich brauche die Illusion, mit dem, was ich tue, zur Veränderung der Gesellschaft in einem moralischen Sinn beizutragen. Sonst müßte ich meinen Beruf aufgeben.

Genügt es nicht, daß Ihnen die Arbeit Spaß macht?

Das wäre zu wenig.

Auch die gute Bezahlung könnte ein Grund sein. 200 000 Mark bekommen Sie im Jahr als Direktor, dazu rund 40 000 pro Inszenierung.

Geld interessiert mich nicht. Das liegt auf der Bank, ich weiß nicht einmal, wo. Sicher bin ich einer der teureren Regisseure. Ich habe einen siebzehnjährigen Sohn.* Als er in der Schule erzählte, was ich verdiene, hat ihm das großen Respekt verschafft. Aber mir bedeutet es überhaupt nichts. Ich fahre nicht Auto, besitze keine Yacht und kein Haus in Italien. Also des Geldes wegen bin ich bestimmt nicht zum Theater gegangen. Man weiß doch oft gar nicht, aus welchen Gründen man etwas macht.

Vielleicht, um sich abzulenken.

Das wäre möglich. Ich fliehe geradezu auf die Proben. Aber ich reflektiere das nicht. Mein Beruf bringt eine gewisse Motorik mit sich, die mich davor bewahrt, in Grübelei zu verfallen.

Was machen Sie, wenn Sie allein sind?

Ich lese. Ich bin, das muß man auch einmal sagen, ein relativ gebildeter Mensch, weitaus gebildeter als die meisten anderen Regisseure.

Gebildet, aber frei von Gedanken.

Ja, ist doch herrlich! Ich schöpfe dauernd. Ich bringe etwas hervor. Warum soll ich das ändern? Aus welcher Verzweiflung oder Unsicherheit oder Lebensangst ich meine Arbeit mache, ist doch völlig egal. Meine Sehnsucht, nicht erwachsen zu werden, ist zum Teil

---

* Anias, geboren 1970.

auch ein Kampf, nicht über alles Bescheid zu wissen. Ich schäme mich nicht meiner Windeln. Kann sein, daß ich ein Stück meiner Lebensrealität dabei verdränge. Aber das ist doch sehr schön.

Andererseits ist es genau das, was Sie Waldheim zum Vorwurf machen.

Nein, denn es ist ein Unterschied, ob man Menschen auf dem Gewissen hat oder sich ins Theater flüchtet.

Wer weiß, was Sie alles auf dem Gewissen haben.

Ich habe, soweit ich das überschauen kann, eine saubere Weste. Was wollen Sie eigentlich aus mir herausbekommen?

Ich will Sie zum Denken bringen.

Das ist vergebliche Mühe. Ich habe nicht die Neigung, alles bis ins letzte ergründen zu wollen. Für mein Leben wäre das auch nicht praktisch. Ich will inszenieren, und ich will dieses Theater leiten. Wer sich zum Ziel gesetzt hat, Burgtheaterdirektor zu werden, muß sowieso völlig verrückt sein. So etwas macht nur ein Irrer. Dieses Haus besteht aus zehn Millionen Quadratmillimetern. Davon versuche ich jeden Tag fünf zu verbessern. Haben Sie den Theatereingang gesehen? Der war früher ein dreckiges Loch. Jetzt ist er hell, mit einem Transparent geschmückt, schönen Fotos.

Wenn das alles ist!

Es ist schon sehr viel. Ich möchte, daß Schönes entsteht. Warum soll es in unserer Gesellschaft nicht etwas geben, wo für eine bestimmte Zeit die Gesetze der Realität außer Kraft sind? Zwischen halb acht und elf Uhr abends passiert hier das Unmögliche, die Illusion, der Traum, auch der herrliche Mord. Wir sitzen im Zuschauerraum und freuen uns, daß auf der Bühne ein Verbrechen geschieht. In gewissem Sinn ist das Theater ein exterritoriales Terrain, auf dem sich im kleinen die Welt wiederholt, tiefer, kompletter, etwas mehr überschaubar. Früher hatten die Menschen Angst, den Bären zu jagen. Also haben sie ihn gespielt. Heute spielen die Kinder Onkel Doktor, bevor sie zum Arzt gehen. Das Theater war seit jeher Teil des menschlichen Lebens und wird es bleiben, unausrottbar, unsterblich, durch nichts zu ersetzen.

Gut und schön, nur gehen die meisten Menschen ihr Leben lang nicht hinein.

Das stimmt nicht. Wir haben eine Platzausnutzung von über 90 Prozent. Das sind 1500 Zuschauer täglich, 500000 im Jahr.

Immer noch eine Minderheit.
Aber eine sehr qualifizierte. Die Wirkung, die ich mit dem Theater erreiche, geht doch unendlich tiefer als der ganze Herr Beckenbauer oder die Unterhaltungsscheiße von Herrn Carrell oder Herrn Wussow. Ich konkurriere ja nicht mit der *Schwarzwaldklinik.* In einer auf Vereinsamung abgestellten Gesellschaft, in der die Leute dösend vor dem Fernseher sitzen, sich besaufen und Salzstangen fressen, biete ich das Gruppenerlebnis, die gemeinsame Erschütterung, das gemeinsame Lachen. In manchen meiner Aufführungen ist es vor Schluchzen kaum auszuhalten.

Ist Wussow noch Schauspieler am Burgtheater?
Er ist nach den Bestimmungen, die hier gelten, nicht kündbar. Aber er ist für die Bühne verloren. Er kann vielleicht noch den Arzt am Scheideweg oder den Arzt wider Willen spielen. Man sieht ihn doch gedanklich, selbst wenn er ganz normal im Kaffeehaus sitzt, nur noch im weißen Kittel. Ich gebe ihm Dauerurlaub.

Hat sich im übrigen Ihr Verhältnis zu den Mitgliedern des angestammten Ensembles gebessert?
Es war nie schlecht. Auch Wussow ist immer sehr nett zu mir. Das einzige Problem ist, daß man in Wien, bevor ich kam, nie ernsthaft geprobt hat. Die Begegnung mit dem Geist, dem Regisseur, fand nicht statt. Es herrscht heute, auch in Deutschland, der Trend, die Schauspieler zu wichtig zu nehmen. Sie sind wichtig. Sie waren es immer. Aber die pompöse Gebärde, mit der sie im Augenblick durch die Gegend rennen, finde ich unangemessen. Den Größenwahn eines Bernhard Minetti kann ich kaum noch ertragen. Wenn ich ihn anrufe, redet er ununterbrochen. Er will jetzt auch inszenieren, *Frühlings Erwachen.*

In seinen Memoiren beklagt er die Ohnmacht der Schauspieler, die auf Besetzung und Spielplan keinerlei Einfluß hätten.
Ach, wissen Sie, da ist auch viel Koketterie dabei. Schauspieler sind oft sehr dumm. Sie müssen am Abend der König sein, sich aber beim Probieren vom Regisseur führen, meinetwegen auch manipulieren lassen. Dieser Zwiespalt zerreißt sie. Was ich bewundere ist ihr Wagemut, auf die Bühne zu gehen. Ich würde zusammenbrechen vor Angst. Mir fehlt auf der einen Seite der größere Kopf der Literatur, der Wahnsinn des Schreibens. Einem Thomas Bernhard

ordne ich mich bedingungslos unter, weil ich weiß, meine Muni-
tion reicht nicht, um das zu können. Auf der anderen Seite fehlt mir
das Heldentum und die Blödheit des Spielens. Boy Gobert, Gott
hab ihn selig, hat einmal gesagt, er habe nach vierzig Jahren endlich
erkannt, daß es nicht sein Beruf sei, morgens aufzustehen, um sich
abends rote Tünche ins Gesicht schmieren zu lassen.

Ein bitterer Satz.

Sicher, aber er trifft genau das Problem. Der Schauspieler ist das
Medium. Wir sind die Veranstalter. Wir organisieren einen Thea-
terabend mit allen Tricks und Schikanen. Manchmal sind wir auch
halbe Dichter. Früher war der Autor zugleich Regisseur. Molière
und Shakespeare haben das herrlich in sich vereint. Inzwischen ist
das leider auseinandergefallen.

Wieso leider? Würde es wieder wie damals, wären Sie brotlos.

Da habe ich keine Sorge, denn in meiner Generation wird das nicht
mehr passieren.

*Es gibt Gegenbeispiele. Kroetz schreibt, inszeniert und macht neuerdings
auch als Darsteller Karriere.*

Was ich an Kroetz bemerke, ist, daß er den schrecklichen Fehler
macht, erwachsen zu werden.

Kann das nicht eine Pose sein?

Das will ich zu seinen Gunsten sehr hoffen. Kennen Sie sein letztes
Stück, *Der Dichter als Schwein*, dieses Auskotzstück, wo er ganz
exhibitionistisch und sentimental über sich selbst schreibt? Fürchterlich!

Sentimental sind Sie auch.

Ja, aber ich lache darüber. Außerdem bin ich scheu. Ich attackiere
gern, aber ich wäre nicht larmoyant genug, mein Innenleben so
nach außen zu tragen. Meine Neurosen sind nicht ergiebig, meine
Abstürze kein Thema. Ich halte das lieber zurück. Ich bin ja kein
Politiker, der öffentlich auftritt.

Sollen Politiker ihre Neurosen zeigen?

Sie sollen zumindest den Mut haben, ihre Schwächen nicht zu verbergen. Als Otto Schily im Bundestag weinte, war das ein großer
Moment. Den Schmerz und die Reue über die deutsche Schuld auf
diese Weise zum Ausdruck zu bringen, fand ich ganz toll. Meine
großen Momente sehen Sie auf der Bühne. Ich halte mich mittler-

weile für einen Regisseur, dessen Inszenierungen, selbst wenn sie mißlingen, zu den besten gehören. Ich bin nicht so superintelligent wie Peter Stein, obwohl Stein in der Vision oft erschreckend schwach ist. Die Qualität von Stücken erkennt er nicht. Da irrt er sich häufig. Doch auf der Probe ist er der einzige Weltmeister des deutschen Theaters. Meine Aufführungen kann man lieben, seine habe ich immer bewundert. Er steht an der ersten Stelle.

Und wo stehen Sie?

Ich verteile keine Zensuren, ich will nur sagen, daß ich mir der Unvollständigkeit meiner Arbeit immer bewußt bin.

Welche Note würden Sie Zadek geben?

Für Zadek ist das Theater ein Amüsierbetrieb. In diesem Punkt unterscheiden wir uns fundamental. Er träumt immer noch, der junge, zornige Anarchist zu sein, der das steife Hamburger Schauspielhaus in eine flitzige Bude verwandelt. Welch tragischer Irrtum! Ich kenne ihn gut. Er ist das größte Kind von uns allen. Aber ich will das gar nicht bewerten. Die Motive, weshalb jemand Theater macht, sind sehr verschieden. Meine Triebkraft ist die Empörung. Ich bin merkwürdigerweise so verblödet oder engstirnig, daß ich mich immer wieder in Zorn bringen kann. Andere brauchen den Alkohol. Der Anteil der Säufer in diesem Beruf ist ungeheuer.

Trinken Sie nicht?

Ich trinke nachts, aber mäßig. Auch Goethe hat gelegentlich Wein getrunken. Die Situation des Künstlers über fünfzig ist doch immer die gleiche. Er hat sein Leben lang nichts anderes versucht als Anschluß zu finden, und nun sitzt er da und stellt fest, daß ihm das niemals gelingen kann. Wir eignen uns nicht zum Familienpapi und Häuschenbesitzer. Unsere Besessenheit läßt das nicht zu.

Aber Sie sind doch verheiratet.

Ja, aber seit Jahren getrennt. Meine Frau* lebt in Berlin. Unser Sohn ist ohne mich aufgewachsen. Diese Ehe entstand, weil wir dadurch eine billige Wohnung bekamen.

Heute suchen Sie sich die Lebenspartnerinnen in Ihrem Ensemble.

Das ergibt sich so. Es ist ja kein Geheimnis, daß ich viele Jahre mit der Schauspielerin Therese Affolter eine Affäre hatte.

---

* Barbara Peymann

Danach kam Julia von Sell.

Sie sind gut informiert. Ich gebe zu, ich bin jemand, der ohne Frauen nicht leben kann. Ich ertrage es nicht, allein aufzuwachen, geschweige denn einzuschlafen. Ich fürchte die Einsamkeit.

Ist es nicht problematisch, daß Sie für Ihre Geliebten zugleich der Chef sind?

Doch, natürlich, und es hat auch immer katastrophal geendet.

Sind Sie verlassen worden?

Ach Gott, wie soll man das sagen? Wir Männer sind doch furchtbare Schweine. Ich erwarte die unbedingte Treue, bin selbst aber untreu. Trotzdem ist es ein Schmerz, wenn die Frau schließlich weggeht. Ich habe zwei Jahre gebraucht, um die Trennung von Therese zu überwinden.

Haben Sie daran gedacht, sich das Leben zu nehmen?

Ja, auch. Aber ich wäre bestimmt geschickter gewesen als Peter Handke, der die Tabletten wieder ausgekotzt hat. Er hatte ja die gleichen Probleme. Seine Scheidung von Libgart Schwarz geschah auch nicht aus heiterem Himmel. Er hat sie dauernd mit anderen Frauen betrogen, war aber ganz erstaunt, als sie weglief. Sie ist von Düsseldorf zu mir nach Frankfurt geflohen und hatte dann ein Verhältnis mit dem Lyriker Adam Seide. Handke wußte nicht, wo sie war, und hat Interpol eingeschaltet. Ich glaube, seine Bücher sind eine Art Selbsttherapie. Er bringt sein Leben in Ordnung. Teilweise ist mir das, was er jetzt schreibt, ganz unerträglich. Er denkt auf geradezu rührende Weise reaktionär. Da kann ich ihm nicht mehr folgen.

Gibt es, abgesehen von Thomas Bernhard, Autoren, zu denen Ihnen Positives einfällt?

Also den Bernhard halte ich für den wahrscheinlich größten Dichter der Gegenwart, gerade weil er so viel über Liebesbeziehungen aussagt. Das wird ja oft abgestritten. Man sagt, die Frauen in seinen Stücken kämen schlecht weg. Absoluter Quatsch! Botho Strauß, der das gleiche Thema behandelt, produziert meistens Kitsch, während Bernhard die Wahrheit und die Widersprüche solcher Beziehungen darstellt, weil er die Liebe erkennt als das, was sie ist, nämlich als Machtkampf. Einer redet, der andere schweigt. Wie soll es sonst sein? Im Grunde ist er ein zutiefst moralischer Autor. Ich bin ein viel zu fröhlicher Mensch, um mich lebenslang mit einem Zyniker abzugeben.

Mögen Sie Heiner Müller?

Ich schätze ihn, obwohl er, wenn man ihn näher kennt, ein ganz biederer Mensch ist, einerseits ein Maulheld der Revolution, andererseits ein typischer Kleinbürger, autoritätshörig, ängstlich, man glaubt es kaum. Insgeheim sind beide, Bernhard wie Müller, konservativ, Anarchisten nach Gutsherrenart. Nur kann der Bernhard halt besser schreiben.

Das sieht Müller ganz anders.

Nein, ich glaube, er weiß es. Er ist ein bescheidener, preußischer Dichter und fast einfältig als Regisseur. Ich habe ihn in Bochum erlebt. Er bewundert mich ja, schrecklich, während von Bernhard die vernichtendsten Angriffe kommen. Er attackiert meine Stückauswahl, auch die Qualität mancher Aufführungen. Aber ich bin ihm dankbar dafür, weil meine Neigung, auf die Wiener Schmeicheleien hereinzufallen, sehr groß ist.

Was für Schmeicheleien?

Ach, ich kann doch als Burgtheaterdirektor in kein Lokal mehr gehen, ohne daß im nächsten Augenblick das goldene Buch auf dem Tisch liegt. Es gibt auch keine Dienststelle, wo ich nicht sofort nach vorne gebeten werde. Eine solche Subordinationsmentalität habe ich in meiner ganzen Laufbahn noch nicht erlebt, guten Morgen, Herr Direktor, grüß Gott, Herr Direktor, grauenvoll.

Vielleicht ist das, was man hier Schmäh nennt, getarnte Verachtung.

Nein, das ist reinster Kadavergehorsam. Ich sehe doch, wie es um mich herum zugeht. Mein Vorgänger Benning ist hier als Gott gesessen, und die Tippsen sind nur so geflogen. Das versuche ich abzustellen. Heute gibt es öffentliche Direktionssitzungen. Entscheidungen werden gemeinsam gefällt. Ich bin nicht der Theaterdonnerer, für den manche mich halten.

Merkwürdig, daß man Sie immer noch so falsch einschätzt.

Das liegt daran, daß ich unbequem bin. Schlendrian dulde ich nicht. Ich bin der Prototyp dessen, was man in Österreich eigentlich gar nicht erträgt, nämlich ein Starrkopf, außerdem auf ganz primitive Art pflichtbewußt. Mich können Sie irgendwo hinstellen und sagen, das machst du jetzt ordentlich, und ich werde es machen.

Dann sind Sie ein Mitläufer.

Ein Mitläufer an der Spitze, wenn Sie so wollen. Ich bin ja Theaterdirektor geworden aus Not, weil die Direktoren, unter denen ich gearbeitet habe, alle unfähig waren. Ivan Nagel war nicht einmal in der Lage, Proben zu disponieren. Da habe ich gesagt, um Gottes willen, ich mache es lieber selbst.

Zum Glück kamen Angebote.

Das ist wirklich erstaunlich, denn ich habe mich nie opportunistisch verhalten. Ich habe nie spekuliert. Ich habe nicht gesagt, Ohren ab für Ulrike Meinhof, sondern 500 Mark für eine offene Zahnarztrechnung nach Stammheim geschickt. Andere haben den Schwanz eingezogen. Ich habe mich vor aller Welt dazu bekannt, daß auch Terroristinnen Menschen sind.

Hat das Ihrer Karriere geschadet?

Filbinger* hat im Fernsehen haßerfüllt meinen Kopf gefordert. Überall lauerten Leute, die mich totschlagen wollten. 4000 Briefe kamen, in denen verlangt wurde, mich zu vergasen. Ich mußte aus meiner Stuttgarter Wohnung ausziehen. Meine Tuberkulose ist wieder ausgebrochen. Ich hatte Todesangst. Unterschätzen Sie das nicht. Es war schlimm. Ich dachte, ich würde nie wieder in meinem Beruf arbeiten können, höchstens in Amsterdam.

Auch nicht schlecht.

Doch, denn ich bin ja an die Sprache gebunden. Als dann die netten, harmlosen Leute aus Bochum kamen und mir anboten, ihr Theater zu leiten, erschien mir das wie ein Wunder.

Anscheinend haben Sie einen Instinkt, der Sie bremst, bevor Sie etwas für Ihren Aufstieg Nachteiliges machen.

Das glaube ich nicht. Denn ich habe doch immer das Falsche gemacht.

Aber es hat sich für Sie zum Guten gewendet.

Wahrscheinlich bin ich ein Sonntagskind.

Wird man so Burgtheaterdirektor?

Burgtheaterdirektor bin ich geworden, weil ich gute Aufführungen mache und weil bei mir immer die Kasse gestimmt hat. Die Gleichung, jemand, der Erfolg hat, muß ein Opportunist sein, ist mir

---

* Hans Filbinger, ehemaliger Ministerpräsident von Baden-Württemberg.

zu simpel. Leute wie Beuys oder Bernhard waren nie angepaßt, sondern haben für alles bezahlt, während sich andere die Staatspreise abgeholt haben, und zwar *cash down*. Den Beuys hat Herr Rau, dieser Versager, für einen Idioten gehalten. Heute fährt er nach Ost-Berlin und schmückt sich mit ihm. Die ersten Stücke von Thomas Bernhard wurden verlacht. Aber er hat eben trotzdem keine Kompromisse gemacht wie all die anderen, die sich schon mit dreißig den Arsch wischen lassen und da eine Professur, dort eine Villa haben, in der sie dann sitzen mit dicken Bäuchen, weil sie ab einem bestimmten Zeitpunkt nur noch in Drei-Sterne-Lokalen gegessen haben, Dürrenmatt, Frisch, ich will keine Namen nennen. Der Dürrenmatt hat mir nach Bochum schlechte Stücke geschickt und dazu hochtrabende Briefe, die zur Qualität der Stücke in keinem Verhältnis standen. Aber der war sicher auch toll am Anfang, nur leider nicht konsequent genug. Man kann doch einem Beuys oder Bernhard, die nach unzähligen Opfern und Niederlagen endlich erkannt werden als das, was sie sind, nämlich genial, den Erfolg nicht zum Vorwurf machen. Man kann auch einem Peter Stein oder Klaus Michael Grüber nicht vorwerfen, daß sie zu einer gewissen Berühmtheit gelangt sind. Natürlich ist der Jürgen Flimm ein viel netterer Mensch als der Stein. Den Grüber würde ich gar nicht aushalten, weil er dauernd besoffen ist. Aber wir reden doch hier über die Kunst! Ein Chéreau, der seinen Weg geht wie ein Irrer, ist halt ein überragender Künstler, während Herr Dorn in München eine Inszenierung nach der anderen hinwichst, alles halbfertig, gefällig, und das Resultat ist eben eine Boutique.

Dieter Dorn gilt als großer deutscher Theatermacher.

Das ist doch ganz unerheblich. Mich interessiert nicht, was in den Zeitungen steht. Ich probiere mich halb tot sieben Monate lang, schlafe nicht, fiebere, bringe mich um, während andere am Freitag zum Golfspiel fahren. Das ist der Unterschied.

Ist das nicht auch eine Frage der Lust? Der eine fiebert gern, der andere spielt gern Golf.

Darum geht es nicht. Ich bestreite doch nicht, daß mir das Inszenieren Vergnügen bereitet. Ich unterscheide nur zwischen Anpassung und Anstand. Ich habe mir nicht wie Herr Schaaf in Frankfurt einen Vertrag um 150000 Mark auszahlen lassen. Ich habe auch keine Orden genommen. Das Bundesverdienstkreuz habe ich dem Weizsäcker um die Ohren gehauen. Das sage ich ganz hart, weil ich es ekelhaft finde, wenn sich Künstler die Nasenringe hineinziehen lassen. Nichts gegen Herrn Weizsäcker, mit dem ich einmal sogar ein relativ gescheites Gespräch führen konnte. Er hatte mir beim Theatertreffen in Berlin aufgelauert. Ich meine nur, der Staat hat nichts auszuzeichnen, weil er von Kunst nichts versteht. Ich habe diesen ganzen Scheiß abgelehnt. Ich habe mir den Arsch nicht vergolden lassen.

Kann man das nicht für sich behalten?

Doch, sicher.

Aber Sie betonen es dauernd.

Das liegt an meiner angeborenen Schwatzhaftigkeit. Die wird mir von meinen Mitarbeitern auch immer vorgeworfen.

1988

Hans Jürgen Syberberg

Meinem Gespräch mit Hans Jürgen Syberberg ging ein längerer Briefwechsel voraus, in dem mir der Theater- und Filmregisseur Bedingungen stellte, auf die ich mich, wollte ich nicht die in zwanzig Jahren erreichte Qualität meiner Arbeit gefährden, nicht einlassen konnte. Zwar war er bereit, sich an zwei Tagen mehrere Stunden lang von mir befragen zu lassen. Die schriftliche Abfassung des Gesprächs sollte sich jedoch voll und ganz nach seinen Vorstellungen richten. Schon die Tatsache, daß ich für meine Arbeit den Begriff «schreiben» benutze, wertete er als ein Zeichen dafür, daß ich ihn hintergehen wolle. Am 4. Juli 1988 schrieb er mir: «Was mich stutzig macht, ist Ihre Formulierung, daß Sie das Interview schreiben, was bei mir den fürchterlichen Verdacht aufkommen läßt, daß Sie Ihre Kunst darin suchen, klüger zu sein im Leben des Befragten als dieser selbst... Ich meine, die Konfrontation kann nur auf der sensiblen Klugheit bestehen, Ergiebiges zu ermöglichen, wobei der Fragende sich der medialen Kunst befleißigen sollte, sein Gegenüber zu Antworten zu führen, die es selbst vielleicht wünscht oder für richtig hält mit allen Überraschungen, die die Natur des Menschen dann noch immer bereithält.» Nicht unbedingt der Inhalt der Briefe erschreckte mich, sondern die darin sich ausdrückende Haltung, die mich zum Ausführenden fremder Absichten machte. Syberberg sah in mir einen Gehilfen, der ihn zur Formulierung von Erkenntnissen animieren sollte, die er in der *Zeit*, für die das Interview bestimmt war, möglichst umfangreich gedruckt sehen wollte. Aber Gehilfe bin ich nicht, will ich nicht sein. Ich sehe meine Aufgabe darin, Menschen dazu zu bringen, sich ungeschminkt darzustellen, selbst auf die Gefahr hin, daß ihnen das so entstandene Bild dann nicht gefällt. Da Syberberg sich dem offensichtlich nicht aussetzen wollte, antwortete ich ihm am 5. Juli: «Jemand, der den Interviewer so einschränkt, wie Sie es tun, muß selbst über sich schreiben.» Ich habe das als Absage betrachtet. Noch am selben Tag unterrichtete ich die *Zeit*, daß es zu dem Interview wohl nicht kommen würde. Zu meiner Überraschung erhielt ich tags darauf einen Brief, in dem mir Syberberg schrieb, er wolle das Interview machen, er verstehe mein Schreiben nun «als Montage». Wir vereinbarten, uns vor dem Abdruck noch einmal zusammenzusetzen und den Text durchzugehen, um Mißverständnisse auszuschließen. «Da Sie nun meine Natur kennen», so Syberberg, «und meine Grenzen, und falls Sie es riskieren wollen, mich zu überzeugen von den Ihren, könnten wir die Sache versuchen, in der Hoffnung, daß Sie meiner Möglichkeiten eingedenk sein werden als Maßstab Ihres Sehens und Hörens.» Nach dreiwöchiger Vorbereitung traf ich den Regisseur am Nachmittag des 2. August in seinem Haus in Schwabing. Es war warm. Wir setzten uns in den verwilderten Garten. Syberberg sprach leise, mit vorgebeugtem Kopf, in das Mikrofon hinein, mit der rechten Hand einen nicht mehr ganz frischen Apfel umfassend. Als es zu tröpfeln anfing, gingen wir in das an den Wohntrakt angebaute Gewächshaus, in dem er die letzten Antworten stehend und mit abgewandtem Blick gab. Ich erinnere mich an die Stille, in der seine tonlos gesprochenen Verwünschungen wie ein unheilschwangeres Raunen klangen. Nach fünf Stunden rief seine Frau ihn zum Abendessen. Syberberg fragte, ob ich das Gespräch am nächsten Tag fortsetzen wolle. Ich verneinte mit der Begründung, daß, je länger wir sprächen, die Kürzungen, die er so fürchte, um so drastischer ausfallen müßten. Seine abschließende Äußerung, er habe vielleicht doch etwas zu viel geplaudert, fiel in Gegenwart seiner Frau und seiner Tochter. Was folgte, war nur noch meine Verabschiedung und das Warten auf die Ankunft des von der Tochter gerufenen Taxis. Die in Syberbergs «Entgegnung» in der *Zeit* vom 14. Oktober 1988 aufgestellte Behauptung, der Satz sei, entsprechend dem Schluß des Peymann-Interviews, «wohl eine Müller-Formel», ist pure Verleumdung. Ich habe mich bei der schriftlichen Umsetzung des Gesprächs so genau wie nie zuvor an den chronologischen Ablauf gehalten, und ich habe von dem, was mir Syberberg am nächsten Tag telefonisch über sein Verhältnis zu der Schauspielerin Edith Clever erzählte, über das er in seinem Garten nicht habe sprechen können, weil ihn seine Frau vom Balkon belauschte, kein einziges Wort verwendet, obwohl er mir ausdrücklich gestattet hatte, es einzuflechten. Ich wollte mich, gerade nach einem so brisanten Gespräch, voll und ganz auf die Tonbandaufnahme berufen können. Am 20. September, zehn Tage vor dem Erscheinen des Interviews, rief ich den Regisseur in Bad Aussee an, wo er mit seiner Familie Urlaub machte, und fragte, ob er mich zur Durchsicht des Textes empfangen wolle. Zunächst stimmte er zu. Doch schon am folgenden Tag richtete Frau Green, seine Sekretärin, mir aus, er wolle das Typoskript nun zugeschickt haben, um es längere Zeit studieren zu können. Das war nicht ausgemacht. Auf mein neuerliches Angebot, ihn in Österreich zu besuchen, ging er zwar ein, meinte aber, daß ich ihm, selbst wenn ich käme, den Text überlassen müßte, denn er sei in meiner Gegenwart nicht in der Lage zu lesen. Ich schlug vor, mich in ein Nebenzimmer zurückzuziehen. Darauf kam von Syberberg eine Antwort, die mich in das erste Stadium einer Verzweiflung stürzte, die sich im weiteren Verlauf meines Versuchs, unsere Verabredung einzuhalten, noch steigern sollte. Er sagte, ich könnte, selbst wenn er das Interview nach dem Lesen für gut befände, nicht davon ausgehen, daß das so bliebe. So sei eben seine Natur. Ich habe ihm daraufhin, da ich mich einer Begegnung nervlich nicht mehr gewachsen fühlte, das Skript per Eilboten zugesandt. Am Montag, dem 26. September, fanden drei Telefonate statt. Morgens erklärte mir Syberberg, sein erster Eindruck sei positiv. Um 15 Uhr wiederholte er sein Lob mit den Worten, der Text sei «korrekt» und «gelungen». Er könne sich durchaus vorstellen, daß das die Leser der *Zeit* interessiere. Ich war schon im Begriff, ihm erleichtert alles Gute für den Rest seines Urlaubs zu wünschen. Da sagte er, mir stockte der Atem, das Interview dürfe trotz seiner Vorzüge so nicht erscheinen. Ich weiß nicht, was ich nach diesem Satz alles gestammelt habe. Ich glaube, ich fragte mehrmals: «Warum nicht? Was gefällt Ihnen nicht? Was soll ich ändern?» Er geriet in Wut, drohte, er werde bei der *Zeit* telegrafisch Einspruch erheben und legte auf. Mir war jetzt, das gebe ich zu, nur noch wichtig, zu einem Ende zu kommen. Drei Monate hatte ich mich Tag für Tag ausschließlich mit diesem Mann beschäftigt. Mein Geist war zerrüttet, mein Körper erschöpft. Also griff ich noch einmal zum Hörer, rief Syberberg an und bat, er möge, um die Veröffentlichung nicht zu gefährden, auf seinen Einspruch verzichten. In seiner am 18. November als Leserbrief publizierten zweiten Entgegnung schrieb er, ich hätte den Abdruck des Interviews «als so lange für eingestellt erklärt, bis alle Textfragen geklärt seien». Ich erinnere mich nur, ihm gesagt zu haben, daß der Zeitpunkt der Publikation Sache der Redaktion sei. Am 30. September erschien das Gespräch unter der Überschrift *Man will mich töten*, um ein Viertel gekürzt, auf zwei Seiten der *Zeit*. Damit war aber noch längst nicht alles ausgestanden. Syberberg forderte Einsicht in die 38 Seiten lange Abschrift der Tonbandaufzeichnung, was ich ihm gerne gewährte. Endlich, so dachte ich, würde er sich davon überzeugen können, wie liebevoll ich aus seinen stellenweise doch recht abstrusen Gedankengängen das Wertvollste ausgewählt hatte. So habe ich etwa seine ziemlich gewagte These, Otto von Habsburg wäre ein geeigneter Herrscher über das heutige Deutschland, in die für den Druck vorgesehene Fassung nicht aufgenommen. Wir trafen uns am 5. Oktober in der Halle des Münchner Hotels *Vier Jahreszeiten*. Wieder begegnete er mir mit jener mir inzwischen unheimlichen Freundlichkeit, die seine Gedanken verbirgt. Wieder sprach er in dem mir nun schon vertrauten leisen, drohenden Ton, merkwürdig schmunzelnd, erfüllt von einer heimlichen Wut, die sich plötzlich in einer Geste entlud, die mich erstarren ließ. Er hob die linke Hand bis zur Höhe des Halses, machte sie flach und drückte sie an die Kehle. «Kopf ab», sagte ich, denn so war es gemeint. Hans Jürgen Syberberg sprach mein Todesurteil. Daß ich ihn als einen, der sich mit Peter Stein duellieren würde, hingestellt und, wie er meinte, vor aller Welt zum Clown gemacht hätte, verzieh er mir nicht. Aber er hatte es so gesagt. Er fand auch die Stelle. Doch nun geschah das ganz und gar Unfaßbare. Syberberg erklärte wieder ins Mikrofon, denn ich hatte den Recorder mit seiner Einwilligung eingeschaltet, mit Peter Stein wäre ein Duell gar nicht möglich, denn dieser Mann sei kein Offizier und also nicht satisfaktionsfähig. Ich brach in ein unkontrolliertes, die Menschen in der Hotelhalle aufschreckendes Lachen aus. Gleichzeitig berührte ich Syberbergs Arm. Ich wollte ihm meine Zuneigung zeigen. Denn meine Liebe gehört dem Absonderlichen. Er aber sagte, er habe so lange vergeblich versucht, mich zu hassen. Nun endlich würde es ihm gelingen.

Was über Sie in Deutschland geschrieben wird, ist selten freundlich. Sie werden als größenwahnsinnig, paranoid, kurz als verrückt bezeichnet.

Das hat mich immer gewundert. Ich sehe mich mit diesen Begriffen nicht definiert. Aber natürlich haben sie ihre Wirkung. Man will mich töten. Ich bin abhängig von öffentlichen Geldern, die von redlichen Beamten in Krawatte und Anzug verwaltet werden. Diese Leute geben ihr Geld nicht einem, der als Idiot und Verrückter beschimpft wird.

Kann es sein, daß die Angriffe auch etwas Wahres enthalten?

Das frage ich mich. Ich frage mich, wo rührt das her? Woher nimmt man die Argumente?

Nach Ihrem Film «Parsifal» haben Sie gesagt, nun könne man die Oper auf der Bühne nicht mehr ertragen.

Damit habe ich gemeint, daß so etwas wie in meinem Film auf der Bühne nicht machbar ist.

Auf die Frage nach Ihren Lieblingsfilmen nannten Sie Ihre eigenen.

Das würde ich heute nicht mehr so sagen.

Haben Sie sich verändert?

Ich habe mich abgekehrt von vielen Dingen, die mir früher wichtig erschienen. Meine Position in der Öffentlichkeit war gekennzeichnet durch Auseinandersetzungen, die ich als blutig bezeichnet habe. Ich habe um Anerkennung gekämpft. Das tue ich heute nicht mehr.

Sind Sie weise geworden?

Nein, mit Weisheit oder Alter hat das überhaupt nichts zu tun, sondern mit der Erkenntnis, daß der Kampf sich nicht lohnt, weil es die Leute nicht wert sind. So ist es auch Kleist ergangen, der gedacht hatte, er müßte den Kranz erringen, den Ehrenrock tragen. Zwei Jahre vor seinem Tod hat er erkannt, daß er das eigentlich gar nicht wollte.

Trotzdem hat er sich umgebracht.

Ja, weil ihn der Selbstmordgedanke schon immer begleitet hatte. Das ist mir ganz fremd. Ich mache weiter. Darin liegt die einzige Unlogik, die man mir nachweisen könnte. Ich schaffe mein Werk, obwohl ich weder an eine Welt danach noch an Menschen glaube, die mir sympathisch wären. Die Menschen sind mir doch heute schon nicht sympathisch, es ist entsetzlich. Wenn ich nur daran denke, was heute mit Kleist auf der Bühne geschieht, zum Beispiel bei Neuenfels, der nur noch die Filzläuse in einer Leiche beschreibt! * Die Vorstellung, daß meine Arbeiten so jemandem in die Hände kämen, grauenvoll.

Kann Ihnen das nicht egal sein?

Einerseits ja, andererseits schaue ich nach den Dingen, sorge mich, wo und unter welchen Umständen sie aufgeführt werden. Das ist der Widerspruch. Ich baue in der Kunst eine Gegenwelt, und ich wünsche mir, daß die Sachen bleiben, wenn ich gestorben bin. Kleist war viel logischer. Er hat alles verbrannt. Was von ihm übrig blieb, ist nur durch Abschriften erhalten.

Das Verbrennen können Sie sich ersparen, denn mit der Welt ginge auch Ihre Gegenwelt unter.

Die geht nicht unter, die kommt gar nicht hoch.

Warum sind Sie so sicher?

Weil ich eben der Meinung bin, daß es vorbei ist, und zwar nicht nur mit Deutschland oder Europa, sondern weltweit. Die täglichen Nachrichten beweisen es doch. Man kann in den Seen nicht mehr baden. Der Wald stirbt. Die Städte gehen zugrunde. Die Veränderungen in einem Ort wie Bad Aussee, den ich liebe und beobachte seit dreißig Jahren, sind ungeheuer. Würde Freud, der oft dort war, heute den Marktplatz sehen und vergleichen mit dem, was er kennt, er hätte das Gefühl, die Welt sei tot.

Aber in Wirklichkeit ist es umgekehrt. Freud ist tot und Bad Aussee lebt.

Nein, es lebt nicht, es stinkt, es ist laut, die Häuser sind kaputt, die Menschen auch. Der Weltuntergang besteht ja nicht darin, daß die Leute tot umfallen. Das kommt später. Zuerst stirbt die Kultur. Das Fürchterliche ist, daß heute nicht nur Schmutz produziert wird, der das Leben umbringt, die Tiere, die Pflanzen, sondern daß es den Schmutz auch als Gedanke gibt in der Kunst. Was Neuenfels mit Kleist macht, ist Schmutz, genauso wie die Nordsee und das Mittelmeer nur noch Schmutz sind. Es gibt das Niedere in der Kunst, das Gemeine, das ich das Böse nenne. Das ist heute so frech und so

---

* Syberberg teilte mir nachträglich mit, er habe sich an dieser Stelle nicht richtig ausgedrückt. Gemeint sei «Neuenfels, die Filzlaus in der Leiche von Kleist».

weltbeherrschend. Man meint, man habe 1945 das Böse besiegt. So heißt es nach demokratischer Lesart. Man lügt und betrügt, aber man ist kein Nazi. Ich möchte behaupten, daß das Böse heute viel schlimmer ist, weil ihm die Leidensfähigkeit abgeht.

Hat Hitler gelitten?

Ganz im geheimen gab es das. Sonst hätte er nicht zur Kunst gehen können. Er war verführt, auch durch sich selbst, aber er ist dessen immerhin noch gewahr geworden. Jemand, der Wagner erfassen kann, muß wissen, was Leiden bedeutet.

Ja, Wagner! Aber darüber hinaus hat er doch kaum etwas gelten lassen.

Nun gut, das war eine Sache des Kampfes. Das ist mir noch lieber als dieser müde, billige Pluralismus, der für alles irgendwo eine Ecke hat. Hitler und seine Leute wollten wenigstens etwas. Heute sehe ich so viele, die nichts mehr wollen, nur noch frech sind und unfähig zum Leiden. Sie haben alles, sie haben zu fressen, haben es warm. Die Politiker sagen ihnen, sie seien so frei und so reich wie noch nie. Doch in Wahrheit sind sie die Ärmsten und die Unglück-lichsten, die es je gab. Das nicht zu sagen, nicht zu beschreiben, ist die Todsünde derer, die sich heute mit Kunst befassen. Für mich sind das alles Kollaborateure eines Systems, das uns zugrunde rich-tet.

Daß Hitler wollte oder auch nur begriff, was durch ihn geschah, ist doch sehr fraglich.

Ja, darin war er genial.

Worin?

Als Medium. Ich komme immer wieder darauf, wie ungeheuer in-teressant er als Phänomen ist. In ihm sind die Zeitströmungen zu-sammengelaufen. Er hat sie zum Ausdruck gebracht. Aber das konnte nur funktionieren, weil viele mitgemacht haben, und zwar bereitwillig. Also da war schon ein Wollen und dadurch auch eine Leidensmöglichkeit. Der Untergang des deutschen Reiches trägt meines Erachtens noch Leidenszüge. Die finde ich heute nirgends. Die Leute werden alt, fliegen überall hin, kriegen die ganze Welt mit Knopfdruck ins Haus, liegen da, saufen, machen nur noch das Nö-tigste. Sie leben wie im Schlaraffenland, und doch ist in ihnen noch eine kleine Flamme, die sagt, daß sie eigentlich etwas anderes wol-len. Aber sie wagen nicht, es laut auszusprechen.

Ist denn das nicht mit Leiden verbunden?
Nein, das ist kein Leiden, Depression ja, aber kein Leiden.
Auch eine Depression ist nichts Angenehmes.
Sicher, aber sie stellt sich nicht dar. Einem Bettler oder Siechenden hat man das Leiden noch angesehen. Die heute Leidenden sind in ihren Äußerungen so kläglich. Man geht zum Psychiater. Man schluckt Tabletten.
Das ist doch Ausdruck genug.
Für mich nicht.
Ein kreativer Mensch könnte versuchen, daraus ein Gedicht zu machen.
Ja, aber was kommt da heraus? Das ist für mich keine Kunst mehr. Ich bin der Meinung, daß vieles, was heute entsteht, mit Kunst nichts zu tun hat. Was auf der Documenta gezeigt wird, ist doch nicht Kunst. Was man als moderne Musik bezeichnet, sind nur noch Geräusche.
Das bringt uns nicht weiter.
Was?
Dieser blinde Zorn gegen alles, was neu ist.
Schaun Sie, ich lese gerade, daß man in Bayreuth das Feuer durch Laserstrahlen ersetzt hat. Das wird wie ein Sieg gefeiert. Doch was bedeutet es? Es bedeutet eine Verstümmelung unserer natürlichen Qualitäten. Wir haben den Bezug zu den Elementen verloren. Wer kein Wasser mehr brüht und kein Feuer entzündet, kann Kunst nicht verstehen. Der Kult, den man heute in den Theatern mit Lampen treibt, ist doch Wahnsinn. In der ehemaligen Königsloge sitzt der Beleuchtungschef, sieht fern und bedient den Computer. Das muß alles weg vom Theater. Auf der Bühne möchte ich Handwerk sehen, Menschen und Dinge, keine technischen Spielereien.
Hätten Sie Lust, in Bayreuth zu inszenieren?
Es gab einmal in mir den Gedanken, doch diese Chance hat Bayreuth verpaßt, weil es mich nicht mehr interessiert.
Hat man es Ihnen angeboten?
Nein. Ich bin dort seit meinem Film über Winifred Wagner persona non grata, so heißt das doch.
Haben Sie Hausverbot?
Nicht ausdrücklich, aber Karten bekomme ich keine. Ich wollte einmal vor Jahren den *Parsifal* sehen. Ich dachte, die Inszenierung

von Götz Friedrich könnte interessant sein, was wohl ein Irrtum war. Ich habe die Premiere aus dem Kofferradio in der Kantine gehört. Inzwischen ist meine Beschäftigung mit Wagner zu einem Ende gekommen, weil er als Figur so dominierend wurde, daß er mich fast erdrückt hat.

Heute ist Kleist Ihr Thema.

Ja, aber das wird von der Kritik gar nicht wahrgenommen.

Ihre «Penthesilea» hat man doch sehr gelobt.

Edith Clever wurde gelobt, ich nicht. Mich streicht man weg. Ich bin ausgelöscht. Das ist für mich eine ganz neue Kampfsituation. Man schreibt, Regie habe nicht stattgefunden. Die Wahrheit ist, daß jede Bewegung der Edith Clever, jeder Ton, den sie spricht, in meinem Auftrag geschieht. Hinzu kommt die geistige Dimension. Darüber hat man überhaupt nicht geschrieben. Was ich am Beispiel dieser einen Person, die aus Liebe das Gesetz der Amazonen bricht, zeige, ist die Opferung Preußens. Das enthält ganze Divisionen an Zeitkritik. Deutschland wird noch einmal sichtbar als Weltmaßstab für Kunst und Moral, was ihm ja abgesprochen wurde nach Hitler.

Zu Unrecht?

Natürlich zu Unrecht. Ein Skandal ist das.

Wollen Sie das Reich in den alten Grenzen?

Ich meine das nicht politisch. Aber man kann doch nicht leugnen, daß dieses Land geistig und sittlich einmal ein Modell war, nicht nur für Europa. Die ländliche Kultur Preußens war von besonderer Wichtigkeit. Ich habe das noch erlebt. Mein Vater war Gutsherr in Pommern. Da bin ich aufgewachsen.*

Sie trauern um das verlorene Paradies Ihrer Kindheit.

So paradiesisch war das gar nicht, doch es war menschlicher. Das Arbeiten war noch mit Schweiß verbunden, weil es mit den Händen geschah, das Mähen, das Aufstaken des Heus. Wir hatten Tagelöhner. Die machten das gerne.** Für mich ist das

---

* Hans Jürgen Syberberg wurde 1935 in Nossendorf, Pommern, geboren.
** Die Worte «im Schweiße des Angesichts» und «das vom Schweiß gezeichnete» sind, anders als Syberberg in seiner «Entgegnung» behauptet, im Gespräch nicht gefallen.

auch eine Haltungssache. Man arbeitete nicht vordringlich für Geld, sondern weil die Kuh gemolken gehörte. Heute sind Profit, Business, die Bequemung im Konsum der oberste Maßstab. Man hat den Arbeitern das Gold weggenommen und ihnen dafür Talmi gegeben. Man hat in ihnen die primitiven Instinkte geweckt.

Wer?

Gewisse Leute, die uns abhängig machen von einem Ersatzsystem. Das ist so geschickt aufgebaut, daß man ohne bestimmte Dinge nicht auskommt. Es wird einem eingeredet, dies oder jenes müsse man kaufen, weil es bequemer sei, billiger. Am Schluß kann man gar nicht mehr anders als das Auto benutzen. Das Böse äußert sich heute nicht darin, daß man Konzentrationslager errichtet, sondern in der Heroisierung eines Konsumverhaltens. Man verspricht den Massen das Glück, aber es ist ein Ersatz-Glück. Was uns heute beschäftigen müßte, ist die Lebenslüge der Demokratie. In der Demokratie liegt unser Untergang.

Fahren Sie Auto?

Natürlich fahre ich Auto, und ich fahre auch schnell. Ich fahre nicht hundert, obwohl ich weiß, daß ich mit hundertachtzig den Wald verschmutze. So ist das halt, weil auch ich abhängig bin. Aber ich leide wenigstens noch darunter. Wenn ich einen Plastikstuhl sehe, werde ich rasend. Warum muß in einem Kaffeehaus alles aus Plastik sein? Es ist zum Verzweifeln. Manchmal empfinde ich nur noch wahnsinnigen Haß. Ich hasse den Kaffeehausbesitzer, die Bedienung, die das mitmacht, den Kunden, der sich dem Stuhl nicht verweigert.

Und wohin führt das?

Das führt dazu, daß ich oft tagelang nicht auf die Straße gehe, weil ich die Menschen nicht mehr ertrage, ihre gräuslichen Häuser, ihre Wünsche, wie sie alles zerstören. Es gibt Menschen, die man nicht mehr als Menschen bezeichnen kann, weil sie seelisch längst tot sind.

Am Ende sind Sie der einzige Überlebende.

Nicht der einzige.

Wen gibt es noch?

Ach Gott, es gibt schon noch welche, in denen etwas geweckt werden könnte. Ich habe durch die Aufführung der *Penthesilea* etwas sehr Seltsames erlebt. Es kamen Briefe, die mir zeigten, was alles noch da ist. Das war ganz erstaunlich. Damit will ich nicht sagen, daß diese Menschen plötzlich andere werden. Der Untergang wird auch durch sie nicht mehr aufgehalten. Aber sie werden mehr leiden.

Haben Sie denn gar keine Hoffnung?

Nein, es ist hoffnungslos. Gut, wenn es viele würden, wenn ich ein eigenes Haus hätte wie Wagner, wenn die Wirkung meiner Stücke sich wie ein Flächenbrand welterobernd ausbreiten könnte, dann würde ich anders sprechen. Aber so ist es ja nicht, so soll es nicht sein, und es ist mir auch nicht mehr wichtig. Denken Sie an Leute wie Beckett, Heidegger, Cioran, Jünger, die auch gesagt haben, macht euren Dreck alleene. Ich will niemand bekehren. Ich kämpfe nicht mehr, aber nicht, weil ich so klug bin, sondern weil die anderen leider, leider alle verloren sind.

Trotzdem die Frage: Was wäre, wenn Sie die Politik in Deutschland bestimmen könnten?

Das ist sehr theoretisch.

Was würde geschehen?

Das wäre fürchterlich. Da bliebe nichts übrig. Da müßte erst einmal alles weg, Autos weg, Turnschuhe weg, statt dessen richtige Schuhe, in denen man stehen kann, die Nackigen von den Wiesen herunter, weil es eine Frechheit ist, sich diese Schamlosigkeit anschauen zu müssen. Die sollen privat irgendwo liegen. Also da würde sich zunächst vieles ändern. Zehn Jahre wäre es qualvoll, vielleicht auch nur drei. Aber danach wären die Leute glücklich, das garantiere ich Ihnen. Sie hätten weniger, aber sie wären glücklich. Daß ein bestimmter Reichtum nicht froh macht, ist als Erkenntnis uralt. Das hat schon Nestroy beschrieben.

Aber dem fehlte Ihr Sendungsbewußtsein.

Ich habe das auch nicht.

Sie erwecken den Eindruck.

Das sind nur Gedankenspiele.

In Ihren als Buch veröffentlichten «Notizen aus Deutschland» schreiben Sie über Rachegelüste, die so weit gehen, daß Sie Ihre Gegner, wenn Sie die Möglichkeit hätten, erschießen würden.

Ja, in der Rache bin ich gefährlich. Wenn jemand mein Werk, das so mühsam hergestellte, zerstören will, werde ich in Gedanken zum Ungeheuer. Da möchte ich nur noch töten. Kleist war genauso.

Wen wollte Kleist töten?

Goethe zum Beispiel, dem hat er ganz böse Epigramme geschickt, weil er ihm den *Zerbrochenen Krug* durch seine Inszenierung in Weimar vermasselt hatte, oder Iffland, der sein *Käthchen von Heilbronn* trotz mehrmaligen Drängens nicht lesen wollte. Der war homosexuell und im Theater ein mächtiger Mann. Als alles Bitten nichts half, schrieb Kleist, schade, daß das Käthchen kein Knabe ist.

Das ist doch harmlos.

Das war nicht harmlos. Der Mann war entblößt vor allen Leuten.

Sie wollen vernichten.

Aber ich tu es ja nicht. Die schönsten Siege sind die Versöhnungen, wenn man sich einem Blutfeind wieder annähern kann. Zu mir kommen Kritiker, die sich jahrelang schäbig benommen haben, und sagen, sie dächten genauso wie ich, aber sie getrauten sich nicht, es zu schreiben. Daneben steht dann die Ehefrau und nickt. Das ist so rührend und ungeheuerlich, weil es zeigt, daß unsere Zeit aus einer Grundlüge lebt. Etwas, das alle wissen und das gesagt werden müßte, wird nicht gesagt. Früher war jemand, der gewisse Dinge tat oder aussprach, am Ende. Galilei war ruiniert. Aber das wurde zugegeben. Heute gibt man sich liberal und demokratisch, trotzdem darf man über vieles nicht sprechen.

Sie dürfen doch.

Aber mit welchen Folgen!

Die müssen Sie auf sich nehmen.

Ich versuche gerade, für mein nächstes Projekt, *Die Marquise von O...*, ein Theater und Geldgeber zu finden. Aber da läuft erst mal gar nichts. Ich muß wieder betteln, Briefe schreiben, zu Kreuze kriechen, mir aber jeden Tag sagen, ich bin der Größte. Es ist grauenhaft.

Vielleicht gibt es dafür den Lohn erst im Jenseits.

An so etwas glaube ich nicht. Wenn ich tot bin, ist es aus. Da bleibt nur Erde übrig.

Verseuchte!

Ja, schlimm, nicht? Da sehen Sie, was das für mich bedeutet. Ich habe ja nichts dagegen, daß der Mensch zerfällt wie ein Tier. Aber daß man sich dann vermengt mit dem, was heute alles im Boden ist, entsetzlich! Jede Made ist mir lieber als diese Künstlichkeit.

Wurden Sie christlich erzogen?

Es gab in unserem Dorf eine protestantische Kirche. Da sind wir hingegangen. Mein Vater betete jeden Abend. Die Rituale des Glaubens waren für mich sicher bestimmend, obwohl ich schon als Kind dem christlichen Gottesbild auf fast frivole Art skeptisch gegenüberstand. Ich glaube nicht an den christlichen Gott, aber ich anerkenne, daß dieses System fast zweitausend Jahre sehr gut funktioniert hat. Die heidnischen Herrscher haben kapiert, daß es ihr Vorteil war, sich diesen Gott zu eigen zu machen. So entstand eine seltsame Symbiose aus Macht und dem urchristlichen Gedankengut der Armut und Unterordnung, sehr klug, sehr kulturträchtig.

Und grausam.

Natürlich. Das muß man ganz klar erkennen. Ungerechtigkeit, Grausamkeit, Blut waren nie hinderlich für die Kunst. Eigentlich hätte es unter Hitler große Kunst geben müssen. Warum es sie nicht gab, das ist die Frage. Ich glaube, der Grund ist, daß Hitler sich selbst, seinen Staat, zum Kunstwerk erheben wollte.

Das ist ihm gründlich mißlungen.

Nun gut, vielleicht war sein künstlerisches Ziel unbewußt die Vernichtung. Sicher hat er anderes gewollt als er getan hat. Mir ist aber die größte Perversität des Teufels in seinem Wollen noch lieber als das Nichts-Wollen, dieses dumpfe Treiben und hindämmernde Sich-Bereichern der Leute.

Welcher Leute?

Ich meine niemand Bestimmten.

Sie können doch nicht so pauschal von den Menschen sprechen.

Ich spreche von einer Mehrheit, die in ihren bösen Trieben von den Regierenden, damit man sie wählt, unterstützt wird.

Wollen Sie eine Diktatur?

Man kann auch Monarchie sagen.

In einem früheren Interview haben Sie den Deutschen einen Chomeini gewünscht.

Damit habe ich gemeint, es wäre nötig, daß jemand die Lage, in der wir uns hier in Deutschland befinden, fundamentalistisch durchdenkt, aber von unseren Fundamenten her, nicht denen des Herrn Chomeini.

Was würde so jemand tun?

Das habe ich schon gesagt.

Das Nacktbaden verbieten?

Zum Beispiel.

Und wer sich widersetzt, wird vergast?

Aber ich bitte Sie, der preußische König war doch nicht Hitler, aber der hätte das natürlich auch nicht geduldet.

Einen preußischen König wird es aber nie wieder geben.

Nein, diese Chance ist vertan.

Durch Hitler?

Ja, aber darüber wollte ich eigentlich gar nicht mehr reden. Mich interessieren jetzt andere Dinge. Hitler hat mich zehn Jahre lang täglich beschäftigt.*

Als Identifikationsfigur?

Nein, überhaupt nicht, sondern als die Möglichkeit meiner größten Annäherung an die Massen, die mir im Grunde ganz fremd sind. Durch ihn konnte ich sie verstehen. Das war ein schmerzhafter Prozeß. Ich habe, was unter den Nationalsozialisten geschah, noch einmal durchlebt, habe mir die Gesichter der Folterer angeschaut, bin zu den Nazi-Witwen gegangen, habe mir alles angehört, alles gelesen, weil ich auch die Täter begreifen wollte, ihre Konflikte, ihre Selbstüberwindung.

War die so groß?

Anfangs schon, denn man mußte, um ein Prinzip zu erfüllen, seinen, wie man so sagt, inneren Schweinehund überwinden. Man durfte nicht weich werden an der Rampe von Auschwitz.

Bewundern Sie das?

Nein, aber ich kann beides verstehen, sowohl daß man gegen Prinzipien verstößt, um sozusagen menschlich zu handeln, als auch daß man sagt, das Beschlossene muß durchgeführt werden. Sartre hat das Problem am Beispiel der Revolution dargestellt. Da mußte man

---

* 1977 drehte Syberberg *Hitler, ein Film aus Deutschland.*

auch gewisse Prinzipien befolgen. Es gibt einen Punkt. Wenn der überschritten ist, wird es leicht. Die Leute, die heute in den Lege-batterien die männlichen Küken zerstampfen, weil sie nur Hennen brauchen, merken gar nicht mehr, daß sie Leben vernichten, weil es zur Gewohnheit geworden ist.

Dagegen sind auch Sie nicht gefeit.

Sicher nicht. Um zu leben, muß umgebracht werden. Das kann die Maus sein, die von der Katze gefressen wird, oder die Pflanze, die wir als Gemüse verspeisen. Deshalb sage ich, die Kunst hat, alten Opferritualen vergleichbar, die Aufgabe, uns zu entsühnen von der Schuld, die wir auf uns laden, indem wir leben. Ich sage nicht, kein Gedicht mehr nach Auschwitz, sondern nur noch Gedichte, nur noch Kunst. Die Entsühnung durch Kunst ist mein einziger An-trieb. Ich mache das nicht für mich. Ich mache es für die anderen, auch wenn sie nichts davon wissen.

Dann sind Sie ein Märtyrer.

Wieso?

Weil Sie stellvertretend für andere leiden.

Das Leiden gehört dazu. Trotzdem mache ich eigentlich die erfreu-liche Arbeit. Die Drecksarbeit macht der, der im Schlachthof steht. Damit meine ich nicht, daß er grausam ist, aber er macht natürlich die schlimmste Arbeit, die wir zu vergeben haben, während ich in diesem Sinne die vornehmste mache. Ich möchte nicht mit ihm tau-schen.

Er wahrscheinlich auch nicht mit Ihnen.

Eben. Der eine macht das, der andere das. Nicht jeder kann Künst-ler sein. Ich bin gegen Vermengungen. Es gibt eben doch noch Stände.

Aber nicht die Stände des alten Preußen.

Natürlich nicht. Das wird immer wieder neu definiert. Deshalb muß nach dem Tod Erde sein, aus der Neues entsteht. Wenn aber die Erde kaputt ist, kann nichts mehr entstehen. Das ist das Ende der Dinge, das Ende der Welt.

Nicht das Ende der Welt.

Nein, aber das Ende der Menschen. Wir sind ja nur ein winziger Teil im Ablauf der großen Prozesse.

Welche Vorstellung hatten Sie als Knabe von Ihrem späteren Leben?

Ich wollte Fotograf werden.*

Berühmt?

Ja, auch. Das hatte mit preußischen Traditionen zu tun, das sittliche Prinzip liefern zu wollen für die Welt, tapfer zu sein, ein anständiger Mensch, vor dem die Leute den Hut ziehen, vorne zu stehen. Darin lag fast etwas Kriegerisches.

Aber Soldat sind Sie nie gewesen.

Nein, dazu war ich zu jung.

Haben Sie das später bedauert?

Ich habe darüber oft nachgedacht. Daß ich mit der Waffe in der Hand einem Feind gegenübertrete, ihn aufschlitze oder sonstwie ins Jenseits befördere, wäre mir unvorstellbar. Andererseits bin ich der Meinung, es ist schlimm, daß Kriege nicht mehr geführt werden können. Wir leben in einem Frieden, der so tut, als wäre alles in Ordnung, die Konflikte aber nur auf eine andere Ebene schiebt. Die Vertreibung der Deutschen aus den heute polnischen Ostgebieten war etwas, wofür man eigentlich hätte in den Krieg gehen müssen. Es gibt Ungerechtigkeiten, die man anders nicht lösen kann.

Aber ungerecht ist doch alles. Da müßte man in einem fort Kriege führen.

Das muß man dann auch. Sonst wird es Lüge.

Meinen Sie nicht, es ist an der Zeit, das Austragen von Kämpfen auf geistiges Gebiet zu verlegen?

Dazu müßte erst mal Geist da sein. Diesen billigen Frieden finde ich grauenhaft. Aber ich bin natürlich gespalten. Ich zögere, weil mir die Polen sehr lieb sind, noch lieber die Russen seit Gorbatschow. Ich widerspreche mir. Einerseits bin ich wie Kleist, der nicht ertragen konnte, daß Deutsche mit Napoleon, dem Feind, gemeinsame Sache machten, andererseits sage ich, Gott sei Dank, daß Krieg nicht mehr möglich ist.

Was wäre, glauben Sie, Ihre Funktion, wenn bei uns Krieg ausbräche?

Das weiß ich nicht. Der Kluge hat einmal gesagt, wir Filmemacher wären alle im Stab und würden über Nietzsche und Beethoven dis-

---

* In der *Zeit* stand an dieser Stelle auf Grund eines Abschreibfehlers, für den ich mich bei Syberberg hiermit entschuldige: «Ich wollte schon immer etwas Besonderes werden.»

kutieren. Auch Kleist hat, obwohl er Krieg wollte, nie einen Schuß abgegeben.

Nur auf sich selbst.

Ja, immerhin.

Und auf Henriette, die Arme.

Gut, das war etwas anderes. Ich meine nur, bitte nicht so schnell Pazifist sein, sondern bedenken, was es bedeutet, mit dem eigenen Körper wie Jünger einzustehen für eine Sache. Denn es bedeutet im Ernstfall, daß meiner Mutter nichts geschieht, meiner Tochter.

Und Alexander Kluge.

Mal sehen.

Für Kluge würden Sie nicht Ihr Leben riskieren?

Doch. Aber ich habe auch viele Freunde im Ausland. Gegen die könnte ich sowieso nicht kämpfen. Trotzdem sehe ich ganz konkret Leute, die man ausschalten müßte, ich meine jetzt nicht durch Krieg, aber indem man öffentlich sagt, die gehören weg von der Macht. Diesen Mut hat heute keiner, weil jeder um seine Karriere fürchtet.

Sie nicht?

Nein. Man sieht doch, wie ich gegen alle Strömungen lebe.

Zugleich beschweren Sie sich über Ihre Erfolglosigkeit.

Das wirft mir die Edith Clever auch immer vor.

Es scheint fast, als machten Sie aus Ihrer Not eine Tugend. Da der gewünschte Erfolg sich nicht einstellt, stilisieren Sie sich zum rebellischen Einzelkämpfer.

Das glaube ich nicht. Meine Struktur ist so konträr allem, was heute gilt, mein Wertesystem so von Grund auf gegen Künstlichkeit und Ersatz, daß ich in dieser Welt keine Chance habe. Erstaunlich ist nur, daß ich Filme mache, denn Film ist ja Plastik. Das verwirrt mich natürlich. Gerade durch meine Arbeit mit Edith Clever werde ich auf diesen Widerspruch hingewiesen. Sie ist die Theaterfrau. Ich bin der Filmmann. Sie akzeptiert mich und wird von mir geschändet mit Plastikkunst.

War es schwer, sie zu gewinnen?

Es war ein Kampf. Ich traf sie an der Berliner Schaubühne als ein weibliches Schlachtschiff unserer Zeit. Dieses Theater war genau die Verkörperung dessen, was ich nicht will. Also mußte ich sie da herauslösen, gedanklich und künstlerisch. Peter Stein blieb anfangs neutral, sah mit gnädiger Duldung, daß sie etwas Eigenes machte. Aber das änderte sich sehr rasch, als er merkte, daß ich ihm gefährlich wurde. Mein Stück *Die Nacht* war als Produktion der Schaubühne geplant. Darüber kam es zum Bruch. Stein ging nach Paris, bekam 700 000 Mark für eine schon bestehende Inszenierung, Genets *Die Neger*, und wir wurden ausgeladen. Die Sache war nur zu retten, weil Edith Clever und ich auf Gage verzichtet haben. Es war eine Erniedrigung.

War Stein eifersüchtig?

Aber klar! Da kommt jemand, ein absolutes Nichts, ein Paria, und bricht aus seinem Harem diesen Edelstein, Edith Clever. Er war doch ihr Hausherr. Man denkt immer, in Theatern ginge es demokratisch zu. In Wahrheit wird dort ungeheure Macht ausgeübt. Eine meiner größten Enttäuschungen war, zu sehen, wie Stein mit Menschen umging, mit seinen Arbeitern, auch dem Ensemble, entsetzlich!* Daraus ergab sich eine Konfrontation mit einem mir von früher her wichtigen Partner. Ich habe ihn ja lange Zeit adoriert. Er hat sich aber dann sehr unsauber benommen, auch Edith Clever gegenüber. Sie sollte mit ihm für ein Gastspiel nach Rom, war aber mitten in den Proben für unser Stück. Er zwang sie, zu kommen. Sie ist ihm dieses eine Mal noch gefolgt, aber danach nie wieder. Kurze Zeit später hat er die Schaubühne verlassen.

Sie meinen, Ihretwegen?

Ich will nicht spekulieren. Aber ein Peter Stein, dieses Flaggschiff des linken Establishments, kann natürlich nur schwer ertragen, von einem wie mir überholt zu werden. Da man heute keine Duelle mehr austrägt, blieb ihm gar nichts anderes übrig als abzutreten.

Nun sind Sie Sieger.

Ich habe das nicht als Triumph erlebt.

Edith Clever sagt, die Zusammenarbeit mit Ihnen sei das einzige, was ihr Freude mache.

Ich wüßte im Augenblick auch nicht, was ich ohne sie täte. Das

---

* Syberberg bestreitet, dies so gesagt zu haben. Aber er hat es gesagt, wörtlich nachzulesen auf Seite 29 der Tonbandabschrift.

wäre ganz schlecht. Da käme wieder nur der Hitler heraus. Manche bleiben ja an dem Thema ihr Leben lang hängen.

Immer noch besser, als nie damit anzufangen.

Ja, vor zehn Jahren. Aber nun ist es zu spät. Man kann doch nicht ewig herumwühlen in dieser Zeit, die nur groß war, weil Blut floß und weil es Opfer gegeben hat. Ich würde die Beschäftigung mit Hitler heute verbieten. Ich sehe doch, daß das nur noch Geschäft ist, ein Wetzstein für die Karrieren. Es geht gar nicht mehr um Leiden und Tod und Prinzipien, sondern bloß darum, sich zu beweisen, daß man auf der richtigen Seite steht. Viel interessanter wäre zu zeigen, wie man da wieder herauskommt. Was ich den Opfern, den Tätern sowieso, übelnehme, ist, daß sie nicht fähig sind, auf der Basis der Leiden etwas Neues zu tun, weiterzugehen in einem geistigen Sinne.

Wohin?

Das wird zum Beispiel in der *Penthesilea* sichtbar.

Diese Frau liebt.

Und erlöst damit Preußen.

Das ist Ihre sehr persönliche Deutung.

Ja, Sie können es auch ganz privat sehen, als Liebesgeschichte. Dagegen habe ich nichts.

Über Ihr Verhältnis zu Frauen haben wir noch gar nicht gesprochen.

Darüber werde ich bestimmt nicht viel sagen.

Liebten Sie Ihre Mutter?

Meine Mutter hat bald nach der Geburt das Haus verlassen. Es gab eine Stiefmutter, eigentlich die Frau des Verwalters, die mein Vater zu seiner Konkubine gemacht hat. Er war ein Mann, der es als ehrenvoll ansah, viele Frauen zu haben. So bin ich nicht. Im Gegenteil, ich finde das fürchterlich. Trotzdem schätzte ich ihn. Er war ein großmütiger, fast herzlicher Mensch, obwohl er sehr streng sein konnte.

Sind Sie geschlagen worden?

Ja, mit der Peitsche, und zwar gründlich.

Für welche Taten?

Ich habe kleine Katzen ins Wasser geworfen, um zu sehen, ob sie schwimmen können, und in den Vogelnestern die Brut gefährdet, indem ich nachschaute, ob sie noch da war. Ich wußte, daß man mich dafür bestrafen würde. Aber ich konnte nicht anders. Es war ein Trieb.

So früh zeigten sich Ihre dämonischen Züge!

Da könnte ich Ihnen noch mehr erzählen.

Haben Sie auch Menschen gequält?

Nein, ein Tier. Da war ich schon verheiratet, ein erwachsener Mann. Mir ist das sehr peinlich. Ich wohnte in einem Schloß auf dem Lande, weil ich dort gearbeitet hatte. Es war Abend. Ein Vogel kam ins Zimmer geflogen, und weil es so hoch war, habe ich mit dem Kissen nach ihm geschmissen. Ich wollte ihn haben. Er flatterte immer so von Ecke zu Ecke. Plötzlich, platsch, lag er vor mir, tot. Ich war verzweifelt.

Sie wollten ihn lebend?

Ja, sicher. Ich wollte ihn in der Hand halten, mehr nicht. Ich wollte nichts Böses.

Das will man nie, aber man tut es.

Meine Frau weiß gar nichts davon. Die bringt mich um, wenn Sie das schreiben.

Aber Ihre Abgründe reichen doch viel tiefer als diese Tötung eines verirrten Vogels.

Da haben Sie recht. Wenn ich auf der Straße gehe, wo viele Menschen sind, packt mich oft eine solche Wut, eine so gnadenlose Vernichtungslust, daß ich über mich selbst erschrecke. Aber das hat seine Gründe. Kürzlich war ich in Valladolid in Spanien. Plötzlich ist da in jedem Restaurant, jeder Bar, jedem Aufzug Musik, so als hätte man einem Negerstamm Fahrräder geliefert, und nun fahren alle mit diesen Rädern. Ich dachte, ich werde verrückt. Manche haben Radio und Fernsehen zugleich an. Da kommt bei mir der Punkt, wo ich sage, ich bringe sie alle um. Wie kann man denn nur so sein? Warum haben sie ihre Stimmen eingetauscht gegen Plastiktöne?

Um das herauszubekommen, müßten Sie mit den Leuten reden.

Mit denen kann man nicht reden. Die sind einfach so lasch und fett und blöd und verkommen, nicht nur dumm in einem naiven Sinn, das wäre ja noch ganz toll, naiv zu sein oder arm, aber nein, sie sind bequem, überfressen, laut, häßlich. Und wie schön können Menschen sein, wie liebenswert! Ich hasse doch nicht die Menschen an sich, sondern was aus ihnen gemacht wird. Da gehe ich in München ins *Hofbräuhaus*. Dort ist eine Kapelle mit Instrumenten. Aber was machen sie? Sie spielen ins Mikrofon hinein. Was für ein Wahnsinn! Wozu brauchen die denn ein Mikrofon, wenn schon die Instrumente so laut sind? Ich begreife es nicht. Meine Reaktion ist, daß ich zu Hause bleibe. Ich habe jahrelang nur noch geschrien, bin in der Wohnung gesessen und habe geschrien wie ein weidwundes Tier.

Haben Sie Angst?

Ja, Berührungsangst. Ich bleibe sehr lange still und gütig und sage nichts. Die Leute denken, ach, der ist doch so nett, mit dem kann man frech und unverschämt sein, bis ein bestimmter Grad erreicht ist. Dann wird getötet. Dann zermatsche ich sie.

Um Gottes willen!

Ja, ist denn das alles auf Band? Ich fürchte, ich habe vielleicht doch etwas zu viel geplaudert.

1988

BIOGRAPHISCHE NOTIZEN

Patrice Chéreau, französischer Regisseur, geb. 1944 in Lézigné (Maine-et-Loire), wurde in Deutschland vor allem durch seine spektakuläre Inszenierung des *Ringes des Nibelungen* zum Jubiläum des hundertjährigen Bestehens der Bayreuther Wagner-Festspiele bekannt.

Sam T. Cohen, amerikanischer Atomforscher, geb. 1921 in New York, war ab 1944 Berater des US-Verteidigungsministeriums. 1958 erfand er die Neutronenbombe.

Nina Hagen, Rocksängerin, geb. 1955 in Ost-Berlin, verließ 1974 die DDR, nachdem ihr «Ersatzvater» Wolf Biermann ausgebürgert worden war. Bald darauf bestritt die eigenwillige Sängerin mit der Berliner Schnauze bereits eine große Konzert-Tournee durch die Bundesrepublik.

Heinz G. Konsalik (eigentlich Heinz Günther), Schriftsteller, geb. 1921 in Köln, versteht sich selbst als «Volksschriftsteller». Seine Bestsellerromane werden von Millionen treuen Lesern im In- und Ausland gekauft.

Franz Xaver Kroetz, Dramatiker und Schauspieler, geb. 1946 in München, ist einer der meistgespielten deutschen Gegenwartsautoren. Seine Rolle als Klatschkolumnist Baby Schimmerlos in der Fernsehserie *Kir Royal* machte ihn bei einer breiten Öffentlichkeit bekannt.

Heiner Müller, Schriftsteller und Dramatiker, geb. 1929 in Eppendorf (Sachsen), gehört zu den international renommiertesten, im eigenen Land aber auch umstrittensten Dramatikern der DDR.

Claus Peymann, Regisseur und seit 1986 Direktor des Wiener Burg-theaters, geb. 1937 in Bremen. Sowohl als Schauspieldirektor an den Württembergischen Staatstheatern in Stuttgart (1974–79) wie als künstlerischer Direktor des Schauspielhauses und der Kammer-spiele in Bochum (1979–86) unterstrich er seinen Ruf, ein risiko-freudiger und politisch engagierter Regisseur zu sein.

Rosa von Praunheim (eigentlich Holger Mischwitzky), Filmregis-seur und Schriftsteller, geb. 1942 in Riga. In den siebziger Jahren sorgten seine beiden Filme *Die Bettwurst* und *Nicht der Homosexuelle ist pervers, sondern die Situation, in der er lebt* für Aufsehen.

Manfred Rommel, geb. 1928 in Stuttgart als Sohn des späteren Ge-neralfeldmarschalls Erwin Rommel, ist seit 1974 Oberbürgermei-ster von Stuttgart (CDU).

Hans Jürgen Syberberg, Regisseur, geb. 1935 in Nossendorf (Vor-pommern), lebt seit 1953 in der Bundesrepublik. Vor allem seine beiden Filme *Hitler, ein Film aus Deutschland* und *Parsifal* wurden in der Öffentlichkeit lebhaft diskutiert.

Margarethe von Trotta, Schauspielerin, Filmregisseurin und Dreh-buchautorin, geb. 1942 in Berlin. Der internationale Durchbruch als Filmregisseurin gelang ihr 1981 mit dem Film *Die bleierne Zeit*.

Wim Wenders, Filmregisseur und Drehbuchautor, geb. 1945 in Düsseldorf. Er ist einer der wenigen deutschen Filmregisseure, die international, ja sogar in Hollywood anerkannt sind.

Sprich, Erinnerung, sprich

ro
ro
ro

C 2142/6